Aprobaciones

Plenitud de Cristo
Expresando la Naturaleza y el Carácter de Dios
Dentro y a Través de Usted

Plenitud de Cristo es el resultado de luchar contra las dificultades mientras uno vive con integridad y fe a través de los altibajos de la vida. Mi esposo, Valy, es verdaderamente un hombre de Dios que siempre me animó a buscar el rostro de Dios en los valles más oscuros, sabiendo que hay un Padre amoroso que quiere lo mejor para nosotros.

Valy es muy cariñoso, compasivo, reflexivo y es un ejemplo para su familia y para todos los que le conocen. Verdaderamente vive para Cristo con una pasión contagiosa.

Espero y oro que este libro le ayude a acercarse más a Dios. Que Él le conceda la revelación y el entendimiento mientras lo lee y que produzca una transformación profunda en su corazón.

— Elena Vaduva, M.A., LPC, NCC
New Life Directions Counseling, Livonia, MI, USA

Desde el primer día, y al llegar a conocer a Valy Vaduva, reconozco que es alguien con un deseo apasionado de no solo conocer acerca de Jesús, sino de VIVIR a Jesús.

Este libro está basado en la gracia, lleno de esperanza, motivado por amor, y está lleno de ánimo para ayudarnos a crecer hasta llegar a la plenitud de Cristo que es derecho de cada hijo de Dios nacido de nuevo. Sale a relucir la verdad viva de las realidades y capacidades de la nueva creación que somos a través de nuestra muerte, sepultura y resurrección juntamente con Cristo. Esta proclamación perspicaz no es sólo para un individuo, sino también para la iglesia, todo el cuerpo de Cristo, aprendiendo a compartir Su vida en común como nuestra fuente y suministro de una vida para la gloria de Dios. Si tratar de ser como Jesús le está desgastando, tal vez desee leer acerca de confiar en Jesús para que Él viva Su vida a través de usted por medio de su Espíritu Santo que mora en usted. ¡Las palabras e ideas en este libro no son solo para aprender, sino para vivir!

— Steve Pettit, Pastor
Center Point Christian Fellowship, Gainesville, FL, USA

Plenitud de Cristo nació de la pasión de Valy por ver a los cristianos crecer en su madurez espiritual. Lo felicito por traer a nuestra atención este tema tan importante. A lo largo de este libro, usted será desafiado, animado y ayudado en el proceso de llegar a ser más como Cristo y expresando la naturaleza de Dios: el amor ágape.

Le animo a leerlo cuidadosamente y a aplicar los principios bíblicos enfatizados en este libro. ¡Mi oración es que usted sea bendecido y que experimente la plenitud de Cristo!

— Simion Timbuc, Pastor Principal
Bethesda Romanian Pentecostal Church, Troy, MI, USA

Valy es un hombre cuya pasión es ver a otros alcanzar la plenitud de Cristo. Su camino ha sido difícil, pero magnífico, a medida que continúa rindiéndose a Cristo. Su entusiasmo es increíble por ver que otros experimenten lo mismo. En sus libros desglosa los componentes de esa plenitud usando *Sola Scriptura* como su estructura. Este no es un libro de sus pensamientos con la adición de poca

Escritura. Más bien, es un libro de Escritura que utiliza sus palabras para conectar y esclarecer las Palabras de Dios.

— Margaret L. Michael, MA, LPC, BCPCC, Directora de Restore Ministries
Oak Pointe Church, Novi, MI, USA

El libro de Valy Vaduva, *Plenitud de Cristo*, es un volumen muy necesario. Trata acerca de la importancia del discipulado de la Gran Comisión y del crecimiento espiritual. Presenta un fuerte argumento bíblico de que un evangelismo sin discipulado produce una iglesia inmadura. Una enseñanza bíblica que pasa por alto la unión con Cristo y el sentido más profundo de la Cruz termina siendo meramente académico, legalista o ambos. Este libro ofrece enseñanza clara acerca de un discipulado centrado en Cristo y orientado hacia la gracia. Tiene explicaciones útiles de terminología, doctrina y disciplinas relacionadas. Yo recomiendo este libro juntamente con el ministerio de consejería y entrenamiento de discipulado de Valy y Elena Vaduva.

— Dr. John Woodward, Director de Consejería y Entrenamiento
Grace Fellowship International, Pigeon Forge, TN, USA¡

¡Gracias! Siempre me alienta leer y escuchar el mensaje verdadero de la cruz y de nuestra muerte, sepultura, resurrección y ascensión con el Señor Jesucristo. Por favor continúe difundiendo estas Buenas Nuevas. Estoy tan cansado de la "religión fácil" que solo comparte medio Evangelio. A mí me ha llevado años entenderlo, pero el Espíritu Santo ha sido persistente como Mi Maestro y Guía a esta Verdad.

Completo en Cristo,
— Phil y Darlene Leistner, Pastor Administrativo
Fountain of Grace, Prattville, AL, USA

$\mathcal{P}$lenitud
de$\mathcal{C}$risto

Expresando la Naturaleza y el Carácter
de Dios Dentro y a Través de Usted

Valy Vaduva

UPPER ROOM
FELLOWSHIP MINISTRY
Livonia, Michigan, USA

Plenitud de Cristo. Expresando la Naturaleza y el Carácter de Dios Dentro y a Través de Usted.

2022 por Valy Vaduva

Traducido por Kristeen Espejo

Este título también está disponible como libro electrónico.

Publicado por Upper Room Fellowship Ministry (URFM), Livonia, MI 48150. www.urfm.org

ISBN 978-1-930529-45-8 (sc)
ISBN 978-1-930529-46-5 (e)

Número de control de la Biblioteca del Congreso 2022906381

Este libro es una obra de no ficción. A menos que se indique lo contrario, el autor y el editor no ofrecen garantías explícitas sobre la exactitud de la información contenida en este libro, y en algunos casos los nombres de personas y lugares se han modificado para proteger su privacidad. Las opiniones expresadas en este trabajo son únicamente las del autor y no reflejan necesariamente los puntos de vista del editor.

A menos que se indique lo contrario, las citas de las escrituras han sido tomadas de la versión Nueva Biblia de las Américas™ NBLA™ Copyright © 2005 por The Lockman Foundation. Usado con permiso.

Las citas bíblicas marcadas (RVA-2015) provienen de la versión Reina Valera Actualizada, Copyright © 2015 por Editorial Mundo Hispano. Utilizado con permiso.

Las citas bíblicas marcadas (NVI) provienen de la versión NUEVA VERSIÓN INTERNACIONAL® NVI® © 1999, 2015 por Biblica, Inc.®, Inc.® Usado con permiso de Biblica, Inc.®

Debido a la naturaleza dinámica de Internet, es posible que cualquier dirección web o vínculo contenido en este libro haya cambiado desde su publicación y puede que ya no sea válido. Las imágenes © de archivo iStock de Getty Images se utilizan únicamente con fines ilustrativos.

Dedicatoria

A mi Señor y Salvador Jesucristo, Quien me buscó, me
encontró y, cuando era un adolescente, me salvó; Quien
me llamó al ministerio de hacer discípulos.

Rebosa en mi corazón un tema bueno; Al Rey dirijo mis
versos; Mi lengua es como pluma de escribiente muy
ligero.
Salmo 45:1

A mi esposa, Elena, que es parte integral de este ministerio,
que me
apoya plenamente. Sin ella, este libro
no habría sido publicado.

A mis hijos, Evelina, Timotei, Dorian, Cristina, y sus
esposos,
que también me apoyan y me animan a seguir adelante.

¡Gracias a todos!

Contenido

Prefacio

*Porque ninguna otra cosa les escribimos sino lo que leen y
entienden, y espero que entenderán hasta el fin.*
2 Corintios 1:13

*Por tanto, siempre estaré listo para recordarles estas cosas, aunque
ustedes ya las saben y han sido confirmados en la verdad que está
presente en ustedes.*
2 Pedro 1:12

El Nuevo Testamento me fascina porque está lleno de
declaraciones que llevan al lector a la conclusión de que Dios
mismo está interesado en el crecimiento y la madurez
espiritual de sus amados hijos.

En el Sermón del Monte, Jesús dice: "Por tanto, sean
ustedes perfectos como su Padre celestial es perfecto"
(Mateo 5:48). Pedro toma este concepto y escribe: "Porque
escrito está: 'Sean santos, porque Yo soy santo" (1 Pedro
1:16). Lamentablemente la Iglesia en general está plagada
de inmadurez espiritual, como dijo una vez Chuck Colson:
"La iglesia estadounidense tiene 3000 millas de ancho y
media pulgada de profundidad."[1]

Me intrigó la falta de crecimiento espiritual en mi propia
vida y en la vida de los cristianos que me rodeaban. Quizás
muchos de ustedes también hayan estado pensando en este
tema. Bienvenidos al club de *"Cristianos Preocupados."* Fui
bombardeado por esta pregunta una y otra vez: ¿Por qué los
cristianos carecen de interés por alcanzar la plenitud de
Cristo? El gran apóstol Pablo agoniza por los creyentes en
Galacia por ver a Cristo formado en ellos. ¿Siente la

profundidad del clamor de Pablo? "Hijos míos, por quienes de nuevo sufro dolores de parto hasta que Cristo sea formado en ustedes" (Gálatas 4:19).

En Efesios, Pablo detalla el deseo de Dios de que el liderazgo de la iglesia y de que cada miembro vivo del Cuerpo de Cristo "lleguemos... a la medida de la estatura de *la plenitud de Cristo*" (Efesios 4:13). Cuando Pablo usa el término *llegar*, no está implicando lograr la plenitud de Cristo a través del esfuerzo propio. Pablo comparte con miembros individuales de la Iglesia para continuar recibiendo el ministerio de los dones que Cristo ha puesto en Su Cuerpo. Estos incluyen: apóstoles, profetas, evangelistas, pastores y maestros, que es la mano de Dios obrando en este mundo. Al recibir el don del ministerio de Dios, todas las partes del cuerpo espiritual alcanzan "la unidad de la fe y del pleno conocimiento del Hijo de Dios." Este proceso orientado a la gracia e impulsado por el Espíritu Santo da como resultado el crecimiento y la madurez espiritual, lo que conduce a *la plenitud de Cristo*. Ahora todo el cuerpo espiritual, "estando bien ajustado y unido" puede expresar libremente la vida y el amor de Dios.

En Colosenses, Pablo considera que la esencia misma de todo lo que hace como ministro del Evangelio para el Cuerpo de Cristo es "presentar a todo hombre perfecto en Cristo" (Colosenses 1:28).

Pedro está exhortando a aquellos que han probado la bondad de Dios a que tengan un ardiente deseo de la "leche pura de la palabra" (1 Pedro 2:2), para crecer espiritualmente y así comprender el pleno significado de la salvación. Luego, en su segunda epístola, insta a los creyentes a aplicar "diligencia" para que "crezcan en la gracia y el conocimiento de nuestro Señor y Salvador Jesucristo" (2 Pedro 3:18).

Por la gracia de Dios, ahora estoy más convencido que nunca de que insistir diligentemente hacia la madurez espiritual es la única manera de ser intachable e irreprensible, de continuar en la firmeza de la fe y de estar alerta contra hombres sin principios que distorsionan la Verdad. La firmeza, el poder estar alerta y defender la fe, el ser intachable en conducta e irreprensible en carácter, son algunas de las características importantes de las personas espiritualmente maduras. El deseo es estar debidamente preparado para la segunda venida del Señor Jesús. Santiago nos enseña que aun las pruebas y tribulaciones son orquestadas por Dios para producir en nosotros la estatura de un hombre "perfecto" y ser un creyente "completo." Escribe de manera tan convincente:

Tengan por sumo gozo, hermanos míos, cuando se hallen en diversas pruebas, sabiendo que la prueba de su fe produce paciencia, y que la paciencia tenga su perfecto resultado, para que sean perfectos y completos, sin que nada les falte. (Santiago 1:2-4)

Mi interés en saber por qué los creyentes no maduran espiritualmente creció hasta el punto que hice de este campo una prioridad en mi vida y ministerio. Como resultado de ello, en 2004, decidí no continuar con mi carrera de ingeniería, y en su lugar dediqué todo mi corazón, alma, tiempo y energía a este esfuerzo.

Oro y creo que las páginas de este libro abordarán la pregunta: *¿Por qué los cristianos son espiritualmente inmaduros?* Después de escudriñar las Escrituras y la literatura cristiana, creo que los cristianos no maduran porque no son conscientes de cómo la cruz (es decir, el llamado a negarse a sí mismo, tomar la cruz y seguir a Cristo) es fundamental para su identidad como seguidores de Jesús. Los creyentes a menudo no se apropian de la vida de la cruz como discípulos genuinos en el día a día. ¿Por qué es esto?

Primero, hay un problema de conocimiento. Creo que muchos carecen de una comprensión clara de la enseñanza bíblica con respecto al camino de la cruz.

En segundo lugar, existe un problema de voluntad. Incluso los creyentes nacidos de nuevo o los cristianos que tienen al Espíritu Santo todavía tienen intacto su libre albedrío. Muchos de ellos pueden y ejercen su libre albedrío rehusándose a tomar la cruz y seguir a Jesús diariamente. Asumen incorrectamente que el costo del discipulado supera los beneficios de ser un discípulo genuino de Jesús.

En tercer lugar, muchos cristianos están estancados

debido a heridas no resueltas y traumas del pasado. Debido a estos aspectos, muchos creyentes a menudo no logran apropiarse del estilo de vida crucificado.

Con el tiempo, todos estos factores han llevado al estado en el que se encuentra la Iglesia hoy.

En oración y con cuidado, en el contenido de este libro, intentaremos explorar estos asuntos y buscar una solución fundada en la Biblia, basada en la fe y orientada a la gracia.

Puedo decirles desde el principio que muchos de los hallazgos de este libro se aplican a mí también. No soy un experto en este campo de ninguna manera. Por lo tanto, por favor ore por este autor que está en el mismo bote que muchos de ustedes. Si Pablo dijo que aún no había llegado, puedo suscribirme aún más a su declaración, pero he decidido seguir adelante. Él escribe: "No es que ya lo haya alcanzado o que ya haya llegado a ser perfecto, sino que sigo adelante, a fin de poder alcanzar aquello para lo cual también fui alcanzado por Cristo Jesús." (Filipenses 3:12).

Me niego a pensar que Jesús viene por una Novia que en realidad es una niña que juega en la caja de arena todos los días, llorando "Pobre de mí, ¿qué va a pasar en el mundo ahora?" Por el contrario, creo con todo mi corazón que Cristo viene por una Novia hermosa, una dama madura y perfecta (Efesios 5:26–27) que busca diligentemente ser sana de heridas pasadas (Mateo 8:17; Isaías 53:4–5), libertad de las mentiras y traumas del pasado (Juan 8:31–36), y en el nombre de Jesús conquista las fuerzas demoníacas (Efesios 6:13) y avanza el Reino de Dios (Marcos 16:20).

Sé que muchos de ustedes tienen muchísimas preguntas. No puedo prometer que tengo todas las respuestas. Solo Dios lo sabe todo. Estoy seguro de que, en mi limitada investigación, no lo he descubierto todo. Sin embargo, puedo asegurarles una cosa--tengo un deseo apasionado por el crecimiento y la madurez espiritual de cada creyente. Oro y creo que el discipulado radical practicado por nuestros antepasados espirituales puede convertirse en la prioridad número uno de la Iglesia hoy. Únase a mí en oración para que antes del regreso de Cristo, la Iglesia esté "en toda su gloria, sin que tenga mancha ni arruga ni cosa semejante, sino que fuera santa e inmaculada" (Efesios 5:27), lista para ser presentada al Padre y ser revelada a toda la creación. Pablo escribe que incluso el universo creado espera con ansias el glorioso evento. Él escribe: "Porque el anhelo profundo de la creación es aguardar ansiosamente la revelación de los hijos de Dios" (Romanos 8:19).

Mi ardiente deseo es glorificar a Dios y exaltar a Cristo. Bajo la guía del Espíritu Santo, a través de estos capítulos, ofrezco mi contribución a la edificación espiritual del Cuerpo de Cristo. Lo hago con la ayuda de Dios.

Con Amor en el Servicio de Cristo,

Valy Vaduva

Pastor/Mentor Espiritual/Consejería

Notas finales

[1] Diane Singer, A Vision for the American Church (1), Christian Worldview Journal, publicado en 14 abril, 2014.
http://www.colsoncenter.org/the-center/columns/changepoint/21576-a-vision-for-the-american-church-1.

1

El Poder del Amor

*Que el Señor dirija sus corazones hacia el amor de Dios y hacia la
perseverancia de Cristo.*
2 Tesalonicenses 3:5

Unos años atrás, participé de un viaje misionero a la India.
La última noche que estuve allí, el Espíritu Santo puso en mi
mente y mi corazón la oración de Pablo en Efesios 3:14–21.
Inmediatamente en mi mente y corazón se formaron enlaces
especiales y conexiones acerca del concepto del *amor ágape*,
y sus ramificaciones en todos los aspectos de nuestras vidas.
Desperté y apunté las ideas principales. Compartí este
mensaje con la congregación que organizó ese viaje
misionero. También estoy usando esta oportunidad para
compartir con usted las impresiones que recibí durante esa
noche especial en la India. Aquí está la oración, de Pablo:

> Por esta causa, pues, doblo mis rodillas ante el Padre
> de nuestro Señor Jesucristo, de quien recibe nombre
> toda familia en el cielo y en la tierra. Le ruego que
> Él les conceda a ustedes, conforme a las riquezas de
> Su gloria, el ser fortalecidos con poder por Su
> Espíritu en el hombre interior; de manera que
> Cristo habite por la fe en sus corazones. También
> ruego que arraigados y cimentados en amor, ustedes
> sean capaces de comprender con todos los santos
> cuál es la anchura, la longitud, la altura y la

1

profundidad, y de conocer el amor de Cristo que sobrepasa el conocimiento, para que sean llenos hasta la medida de toda la plenitud de Dios. Y a Aquel que es poderoso para hacer todo mucho más abundantemente de lo que pedimos o entendemos, según el poder que obra en nosotros, a Él sea la gloria en la iglesia y en Cristo Jesús por todas las generaciones, por los siglos de los siglos. Amén.

1. Somos Creados (Predestinados) en Amor

En Efesios 1:4-6 leemos: "Porque Dios nos escogió en Cristo antes de la fundación del mundo, para que fuéramos santos y sin mancha delante de Él. En amor nos predestinó para adopción como hijos para sí mediante Jesucristo, conforme a la buena intención de Su voluntad, para alabanza de la gloria de Su gracia que gratuitamente ha

> **Todo lo que Dios hace fluye desde lo profundo de Su naturaleza: el amor ágape.**

impartido sobre nosotros en el Amado." ¡Vaya! ¡La revelación contenida en estos versos es tan fuerte! Para ser completamente abrumados por esta revelación, debemos poner todo el énfasis sobre la frase *en amor*. Todo lo que Dios hace fluye de la profundidad de Su naturaleza: *el amor ágape*. El apóstol del amor dice en 1 Juan 4:8 (b): "Dios es amor". Así, si usted y yo somos parte de la familia de Dios y disfrutamos de estos privilegios especiales de ser llamados hijos e hijas de Dios Todopoderoso, se debe al amor de Dios. ¡Qué maravilloso privilegio!

> Miren cuán gran amor nos ha otorgado el Padre: que seamos llamados hijos de Dios. Y eso somos. Por esto el mundo no nos conoce, porque no lo conoció a Él. Amados, ahora somos hijos de Dios y aún no se ha manifestado lo que habremos de ser. Pero sabemos que cuando Cristo se manifieste, seremos semejantes a Él, porque lo veremos como Él es. (1 Juan 3:1–2)

Estos son versos poderosos que complementan el pasaje de Efesios.

Es posible que usted nunca haya sentido tanto amor de sus padres biológicos. Tal vez tuvo un padre estricto que golpeaba la mesa con el puño todo el tiempo, exigiendo obediencia sin ninguna explicación. Tal vez su madre, que le dio vida terrenal, era sensible y emocional y todos tenían que caminar como pisando huevos para no alterarla. Tal vez era usted el niño "¡sorpresa!", nacido en el momento equivocado y considerado un accidente que no debía haber sucedido. O puede

> **En la familia de Dios usted no es un extraño ni un intruso; es más que bienvenido, usted es amado.**

que haya sido un niño concebido fuera del matrimonio, y su madre estaba avergonzada de usted. Tal vez su padre desapareció de su vida antes de que naciera. Por estas razones, durante casi todo el tiempo usted crecía, emocionalmente hablando, con grandes deficiencias. No se sintió aceptado, apreciado ni aprobado durante la mayor parte de su niñez. Entonces, ¿cómo puede usted identificarse con el amor del Padre celestial? Es difícil creer que a pesar de las circunstancias negativas por las que ha atravesado, usted fuera ciertamente creado en amor.

Permítame asegurarle con toda sensibilidad y compasión: ¡usted no es un accidente! En la familia de Dios usted no es un extraño ni un intruso; es más que bienvenido: *usted es amado.* Usted es creado en amor, y a pesar de la falta de amor incondicional de parte de sus padres biológicos, Dios ahora le dice: *"¡Yo te amo antes de la fundación del mundo!"* Nuestro Padre celestial le tenía en mente antes del sol, la luna y las estrellas. Usted es un hijo amado de Dios. Él le ha creado en amor *ágape.* Crea y confíe en la Palabra de Dios. Si realmente lo hace, le proporcionará sanidad emocional para su corazón roto y su alma a causa de haber sido golpeado por tantos rechazos que ha experimentado.

2. Somos Salvos por Amor

¡Oh, qué hermoso mensaje! "Pero Dios, que es rico en misericordia, por causa del gran amor con que nos amó, aun cuando estábamos muertos en nuestros delitos, nos dio vida juntamente con Cristo (por gracia ustedes han sido salvados)" (Efesios 2:4–5). Una vez más, se debe hacer hincapié en "*por causa del gran amor con que nos amó*". La conclusión es esta, somos salvos por amor. No estamos en la familia de Dios porque lo merecíamos, porque somos mejores que otros, porque hemos pecado menos que otros, porque vamos a las reuniones de la iglesia con más frecuencia que otros, porque pertenecemos a una denominación cristiana que está más cerca de la verdad que otros, porque entendemos las doctrinas bíblicas más correctamente que otros, porque practicamos los sacramentos de la iglesia con más precisión que otros ... y la lista podría seguir y seguir. Cuando se trata del tema de la salvación, la gracia de Dios es la única respuesta. La Palabra de Dios es clara: "Porque por gracia ustedes han sido salvados por medio de la fe, y esto no procede de ustedes, sino que es don de Dios; no por obras, para que nadie se gloríe" (Efesios 2:8–9). Después de tal declaración, lo único que podemos añadir es el punto al final de la frase.

Por supuesto, es un gran peligro pensar que, si la gracia de Dios es gratuita para nosotros, es barata, lo que significaría que no le costó nada a Dios. ¡De ningún modo! Dios nos prohíbe pensar así. La gracia de Dios es gratuita pero no es barata. La gracia es gratuita para la humanidad, pero extremadamente costosa para Dios: le costó *la vida al unigénito Hijo de Dios.* "Porque de tal manera amó Dios al mundo, que dio a su Hijo unigénito, para que todo el que cree en Él, no se pierda, sino que tenga vida eterna" (Juan 3:16). Tenga en mente este pensamiento: GRACIA significa Las Riquezas de Dios a Expensas de Cristo.

3. Estamos Destinados para el Amor

Encuentro magnífico el pasaje de Efesios 3:17–19:

De manera que Cristo habite por la fe en sus corazones. También ruego que arraigados y cimentados en amor, ustedes sean capaces de comprender con todos los santos cuál es la anchura, la longitud, la altura y la profundidad, y de conocer el amor de Cristo que sobrepasa el conocimiento, para que sean llenos hasta la medida de toda la plenitud de Dios.

¡Vaya! Estamos destinados para el amor. ¿Se da cuenta de qué tipo de destino ha puesto Dios delante de nosotros? Nuevamente, el enfoque debe estar en función de "estar *arraigados y cimentados* en amor", "de *conocer* el amor de Cristo" y "ser *llenos* hasta la plenitud de Dios" (el énfasis es mío).

Arraigados y Cimentados en Amor

Estar cimentado tiene que ver con la construcción de estructuras. Estar arraigado tiene que ver con la vida de un árbol. El destino que Dios ha puesto delante de nosotros involucra *estar arraigados y cimentados en el amor ágape de Dios.* Para alcanzar la cabeza, que es Cristo (Efesios 4:14), es necesario que, en el proceso de crecimiento y madurez espiritual, estemos tanto arraigados como cimentados en amor. ¡Oh, cuán importante es este concepto!

Conociendo el Amor de Cristo

El destino que Dios ha establecido delante de nosotros no se puede lograr solamente con un conocimiento teórico. Conocer el amor de Cristo requiere un conocimiento experiencial concreto del afecto de Dios, algo que toca la fibra más profunda de nuestro ser interior. Pablo escribe que [ustedes] sean capaces de comprender con todos los santos cuál es la anchura, la longitud, la altura y la profundidad, y de conocer el amor de Cristo" (Efesios 3:18-19). Este no es un conocimiento estrictamente teológico intelectual acerca del amor ágape (re: cuál es la etimología del idioma griego de la palabra *ágape*: varias definiciones, ilustraciones, conceptos teológicos, etc.). Esto implica un conocimiento experiencial de todo tamaño y dimensión del amor de Cristo, su *anchura, longitud, altura y profundidad*. Esta es la obra más profunda a la que Dios nos ha llamado para ser parte. Tal obra requiere la agonía de los santos en oración. "Oh, Dios, fortalécenos con poder a través del Espíritu Santo en el hombre interior, para que sepamos por experiencia las dimensiones de Tu amor". No es de extrañar que Pablo fue inspirado para orar la segunda vez que escribió la epístola a los Efesios, "Por esta causa, pues doblo mis rodillas ante el Padre ... Le ruego que Él les conceda a ustedes, el ser fortalecidos con poder por Su Espíritu en el hombre interior" (Efesios 3:14, 16). Él entendió que este tipo de revelación-conocimiento requiere de una oración exquisita. Por tanto, oremos insistentemente:

> **Conocer el amor de Cristo requiere un conocimiento experiencial concreto del afecto de Dios, algo que toca la fibra más profunda de nuestro ser interior.**

Oh, Padre celestial, abre los ojos de nuestros corazones, como lo hiciste para Pedro, Santiago y Juan en el Monte de la Transfiguración (Mateo 17:2; Marcos 9:2; Lucas 9:29), para ver a Jesús como Él realmente es. Deseamos y entendemos plenamente "cuál es la esperanza de Su llamamiento, cuáles son las riquezas de la gloria de Su herencia en los santos" (Efesios 1:18). Amén.

Alcanzando la plenitud de Dios

Estamos destinados al amor. Pablo está orando para que los santos sean "*llenos hasta la medida de toda la plenitud de Dios.*" Pensemos por un momento. Si el destino al que nos llama nuestro Padre celestial es el amor ágape; y si el amor ágape es la naturaleza de Dios, la esencia misma de nuestro gran creador y Padre Dios; entonces, por amor ágape, estamos destinados a alcanzar la plenitud de Dios. No tenemos palabras para expresar o describir esto. ¿Qué significa para un hombre, una criatura finita (incluso si él o ella es una persona salva) alcanzar la plenitud de Dios? ¿Quién puede describirlo? Solo el Señor Jesús, y aquellos a quienes Dios desea revelarlo. Como dice Pablo: "Cosas que ojo no vio, ni oído oyó, ni han entrado al corazón del hombre, son las cosas que Dios ha preparado para los que lo aman" (1 Corintios 2:9).

Entonces, podemos ver claramente que estar lleno de la plenitud de Dios requiere conocimiento (a través de la experiencia) del amor de Cristo. Juan, el apóstol del amor, pone el punto sobre la "i" cuando escribe: "Y nosotros hemos llegado a conocer y hemos creído el amor que Dios tiene para nosotros. Dios es amor, y el que permanece en amor permanece en Dios, y Dios permanece en él" (1 Juan 4:16).

La única oración que podemos pronunciar es esta: "Padre Dios, nosotros también con todo el corazón deseamos conocer y creer en Tu amor y, finalmente, permanecer en Ti. Amén."

4. Somos edificados en Amor

La Iglesia no es una organización. La Iglesia de Dios es un Cuerpo—un *Cuerpo espiritual*. Cada miembro vivo en el Cuerpo de Cristo, a medida que crece, a medida que se desarrolla y madura, está llamado a contribuir a la edificación espiritual de todo el organismo espiritual.

La Biblia dice:

Más bien, al hablar la verdad en amor, creceremos en todos los aspectos en Aquel que es la cabeza, es decir, Cristo, de quien todo el cuerpo, estando bien ajustado y unido por la cohesión que las coyunturas proveen, conforme al funcionamiento adecuado de cada miembro, produce el crecimiento del cuerpo para su propia edificación en amor. (Efesios 4:15–16).

Magnífico, ¿no es así? Pablo, en Efesios 2, presenta a la Iglesia como un templo espiritual en el Señor. Este templo espiritual no aparece de la nada. Como templo vivo, toma forma y crece progresivamente hacia el objetivo final: un templo santo en el Señor. Pablo escribe: "En quien todo el edificio, bien ajustado, va *creciendo* para ser un templo santo en el Señor" (Efesios 2:21). A través de este proceso de "estar bien ajustado" y creciendo (presente continuo), la Iglesia se está convirtiendo perpetuamente en una habitación de Dios por medio del Espíritu Santo. Pablo explica: "En Cristo también ustedes son juntamente edificados para morada de Dios en el Espíritu" (Efesios 2:22). ¡Oh, qué hermoso panorama! ¡Un santuario espiritual donde habita Dios mismo!

Esta es una Iglesia tan hermosa y gloriosa que está construida sobre un fundamento adecuado y sólido: "Están edificados sobre el fundamento de los apóstoles y los profetas" (Efesios 2:20). Solo en una estructura espiritual tan magnífica instalará Dios la gloriosa *piedra angular, Cristo.* Pablo termina el verso "siendo Cristo Jesús mismo la piedra angular" (Efesios 2:20b). ¡Imagine eso por un momento! Ese es un panorama espléndido, ¿verdad? El Cuerpo espiritual de Cristo con todos sus miembros (profundamente arraigados en el amor ágape), se edifica en amor.

Solo podemos orar a Dios de esta manera: "Señor, despiértanos a todos al llamado: la iglesia gloriosa que 'se está edificando en amor.'"

5. Somos llamados a Amar

En Efesios 5:1–2 leemos: "Sean, pues imitadores de Dios como hijos amados; y anden en amor, así como Cristo les amó y se dio a sí mismo por nosotros, ofrenda y sacrificio a Dios, como fragante aroma." No hay un llamado mayor en la vida de un cristiano que el llamado a caminar en amor. De hecho, Juan nos dice: "El que no ama, no conoce a Dios."

(1 Juan 4:8a). El objetivo del crecimiento y la madurez espiritual no es que los creyentes obtengan más conocimiento intelectual. Como explica Pablo: "el propósito de nuestra instrucción es el *amor*" (1 Timoteo 1:5). El acúmulo de mero conocimiento teológico sin transformación interna, nos hace orgullosos y arrogantes (1 Corintios 8:1). Somos llamados a buscar el amor que edifica a los demás. Nuestra misión es buscar el amor dentro de la iglesia global; tener amor hacia todos los santos; practicar el amor entre los creyentes de la iglesia local. Y más importante aún, somos llamados a practicar el amor en nuestras propias familias.

1. Practicando el amor hacia todos los santos

Pablo escribe: "Por esta razón también yo, habiendo oído de la fe en el Señor Jesús que hay entre ustedes, y de su amor por todos los santos, no ceso de dar gracias por ustedes, mencionándolos en mis oraciones" (Efesios 1:15–16).

2. Exhibir amor genuino en la iglesia local

En Efesios 4:1–2 leemos: "Yo, pues, prisionero del Señor, les ruego que ustedes vivan de una manera digna de la vocación con que han sido llamados. Que vivan con toda humildad y mansedumbre, con paciencia, soportándose unos a otros en amor."

3. Mostrando el amor de Cristo dentro de la unidad familiar

La Biblia dice: "Maridos, amen a sus mujeres, así como Cristo amó a la iglesia y se dio Él mismo por ella" (Efesios 5:25).

Para cada uno de estos subpuntos podríamos escribir mucho. Que el Espíritu Santo nos guíe, nos inspire, nos convenza y nos capacite para "andar en amor, así como también Cristo nos amó" (Efesios 5:1-2). No hay mayor llamado que el llamado a amar. Y no hay mayor satisfacción que alcanzar el destino que Dios tiene para nosotros: *el amor ágape.*

Nunca olvidemos que:

1. Somos creados (predestinados) en amor;
2. Somos salvos por amor;
3. Estamos destinados para el amor;
4. Somos edificados en amor;
5. Somos llamados a amar.

Alabado sea Dios por todas Sus obras maravillosas que Él ha hecho, y que sigue haciendo en las vidas de Su pueblo. ¡Y todo esto porque Su naturaleza es *el amor ágape!*

Preguntas para Reflexionar

Por favor reflexione acerca de las siguientes preguntas. Luego, comparta sus ideas con un amigo o con su grupo pequeño.

1. ¿Qué habló el Espíritu Santo a su corazón cuando leía este capítulo? ¿Qué parte le gustó más de este capítulo?

2. ¿Qué conceptos nuevos aprendió de este capítulo? ¿Qué ideas se compromete a adoptar en su vida?

3. Por favor medite en los siguientes conceptos y luego anote sus reflexiones y lo que siente respecto a cada uno:
  3.1. "Somos Creados (Predestinados) en Amor".

  3.2. "Somos Salvos por Amor".

  3.3. "Estamos Destinados para el Amor".

  3.4. "Somos Edificados en Amor".

  3.5. "Somos llamados a Amar".

4. ¿Qué idea o concepto captó más su atención cuando leía este capítulo?

2

Definiciones para Realidades
Espirituales más Profundas

*Con Cristo he sido crucificado, y ya no soy yo el que vive, sino que
Cristo vive en mí; y la vida que ahora vivo en la carne, la vivo
por la fe en el Hijo de Dios, el cual me amó
y se entregó a sí mismo por mí.*
Gálatas 2:20

Mi deseo más profundo es que mis lectores entiendan el
consejo completo de Dios para sus vidas.   No quiero,
necesariamente, introducir términos nuevos.   Pero, a veces,
para comunicar realidades espirituales más profundas, es
importante tener la terminología correcta.

Entendiendo la Terminología

El Primer Adán

El primer ser humano creado por Dios. "Así también está
escrito: El primer hombre, Adán, fue hecho alma viviente"
(1 Corintios 15: 45a).

El Último Adán

Jesucristo, el Hijo de Dios, quien, por la encarnación, se
convierte también en el Hijo del Hombre. "El último Adán,

espíritu que da vida" (1 Corintios 15:45b).

La Vida Intercambiada

La vida intercambiada es el gran intercambio que ocurrió en la cruz. Durante la crucifixión del Hijo de Dios, toda la raza adánica fue crucificada. Quien acepta a Cristo como la vida, experimenta una vida que intercambia sus egoísmos por la suficiencia de Cristo. Pablo llega al corazón de lo que es una vida intercambiada cuando escribe: "Con Cristo he sido crucificado, y ya no soy yo el que vive, sino que Cristo vive en mí; y la vida que ahora vivo en la carne, la vivo en la fe del Hijo de Dios, el cual me amó y se entregó a sí mismo por mí." (Gálatas 2:20) ¡Esta declaración es fenomenal! Pablo expresa que hemos sido unidos con Cristo en la cruz en todos los aspectos: muerte, sepultura, resurrección y ascensión. Esta no es una metáfora, sino más bien, es una realidad espiritual muy profunda. Me gusta la manera como Richard F. Hall lo explica: "La vida intercambiada es el intercambio (con Cristo en la cruz) de una vida egocéntrica vivida con los recursos propios del cristiano como si estuviera todavía en el Adán, a cambio de una vida Cristo-céntrica vivida con los recursos de Cristo porque él (el cristiano) está en Cristo."[2] En pocas palabras, esta es la vida intercambiada.[3]

La Cruz

El término *cruz* tiene significados diferentes para personas diferentes. Para unos, la cruz significa sólo el instrumento de madera que usaban los romanos para crucificar a los criminales del imperio—incluyendo a Jesucristo. Para otros, la cruz significa solo la muerte sustitutiva de Cristo, pero nada más. Este es el punto de vista de la

> **La cruz es el punto singular en el universo en que, en la economía espiritual de Dios, somos identificados con Cristo en todas las facetas de Su obra.**

gran mayoría de cristianos hoy en día. Cuando yo utilizo el término *la cruz*, me estoy refiriendo a la obra completa de Cristo en Su muerte, sepultura, resurrección y ascensión. La cruz es el punto singular en el universo en que, en la economía espiritual de Dios, somos identificados con Cristo en todas las facetas de Su obra. La crucifixión de Cristo es, y seguirá siendo el evento más extraordinario en la totalidad de la historia: Fue hecho una vez y para siempre, como escribe Pedro: "Porque Cristo también padeció una vez para siempre por los pecados" (1 Pedro 3:18 RVA-2015). Por eso, nunca se volverá a repetir. En esa cruz, hace casi dos mil años, Dios nos unió con Jesús y nos hizo participantes de la muerte, sepultura, resurrección y exaltación de Cristo. Pablo escribe: "¿O no saben ustedes que todos los que hemos sido bautizados en Cristo Jesús, hemos sido bautizados en su muerte?" (Romanos 6:3). ¡Este es un misterio! De la cruz irradia luz que, si lo permitimos, brillará con fuerza en nuestros corazones. A continuación, están algunos aspectos:

Unidos con Cristo en Su Muerte

Fuimos establecidos en Cristo por la sabiduría infinita de Dios y por el poder ilimitado del Espíritu Santo. Y cuando Cristo murió en esa cruz, nosotros también morimos con Él. Este misterio ha estado en el corazón de Dios desde antes de la fundación del mundo, para salvarnos y traernos, como hijos e hijas, a la gloria con su Hijo unigénito. La Biblia nos enseña:

Hablamos sabiduría de Dios en misterio, la sabiduría oculta que, desde antes de los siglos, Dios predestinó para nuestra gloria. Esta sabiduría que ninguno de los gobernantes de este siglo ha entendido, porque si la hubieran entendido no habrían crucificado al Señor de gloria." (1 Corintios 2:7–8)

Toda esta sabiduría inefable ha estado oculta en la cruz. Y hasta hoy: "Porque la palabra de la cruz es necedad para los que se pierden; pero para nosotros los salvos es poder de Dios" (1 Corintios 1:18).

Unidos con Cristo en Su Sepultura

Después de morir, Cristo fue sepultado. "Porque yo les entregué en primer lugar lo mismo que recibí: que Cristo murió por nuestros pecados, conforme a las Escrituras; que fue sepultado y que resucitó al tercer día, conforme a las Escrituras" (1 Corintios 15:3–4). El Credo Nicene[4] dice, "Y fue crucificado también por nosotros bajo Poncio Pilato; sufrió y fue sepultado". Ya que fuimos unidos con Cristo en Su muerte, cuando fue sepultado, nosotros también fuimos sepultados con Él. Las Escrituras nos dicen: "Por tanto, hemos sido sepultados con Él por medio del bautismo para muerte" (Romanos 6:4). Esto es tan importante para asegurarnos que nuestro "viejo hombre" ha muerto definitivamente. Por lo que sé, nadie sepulta a personas vivas. Así, el "*viejo hombre*" no existe más. En mi opinión, esta es la razón por la que el bautismo en agua tiene un significado espiritual muy profundo: *nuestro viejo hombre ha muerto.* Es una lástima que este aspecto rara vez se explica a creyentes nuevos, lo que causa mucho daño a la iglesia.

Unidos con Cristo en Su Resurrección

Pablo escribe: "y que resucitó al tercer día, conforme a las Escrituras" (1 Corintios 15:4). Con respecto a esta realidad espiritual, el Credo Nicene declara: "y al tercer día Él resucitó, según las Escrituras." ¡Cristo vive ahora y para siempre! ¡Esta es una realidad poderosa! Si las personas no incluyen esto en el cristianismo, simplemente tenemos una religión muerta más. La muerte de Cristo es solo una mitad de la verdad. La otra mitad es la resurrección. Pero Cristo no sólo resucitó, nosotros hemos resucitado con Él. Si estuvimos en Cristo en Su muerte, entonces estábamos en Cristo cuando resucitó. Pablo escribe: "Porque si hemos sido unidos a Cristo en la semejanza de Su muerte, ciertamente lo seremos también en la semejanza de Su resurrección" (Romanos 6:5). Además, en Efesios leemos: "aun cuando estábamos muertos en nuestros delitos, nos dio vida juntamente con Cristo (por gracia ustedes han sido salvados), y con él nos resucitó" (Efesios 2:5–6). ¡Vaya! ¿No es esta la mejor noticia? ¡Sí lo es!

Unidos con Cristo en su Ascensión

No sólo hemos sido unidos con Cristo en su muerte, sepultados con Él y resucitados con Él, sino que también hemos ascendido con Él a los cielos. Con respecto a la ascensión de Cristo, el Credo Nicene declara: "Y ascendió al cielo y está sentado a la diestra del Padre." Pablo va más profundo cuando dice: "… y con Él nos sentó en los lugares celestiales en Cristo Jesús" (Efesios 2:6). ¿Lo ve? La Palabra de Dios enfatiza la verdad que somos *en Cristo Jesús*. Y porque estamos *en Cristo*, lo que Él atravesó es cierto también para nosotros. ¡Esto es asombroso! ¡Estoy anonadado! ¡Es un misterio tan profundo! Con razón Pablo oró:

> Mi oración es que los ojos de su corazón les sean iluminados, para que sepan cuál es la esperanza de Su llamamiento, cuáles son las riquezas de la gloria de Su herencia en los santos, y cuál es la extraordinaria grandeza de Su poder para con nosotros los que creemos, conforme a la eficacia de la fuerza de Su poder. Ese poder obró en Cristo cuando lo resucitó de entre los muertos y lo sentó a Su diestra en los lugares celestiales, muy por encima de todo principado, autoridad, poder, dominio y de todo nombre que se nombra, no solo en este siglo sino también en el venidero. Y todo lo sometió bajo Sus pies, y a Él lo dio por cabeza sobre todas las cosas a la iglesia, la cual es Su cuerpo, la plenitud de Aquel que lo llena todo en todo. (Efesios 1:18–23)

En Cristo; Cristo en nosotros; Cristo, nuestra vida; en quienes mora Cristo; y la Vida Eterna

Otros términos que necesitan definiciones son: en *Cristo*,

Cristo en nosotros, Cristo nuestra vida, y en quienes Cristo mora. ¿Qué significa *ser en Cristo* y tener a *Cristo en nosotros?* ¿Qué enseña la Biblia cuando habla de *Cristo, nuestra vida?* Entender estos términos nos ayuda a comprender la plenitud de lo que las Escrituras nos enseñan acerca de la vida cristiana.

En Cristo

Basado en la Biblia, yo creo con todo mi corazón que Cristo Jesús está dentro de todos los creyentes genuinamente nacidos de nuevo, independientemente de la confesión que profesa su iglesia. Pablo declara categóricamente: "Hay un solo cuerpo y un solo Espíritu...un solo Dios y Padre de todos, que está sobre todos, por todos y en todos." (Efesios 4:4, 6.) Los creyentes genuinos saben, por revelación, que Cristo está en su vida. Juan escribe: "Él que tiene al Hijo tiene la vida" (1 Juan 5: 12a). Pablo describe esta realidad espiritual con estas palabras: "Pues para mí, el vivir es Cristo" (Filipenses 1:21). En otras palabras, Pablo se identifica con Cristo.

Cristo en nosotros

Por otra parte, Cristo está dentro de cada creyente genuino. Esto es verdad aun cuando un creyente particular no lo sabe por experiencia. La obra entera de la redención se articula en la obra completa de Cristo. Pablo escribe: "y ustedes han sido hechos completos en Él, que es la cabeza sobre todo poder y autoridad" (Colosenses 2:10). Entonces Pablo hace la conexión entre Cristo como nuestra vida y como realidad espiritual el hecho de que estamos *en Él.* "Cuando Cristo, nuestra vida, sea manifestado, entonces ustedes también serán manifestados con Él en gloria" (Colosenses 3:4).

Cristo, nuestra vida

Cada creyente genuinamente nacido de nuevo participa de la vida eterna, o de la vida de Cristo. Juan escribe: "Estas cosas les he escrito a ustedes que creen en el nombre del Hijo de Dios, para que sepan que tienen vida eterna" (1 Juan 5:13). Me gusta como Pedro explica esta verdad divina: "Por ellas nos ha concedido Sus preciosas y maravillosas promesas, a fin de que ustedes lleguen a ser partícipes de la naturaleza divina, habiendo escapado de la corrupción que hay en el mundo por causa de los malos deseos" (2 Pedro 1:4). Si combinamos lo que escribió Pedro con el pasaje escrito por Juan, entendemos que somos participantes de la vida de Cristo. ¡Aleluya! ¡Gloria a Dios!

En quienes mora Cristo

El término *cristiano en quien mora Cristo* expresa el significado verdadero y profundo de un discípulo genuino de Cristo: aquel que es nacido de arriba y que realmente tiene al Espíritu Santo morando en su interior. Sabemos que fue en Antioquía, durante el primer siglo, cuando el mundo exterior llamó a los seguidores de Jesús: "cristianos". Lucas escribe: "Y a los discípulos se les llamó cristianos por primera vez en Antioquía" (Hechos 11:26). Estoy seguro que el mundo los llamó cristianos porque, por el poder transformador del Espíritu Santo, estaban demostrando el amor y el carácter de Cristo. Este no significa que cualquier persona que se identifica como cristiano en el siglo 21 es realmente un discípulo de Cristo. Los cristianos auténticos son aquellos que han nacido de arriba por el Espíritu de Dios (Juan 3:3–6) y en quienes habita el Espíritu de Dios (Romanos 8:9). Esa es la definición de Dios de un cristiano.

> **Los cristianos auténticos son aquellos que han nacido de arriba por el Espíritu de Dios (Juan 3:3-6) y en quienes habita el Espíritu de Dios. Romanos 8:9**

La Vida Eterna

La vida eterna no es algo que Cristo añade a nuestra vida después de morir. La vida eterna es la vida de Dios: "es" la misma persona de Cristo. Escuche las palabras de Cristo: "Yo soy el camino, la verdad y la vida; nadie viene al Padre, sino por Mí" (Juan 14:6).

Como creyentes, somos participantes de la vida eterna; por eso, hemos sido espiritualmente unidos con Cristo en Su muerte, sepultura, resurrección, y ascensión. Según la Sagrada Escritura, estamos sentados en el cielo con Cristo a la diestra del Padre. Sin embargo, aunque estas son verdades inmutables, no todos los creyentes experimentan todas ellas en sus vidas. Estas no son verdades simples que miramos ligeramente sin meditar en sus significados profundos. Vamos a ver algunos versículos bíblicos para establecer firmemente estas realidades en nuestros corazones. "Palabra fiel es esta: Que si morimos con Él, también viviremos con Él" (2 Timoteo 2:11). Este versículo debería hacernos parar y meditar con asombro en su profundo significado. ¿Cuándo murió Cristo? Usted podría decir, "¡Qué pregunta tonta! Todo el mundo lo sabe. Cristo murió hace casi dos mil años." Está bien. Pero por favor téngame paciencia. Si eso es verdad, entonces hace dos mil años cuando Cristo murió, usted y yo morimos con Él. ¿El apóstol está hablando de nuestra muerte física o de la muerte de nuestra alma? Por supuesto que no. Está hablando de nuestro ser espiritual. La Biblia habla de nuestra unión espiritual con Cristo en su muerte. Esto, dice el apóstol, es una declaración confiable. De igual manera: "Porque el amor de Cristo nos apremia, habiendo llegado a esta conclusión: que Uno murió por todos, y por consiguiente todos murieron" (2 Corintios 5:14). La muerte de Cristo es fundamental para nuestra salvación. El saber por experiencia que hemos muerto también con Él es fundamental para nuestra santificación.

Pablo escribe: "Por tanto hemos sido sepultados con Él por medio del bautismo para muerte, a fin de que como Cristo resucitó de entre los muertos por la gloria del Padre, así también nosotros andemos en novedad de vida" (Romanos 6:4; vea también Colosenses 2:12). Muchas personas han escuchado y finalmente han comprendido la parte del evangelio acerca de la muerte de Cristo para la salvación del mundo. Pero solo unas cuantas han mirado más fijamente estas escrituras y han considerado el hecho de que cuando Cristo murió, toda la raza humana murió con Él. Esto incluye a usted y a mí.

A continuación, hay algunos otros términos que deben recibir nuestra atención: *la vieja naturaleza, la nueva naturaleza, la carne, en la carne, según la carne, en el Espíritu, según el Espíritu, el pecado o el pecado que mora en nosotros, y los pecados.* Sin entrar en demasiado detalle, estos términos pueden definirse de la siguiente manera:

La vieja naturaleza o el viejo hombre

Se refiere al espíritu humano no regenerado que todos los seres humanos han heredado de Adán. Como dice el viejo refrán, "Lo que nace del gato, come ratones." Las Escrituras nos enseñan que todos los seres humanos nacen muertos a Dios y vivos al pecado y al diablo. Pablo escribe: "Y Él les dio vida a ustedes, que estaban muertos en sus delitos y pecados, en los cuales anduvieron en otro tiempo según la corriente de este mundo, conforme al príncipe de la potestad del aire, el espíritu que ahora opera en los hijos de desobediencia" (Efesios 2:1–2).

La nueva naturaleza o el nuevo hombre

Este término se refiere al espíritu humano regenerado. La nueva naturaleza nace en el momento de la salvación, cuando por fe en el nombre de Cristo, por el poder renovador del Espíritu Santo, la persona creyente nace de nuevo. Pablo explica esta verdad espiritual: "Él nos salvó, no por las obras de justicia que nosotros hubiéramos hecho, sino conforme a Su misericordia, por medio del lavamiento de la regeneración y por la renovación por el Espíritu Santo" (Tito 3:5; vea también Juan 3:3, 5).

La carne

La carne se refiere a vivir independientemente de Dios. Esto incluye el esfuerzo propio, la autosuficiencia, y los mecanismos de superación desarrollados a través del tiempo por seres humanos que tratan de satisfacer sus necesidades físicas, psicológicas y aun espirituales independientemente de Dios. La palabra griega para *carne* (*sarx*) ha sido erróneamente traducida en diferentes versiones de la Biblia como *naturaleza pecaminosa*. La Biblia nunca usa el término "*naturaleza pecaminosa*". (Nota: Según el contexto, la palabra *carne* puede también simplemente significar *cuerpo*. Personalmente creo que *carne* no tiene el mismo sentido que *vieja naturaleza*.)

En la carne

Esto se refiere a la posición de cualquier persona no creyente o no regenerada quien, por nacimiento físico, está "en Adán". Jesús explica esta realidad a Nicodemo: "Lo que es nacido de la carne, carne es, y lo que es nacido del Espíritu, espíritu es. No te asombres de que te haya dicho: Tienen que nacer de nuevo" (Juan 3:6–7). La persona que todavía no ha nacido de nuevo por el Espíritu está *en la carne*. Por esto, él o ella no tiene más remedio que vivir independientemente de Dios. La Biblia es muy específica acerca de esto. Pablo escribe: "Entre ellos también todos nosotros en otro tiempo vivíamos en las pasiones de nuestra carne, satisfaciendo los deseos de la carne y de la mente, y éramos por naturaleza hijos de ira, lo mismo que los demás" (Efesios 2: 3). Un creyente genuinamente nacido de nuevo no puede estar *en la carne*. Ha sido transferido fuera de esa condición. Sin embargo, él o ella puede andar *según la carne*.

Según a la carne

Este es comportamiento, actitud o manera de pensar de una persona que funciona independientemente de Dios. Todas las personas no regeneradas (todos los no creyentes) no tienen más remedio que vivir según a la carne. Pablo escribe: "y los que están en la carne no pueden agradar a Dios" (Romanos 8:8). El creyente nacido de nuevo puede elegir andar según la carne o según el Espíritu. "Porque los que viven conforme a la carne, ponen la mente en las cosas de la carne, pero los que viven conforme al Espíritu, en las cosas del Espíritu" (Romanos 8:5; vea también Gálatas 5:25).

En el Espíritu

Esta es la posición del creyente nacido de nuevo, alguien nacido del Espíritu y en quien mora Cristo. Por tanto, él o ella tiene *la vida zoe:* la vida de Dios o la vida de Cristo, habitando en su corazón. Juan lo explica mejor: "Y el testimonio es este: que Dios nos ha dado vida eterna; y esta vida está en su Hijo. El que tiene al Hijo tiene la vida, y el que no tiene al Hijo de Dios, no tiene la vida" (1 Juan 5:11–12).

Según el Espíritu

Esto describe el comportamiento, la manera de pensar o la actitud de un creyente que vive dependiendo del Espíritu Santo. Así, él o ella expresa su nueva identidad: la vida de Jesús. Personalmente creo que a medida que los creyentes maduran en la gracia y el conocimiento de Cristo (vea 2 Pedro 3:18) demuestran más visiblemente la vida y carácter de Cristo en sus vidas. A esto se refiere ser un cristiano en el que mora Cristo. Pablo escribe: "Porque todos los que son guiados por el Espíritu de Dios, los tales son hijos de Dios" (Romanos 8:14). Este es el verdadero significado de habitar en Cristo.

El pecado o el pecado que mora en nosotros

Esto simplemente significa el poder del pecado. Es una fuerza o poder profano que tiene a todas las personas que están en Adán (las personas no regeneradas o no creyentes) cautivas, y por tanto, separadas de Dios. Las Escrituras nos enseñan: "Y Él les dio vida a ustedes, cuando estaban muertos en sus delitos y pecados, en los cuales anduvieron en otro tiempo según la corriente de este mundo, conforme al príncipe de la potestad del aire, el espíritu que ahora opera en los hijos de desobediencia. Entre ellos también todos nosotros en otro tiempo vivíamos en las pasiones de nuestra carne, satisfaciendo los deseos de la carne y de la mente, y éramos por naturaleza hijos de ira, lo mismo que los demás" (Efesios 2:1–3).

"Porque sabemos que la ley es espiritual, pero yo soy carnal, vendido a la esclavitud del pecado" (Romanos 7:14).

Los pecados

Esto se refiere a actos, actitudes y comportamientos inconsistentes con la naturaleza de Dios (el amor ágape, Su carácter), la santidad de Dios y la ley perfecta de Dios.

Que Dios continúe profundizando nuestro entendimiento de estas verdades por el poder y la iluminación del Espíritu Santo, conforme a Su voluntad.

Preguntas para Reflexionar

Por favor reflexione acerca de las siguientes preguntas. Luego, comparta sus ideas con un amigo o con su grupo pequeño.

1. ¿Qué habló el Espíritu Santo a su corazón cuando leía este capítulo? ¿Qué parte le gustó más de este capítulo?

2. ¿Qué conceptos nuevos aprendió de este capítulo? ¿Qué ideas se compromete a adoptar en su vida?

3. Con sus propias palabras, por favor explique con detalle los siguientes conceptos teológicos:

3.1 La Vida Intercambiada

3.2. La Cruz

3.3. El creyente unido con Cristo en Su muerte, en Su sepultura, en Su resurrección y en Su Ascensión

3.4. La vieja naturaleza o el viejo hombre

3.5. La nueva naturaleza o el nuevo hombre

3.6. La carne

4. ¿Qué idea o concepto captó más su atención cuando leía este capítulo?

Notas finales
2. Definiciones para Realidades Espirituales más Profundas

[2] Richard F. Hall, *Foundations of Exchanged Life Counseling*, (Aurora, CO: Cross-Life Expressions, 1993), 57.
[3] Para más información de este tema, favor referir al capítulo con el mismo tema: La Vida Intercambiada.
[4] Nicene Creed, Christian Classics Ethereal Library.com. Consultado el 23 de julio, 2018, https://www.ccel.org/creeds/nicene.creed.html

3

Crecimiento Espiritual En Cristo

A fin de capacitar a los santos para la obra del ministerio, para la
edificación del cuerpo de Cristo; hasta que todos lleguemos a la
unidad de la fe y del pleno conocimiento del Hijo de Dios, a la
condición de un hombre maduro, a la medida de la estatura de la
plenitud de Cristo.
Efesios 4:12–13

Como cristianos, el crecimiento espiritual es imperativo. En
mi humilde opinión, debería ser el enfoque principal, sin
excepción, en todas las iglesias y denominaciones. *¿Qué es el
crecimiento espiritual?* Permítame intentar explicar esta
pregunta proporcionándole alguna información de fondo.
Décadas atrás, Dios me abrió los ojos a cuán imperativo es el
crecimiento y la madurez espiritual. Durante ese tiempo, el
Espíritu Santo me ha guiado para armar esta definición
sencilla:

El crecimiento espiritual es la obra de Dios a través
de Su gracia, mediante la cual los hijos de Dios son
transformados conforme a *la imagen de Cristo* en el
ser interior, y están facultados para morir a su ser
falso, y a vivir en justicia y santidad.

Más tarde, descubrí que hay un campo completo dentro
del cristianismo llamado *formación espiritual.* Durante mis
estudios de Maestría en Formación Espiritual y programa de

Liderazgo en la Universidad Spring Arbor, aprendí que la *formación espiritual Cristiana* es "el proceso de ser conformado a la imagen de Cristo por el bien de los demás."[5] Dallas Willard escribe que "la formación espiritual para el cristiano se refiere básicamente al proceso impulsado por el Espíritu Santo de formar el mundo interior del ser humano de tal manera que se convierta en el ser interior de Cristo mismo."[6] Según la enseñanza de John Wesley, ser santificado significa 'ser renovado a la imagen de Dios, en justicia y en verdadera santidad.'[7]

El versículo bíblico que mejor describe el concepto de *transformación espiritual* se encuentra en 2 Corintios 3:18: "Pero todos nosotros, con el rostro descubierto, contemplando como en un espejo la gloria del Señor, estamos siendo transformados en la misma *imagen* de gloria en gloria, como por el Señor, el Espíritu." A medida que crecemos en Cristo, nuestra condición moral es llevada por el Espíritu de Dios en conformidad con nuestro estado legal ante Dios. Juan escribe: "Pero a todos los que lo recibieron, les dio el derecho de llegar a *ser hechos hijos de Dios* [*Gr. Teknion*], es decir, a los que creen en Su nombre" (Juan 1:12).

El crecimiento espiritual es una continuación normal de lo que fue realizado en el momento de la salvación. El deseo del Padre es que el crecimiento espiritual pueda ser experimentado por todo hijo de Dios dispuesto. El padre no envió a su Hijo unigénito para salvarnos y para que continuemos viviendo como el resto del mundo. Tristemente, muchos cristianos tienen un entendimiento estrecho y flojo de la salvación: aceptar a Cristo para ir al cielo cuando uno muera. Pero la Biblia nos enseña más que eso. Cuando se otorga una nueva vida al creyente arrepentido, ésta contiene el ADN completo de la vida (zoe) de Dios.

Pedro escribe:

Gracia y paz les sea multiplicadas a ustedes en el conocimiento de Dios, y de Jesús nuestro Señor. Pues Su divino poder nos ha concedido todo cuanto concierne a la vida y a la piedad, mediante el verdadero conocimiento de Aquel que nos llamó por Su gloria y excelencia. (2 Pedro 1:2–3)

A medida que continuamos en nuestro camino como discípulos de Cristo (vea Lucas 9:23–24), y nos rendimos a la voluntad de Dios (vea Romanos 12:1), y nos damos un banquete con la Palabra de Dios (1 Pedro 2:1–3), y continuamos renovando nuestro entendimiento (Romanos 12:2), el Espíritu Santo continúa transformándonos a la imagen y semejanzas de Jesús (vea 2 Corintios 3:18). Por supuesto, esto no sucede en una especie de piloto automático, ni ocurre de la noche a la mañana. Sin embargo, es un proceso basado en la gracia. Se hace por la fe en Cristo y por el Espíritu Santo. El crecimiento espiritual es una parte integral de la salvación. No es tan importante cómo lo llames: *crecimiento y madurez espiritual, madurez, discipulado, formación espiritual o santificación*. Creo con todo mi corazón que debería ser *la vida Cristiana normal* para todos los creyentes, sin importar el tipo de iglesia o denominación a la que pertenezcan. El autor de Hebreos lo explica de manera hermosa:

> Porque convenía que Aquel para quien son todas las cosas y por quien son todas las cosas, llevando muchos hijos a la gloria, hiciera perfecto por medio de los padecimientos al autor de la salvación de ellos. Porque tanto el que santifica como los que son santificados, son todos de un Padre; por lo cual Él no se avergüenza de llamarlos hermanos. (Hebreos 2:10–11 NVI)

Dios desea que todos Sus hijos reflejen el carácter de Jesucristo. ¡Y punto final!

A menudo, en los seminarios de crecimiento espiritual que imparto en varias iglesias alrededor del mundo, explico al público que la espiritualidad de un cristiano es como el trayecto entre dos peldaños marcados por dos versículos Bíblicos: el primero es el *nacimiento espiritual* (vea Juan 1:12), y el segundo es la *madurez espiritual* (vea Romanos 8:14).

Juan escribe: "Pero a todos los que lo recibieron, les dio el derecho de llegar a ser *hijos* [Gr. *teknion*][8] de Dios, es decir, a los que creen en Su nombre; (Juan 1:12). Pablo escribe: Porque todos los que son guiados por el Espíritu de Dios, los tales son hijos [Gr. *huios*][9] de Dios (Romanos 8:14). Curiosamente, esos dos versos mencionan ambas palabras para *hijos*, pero en griego provienen de dos palabras diferentes con significados muy específicos. La palabra *hijo* [Gr. *teknion*] (usado en Juan 1:12) representa a un bebé recién nacido; es un heredero que aún no refleja la semejanza y la naturaleza del Padre. La palabra usada por Pablo en Romanos 8:14 es *hijos* [Gr. *huios*]. Esta palabra enfatiza la semejanza del creyente con el Padre celestial, es decir, se asemeja a Su carácter. Se ve que la semejanza con su Padre es lo que define a un hijo maduro de Dios. En otras palabras, el hijo de Dios – *teknion* (el niño infante del que habla Juan en el primer capítulo) - no es necesariamente un hijo maduro [*huios*]. Jesús usó la palabra *huios* para mostrar claramente la diferencia entre los hijos inmaduros y los hijos maduros de Dios.

> Pero Yo les digo: amen a sus enemigos y oren por los que los persiguen, para que ustedes sean hijos de su Padre que está en los cielos; porque Él hace salir Su sol sobre malos y buenos, y llover sobre justos e injustos. (Mateo 5:44–45)

Comentando acerca del pasaje previo, W.E. Vine escribe: "Los discípulos debían hacer estas cosas, no para que pudieran llegar a ser hijos de Dios, sino que al ser hijos (tome nota de 'su Padre' en todo el texto) podrían hacer que el hecho se manifieste en su carácter, podrían 'convertirse en hijos.'"[10]

Con respecto a la perfección del cristiano, John Wesley escribe: "Pregunta: ¿Qué implica ser un cristiano perfecto? Respuesta: Amar a Dios con todo nuestro corazón, mente y alma (Deuteronomio 6: 5)."[11]

El crecimiento espiritual expresado en los Evangelios

El Señor Jesús en Su Sermón del Monte dice: "Por tanto, sean ustedes *perfectos*, como su Padre celestial es *perfecto*" (Mateo 5:48). De acuerdo con una versión anterior del *Diccionario Webster*, *perfecto* significa:

1. Acabado: completo; consumado; no defectuoso; con todo lo necesario para su naturaleza y tipo, como una estatua perfecta; una imagen perfecta; una obra perfecta; un sistema perfecto.
2. Completamente informado; completamente calificado; como varones perfectos en el uso de armas; perfecto en disciplina.
3. Completo en excelencias morales.[12]

De acuerdo con las Notas de *Referencia de Scofield*: "Perfecto—implica un desarrollo completo, el crecimiento hacia la madurez de la piedad, no Su perfección sin pecado" (Vea Efesios 4:12, 13). En este pasaje, la bondad del Padre es el tema en cuestión, no Su ausencia de pecado. (Vea también, Lucas 6: 35, 36).[13] Con respecto a la perfección del cristiano, John Wesley no se refiere a ausencia de pecado, sino a una victoria gradual sobre el pecado y a un crecimiento gradual en la gracia. Él escribe: "*¿Cuándo comienza la santificación interna?* En el momento en que un hombre es justificado. (Sin embargo, el pecado permanece en él, sí, la semilla de todo pecado, hasta que él sea santificado totalmente). A partir de ese momento, un creyente gradualmente muere al pecado y crece en la gracia."[14]

El crecimiento espiritual expresado en el libro de los Hechos

Oh, cuánto me gusta lo que el amado médico, Lucas, escribe: "Y se dedicaban continuamente a las enseñanzas de los apóstoles, a la comunión, al partimiento del pan y a la oración" (Hechos 2:42). Este verso resume los elementos básicos del *crecimiento espiritual*. La palabra *continuamente* sugiere el proceso de madurez espiritual. No crecemos en semejanza a Cristo de la noche a la mañana. Es un proceso del día a día. La palabra "*dedicar*" sugiere la práctica de disciplinas espirituales. Se invita a los cristianos a crear intencionalmente un espacio para Dios para que el Espíritu Santo los transforme en la imagen de Cristo. Pablo captura muy bien esta idea en 2 Corintios 3:18: "Pero todos nosotros, con el rostro descubierto, contemplando como en un espejo la gloria del Señor, estamos siendo transformados en la misma imagen de gloria en gloria, como por el Señor, el Espíritu." Dios nos dio la gracia de "contemplar como en un espejo." La expresión "con el rostro descubierto" indica que es nuestra responsabilidad ser transparentes con Dios y con los demás. Comentando sobre 2 Corintios 3:18, Oswald Chambers, escribe:

> La mayor característica que un cristiano puede exhibir es esta franqueza completamente descubierta ante Dios, que permite que la vida de esa persona se convierta en un espejo para los demás. Cuando el Espíritu Santo nos llena, somos transformados, y al contemplar a Dios nos convertimos en espejos. Siempre podemos saber cuándo alguien ha estado contemplando la gloria del Señor, porque nuestro espíritu interior percibe que refleja el mismo carácter del Señor. Cuídese de cualquier cosa que pueda manchar o empañar ese espejo en usted. Casi siempre lo que lo manchará es algo bueno—bueno, pero no lo mejor.[15]

Sorprendentemente, Hechos 2:42 incluye las disciplinas espirituales más importantes que forman parte del proceso de crecimiento y madurez espiritual. Son:

1. *La enseñanza de los apóstoles* es la disciplina del estudio de la Biblia. Es una de las disciplinas más importantes en el proceso de discipulado.
2. *El compañerismo* representa comunidad. Creo que esta es otra disciplina espiritual. Comunidad es

tan importante como la disciplina de estudio. Sin comunidad no podemos experimentar el crecimiento espiritual. La formación espiritual no ocurre en una burbuja, como individuos. Esto podría llevar a egoísmo e individualismo. Somos llamados a edificarnos los unos a los otros en el Cuerpo de Cristo, la Iglesia.

3. *El partimiento del pan* indica la práctica de la Santa Cena del Señor, la Eucaristía o la Santa Comunión. Está claro que la Cena del Señor es otro importante hábito santo para el discipulado.

4. *La oración* es la disciplina de hablar con Dios. Esto significa que la comunicación con Dios en la asamblea de creyentes con ideas afines es de tremenda importancia para el crecimiento espiritual.

Lo que me impresiona es que la Iglesia recién formada en Jerusalén comenzó el proceso de formación espiritual inmediatamente después de Pentecostés. ¿No es asombroso? Esto me dice claramente que el crecimiento espiritual debe ser la vida y la fe cristiana normal para la Iglesia del siglo 21 también.

Crecimiento espiritual expresado en las epístolas

Si uno hace un estudio expositivo cuidadoso de las epístolas, puede asegurarse al menos de una realidad principal: *el crecimiento espiritual se asume y se espera* en las vidas de los cristianos. En otras palabras, a la luz de las epístolas, los cristianos deben crecer y madurar espiritualmente. Examinemos algunos pasajes.

Romanos 8:3–14

Este es uno de mis pasajes favoritos cuando predico y enseño acerca del crecimiento y la madurez espiritual. El crecimiento y la madurez espiritual tienen que ver con la mentalidad del Espíritu. "Porque los que viven conforme a la carne, ponen la mente en las cosas de la carne, pero los que viven conforme al Espíritu, en las cosas del Espíritu" (Romanos 8:5). Por eso es tan importante ser renovado *"en el espíritu de su mente"* (Efesios 4:23). John Piper dijo: "Así es renovada la mente: mirando firmemente las glorias de Cristo tal como realmente son."[16] El crecimiento espiritual implica transformación *(metamorfosis)*,[17] "mediante la renovación de su mente" (Romanos 12:2). El *Diccionario Webster Merriman* define la *metamorfosis* de esta manera: "1: (a) Cambio de la forma física, estructura o sustancia, especialmente por medios sobrenaturales. (b) Una alteración

> **El crecimiento y la madurez espiritual no tratan de información sino de transformación.**

notable en la apariencia, en *carácter* o en circunstancias."

Por lo tanto, el crecimiento y la madurez espiritual no tratan de *información* sino de *transformación*. Pablo aclara este aspecto en sus escritos (vea especialmente 2 Corintios 3:18 y Romanos 12:2). El objetivo final de la madurez espiritual es ser libre para gobernar con Cristo (vea Romanos 5:17, Gálatas 5:1). El amor de Dios, como fruto espiritual en nosotros, es demostrado por *dominio propio* (Gálatas 5:23). Cuando somos guiados por el Espíritu Santo, somos hijos maduros [*huios*] de Dios exhibiendo libremente el carácter de Cristo en nosotros.

1 Corintios 3:1–3

Primera Corintios 3:1–3 es otro gran pasaje. En esta carta, Pablo explica que Dios está en el negocio del *crecimiento espiritual*. "Así que ni el que planta ni el que riega es algo, sino Dios, que da el crecimiento" (1 Corintios 3:7).

El establecimiento de iglesias es algo maravilloso y gratificante, pero Dios no se ocupa solamente de *establecer*. Las reuniones de la Iglesia y buenos programas de alcance son cosas hermosas, pero Dios no está solamente *regando*. Dios espera que haya crecimiento espiritual en todas Sus iglesias. Si los cristianos no crecen espiritualmente, no son diferentes de "hombres del mundo" (v.3). Cuando el ambiente en la iglesia está lleno de "celos y contienda,", se debe a que sus miembros son cristianos *carnales*. Ser cristiano *y* carnal al mismo tiempo es un oxímoron. La espiritualidad cristiana y la carnalidad son incompatibles.

1 Corintios 13:1–13

Primera Corintios 13, el "capítulo de amor", es llamado por algunos "el capítulo de *la bisagra"*. Por un lado, tenemos 1 Corintios 12, donde Pablo enseña acerca de los dones espirituales. Del otro lado, tenemos 1 Corintios 14, donde Pablo nos enseña cómo ejercer estos dones. En medio, en la bisagra, está el capítulo 13: el *capítulo del amor*. El amor ágape es la esencia misma de Dios. "Dios es amor" (vea 1 Juan 4:8). Crecer en el amor de Cristo habilita a los cristianos a ejercer los dones espirituales de manera que edifica a los demás. Pablo exhorta a los creyentes en Corinto a crecer en el amor de Dios, dándoles su propio ejemplo: "Cuando yo era niño, hablaba como niño, pensaba como niño, razonaba como niño; pero cuando llegué a ser hombre, dejé las cosas de niño" (1 Corintios 13:11). El proceso es claro: pasamos del *estado infantil* al *estado adulto*. Nuestro hablar, razón y valores son transformados por el amor de Dios en un carácter semejante a Cristo.

Gálatas 5:16–26

Este pasaje es una *obra maestra* cuando se trata de crecimiento y madurez espiritual. En esta carta, Pablo contrasta *"los hechos de la carne"* y el *"fruto del Espíritu."* Pablo establece su punto claramente: "Pues los que son de Cristo Jesús han crucificado la carne con sus pasiones y deseos" (Gálatas 5:24). En otras palabras, se espera que aquellos que son salvos por la cruz de Cristo vivan en el Espíritu. La salvación implica crecer en el carácter de Cristo. Dallas Willard escribe: "El fruto del Espíritu es simplemente el carácter interno de Jesús mismo que se produce en nosotros a través del proceso de formación espiritual cristiana. Es el resultado de la formación espiritual. Es Cristo formado en nosotros."[18] Pablo escribe directo al grano: "Si vivimos por el Espíritu, andemos también por el Espíritu" (Gálatas 5:25).

Efesios 4:11–16

Otro de mis pasajes favoritos está en la carta a los Efesios. Me encuentro acudiendo a este texto del Nuevo Testamento una y otra vez, especialmente cuando tengo que explicar a los demás que la madurez espiritual no es opcional. El crecimiento y la madurez espiritual no ocurren en piloto automático. Se requiere nuestra participación voluntaria en el proceso. Más adelante en este capítulo, Pablo declara muy claramente que es nuestra responsabilidad "ustedes se despojen del viejo hombre" (v 22). En este pasaje, Pablo enfatiza que todos los oficios de la Iglesia (apóstoles, profetas, evangelistas, pastores y maestros) son llamados con el único propósito de "capacitar a los santos" y "para la edificación del cuerpo de Cristo" (v.12). La meta establecida delante de ellos es alcanzar el estado de "hombre maduro," hasta la "plenitud de Cristo" (v.13). La intención final de Dios es tener un Cuerpo, el cuerpo de Cristo, en el que todos los miembros están "bien ajustados y unidos," todo el cuerpo, en salud perfecta, se "edifica en amor" (v.16).

Efesios 6:10–20

Al final de esta carta, en Efesios 6:10–20, Pablo enseña a los creyentes acerca de la guerra espiritual. En una de mis cartas mensuales de enseñanza, compartí lo siguiente:

Una vez que aceptamos a Cristo en nuestras vidas, muchos de nosotros esperábamos que la vida transcurriera sin problemas. No es así. ¿Por qué es esto? Tan pronto como fuimos rescatados del dominio de las tinieblas, y Dios nos transfirió al reino de Su amado Hijo, hicimos de Satanás nuestro enemigo personal. Sí, él es un enemigo derrotado (Colosenses 2:15), pero no se engañe creyendo que Satanás no le puede engañar solo porque sea usted un cristiano. Al contrario, porque somos cristianos, Satanás trabaja aún más duro para:

- Mentirnos (Juan 8:44)
- Robar, matar y destruir (Juan 10:10)
- Devorarnos (1 Pedro 5: 7)
- Tentarnos (1 Corintios 7: 5)
- Engañarnos (2 Corintios 2:13)
- Colocar varias trampas en nuestro camino (2 Timoteo 2:24-26)
- Diseñar varios esquemas contra nosotros (Efesios 6:11)
- Acusarnos continuamente (Apocalipsis 12:9)[19]

En el contexto de la guerra espiritual, es importante que los creyentes entiendan lo que significa vencer al maligno (v.14). Como en cualquier combate, se requiere pelea. La guerra espiritual implica una lucha real también. Para estar firme contra del diablo, el cristiano debe revestirse: "revístanse con toda la armadura completa de Dios" (v.11). Para poder revestirse con toda la armadura uno debe crecer espiritualmente. Los bebés o los niños pequeños no se visten con armaduras militares para una guerra real. Pero las personas adultas que están adecuadamente entrenadas para la batalla, deben revestirse y armarse con todas las armas necesarias para la guerra real. Es interesante que, si observamos cuidadosamente los tiempos de verbo usados en este pasaje, los elementos protectores de la armadura (el *cinturón de la verdad, la coraza de justicia, calzados los pies con el evangelio de la paz*) son dados por Dios cuando nacemos de nuevo. Las piezas ofensivas de la armadura: *el escudo de la fe, el casco de la salvación, la espada del Espíritu,* nos son entregados cuando somos "fuertes en el Señor" (v.10), en otras palabras, cuando somos maduros en Cristo.

> **Tan pronto como fuimos rescatados del dominio de las tinieblas, y Dios nos transfirió al reino de Su amado Hijo, hicimos de Satanás nuestro enemigo personal.**

Colosenses 3:8–10

En este pasaje, Pablo explica que después de que las personas nacen de nuevo, deben dejar de lado todas las prácticas de maldad y "vestirse del nuevo hombre" (v 10). Este es un proceso de renovación de la persona interior según la imagen de Cristo. Si usted es lo suficientemente creativo, verá que Colosenses 3:8–10 contiene una hermosa definición de *crecimiento espiritual*. Si yo fuera usted, se me ocurriría una definición expandida de crecimiento espiritual. Se lo aseguro, ¡sería un buen ejercicio! Aquí está la definición que se me ocurrió:

El crecimiento espiritual es la obra del divino Viñador (Juan 15:1–2) a través de Su gracia por la cual los discípulos de Cristo son capacitados por el Espíritu Santo (Romanos 8:13) para "hacer morir las obras de la carne" (ira, enojo, malicia, insultos, lenguaje ofensivo, mentira, etc.), y vistiéndose del nuevo hombre "el cual se va renovando hacia un verdadero conocimiento conforme" con la imagen de Cristo (vea Colosenses 3:8–10) para edificar a otros (Efesios 4:16) y glorificar a Dios (Juan 15:8).

Hebreos 2:9–18

El autor de esta carta deja en claro que el crecimiento espiritual, "llevando muchos hijos a la gloria," es la intención que tenía Dios antes de la fundación del mundo en Cristo. En Efesios 1:4, Pablo escribe: "Porque Dios nos escogió en Cristo antes de la fundación del mundo, para que fuéramos santos y sin mancha delante de Él. En amor…". ¡Encuentro este verso absolutamente extraordinario! ¿Por qué? Porque antes de que alguna estrella fuera creada, Dios hizo este plan para incluirnos en amor, sabiendo que Adán iba a fallar en el Jardín. Pedro también escribe: "Porque Él estaba preparado desde antes de la fundación del mundo, pero se ha manifestado en estos últimos tiempos por amor a ustedes" (1 Pedro 1:20). ¡Este es otro versículo que me deja en absoluto asombro del misterio de Dios! ¿Por qué? Esto nos dice que antes de que un ser humano naciera en este planeta, Cristo ya sabía de la cruz. Aceptó la copa del Padre en el Jardín de Getsemaní. Cristo fue a la cruz por nuestra causa. ¡Qué misterio! En un sentido más profundo, esto comunica que el crecimiento y la madurez espiritual brotan del corazón mismo del Padre: "Porque tanto el que santifica como los que son santificados, son todos de un Padre; por lo cual Él no se avergüenza de llamarlos hermanos" (Hebreos 2:11). El crecimiento espiritual también requiere sufrimiento. Es por eso que la cruz de Cristo, el amor cruciforme, son conceptos claves para el crecimiento y la madurez espiritual. Pablo entendió muy bien esto. La cruz es la única vía para identificarnos con Cristo y encontrar nuestra verdadera identidad.

Muchas veces los predicadores explican solo 2 Corintios 5:17: "De manera que, si alguno está en Cristo, nueva criatura es; las cosas viejas pasaron, ahora han sido hechas nuevas." ¡Esta es una verdad asombrosa! Sin embargo, rara vez está conectada con Gálatas 2:20. "Con Cristo he sido crucificado, y ya no soy yo el que vive, sino que Cristo vive en mí; y la vida que ahora vivo en la carne, la vivo por la fe en el Hijo de Dios, el cual me amó y se entregó a sí mismo por mí." Gálatas 2:20 es el puente para comprender lo que realmente significa estar *en Cristo* y revela lo que realmente significa "Cristo vive en mí".

Hebreos 5:11–14, 6:13

Estos pasajes se encuentran entre mis textos favoritos en el área de crecimiento espiritual. El autor de Hebreos deja claro que en este proceso, Dios espera que los cristianos cambien su dieta espiritual. En otras palabras, a medida que crecemos en la gracia de Cristo, debemos pasar *de la leche* a los *alimentos sólidos*. Estas Escrituras transmiten con gran claridad que el Espíritu Santo espera que crezcamos. Se espera que los cristianos abandonen progresivamente la "enseñanza elemental" y "avancemos hacia la madurez" (Hebreos 6:1). La tragedia del siglo 21 es que demasiados cristianos usan pañales y lloran por la misma botella de leche. Demasiados se han vuelto "tardos para oír" (Hebreos 5:11). Trágico, ¿verdad?

Santiago 1:2–4

Santiago también escribe acerca de la importancia de ser perfectos en Dios. Escribe que, en el proceso de perfeccionarnos, Dios emplea varias pruebas. Pero después de pasar por todos estos hornos especiales, salimos "perfectos y completos, sin que nada les falte" (Santiago 1:4b).

1 Pedro 2:1–3

Pedro también toca el tema del crecimiento espiritual. Exhorta a los bebés recién nacidos a beber la "leche pura de la Palabra" (v.2a) para "que por ella crezcan para salación" (v 2b). Pedro deja claro que la salvación no es solo un contrato de un solo momento. La salvación genuina implica crecimiento espiritual. Para evitar cualquier malentendido, debo subrayar que el crecimiento espiritual es parte de la salvación, no una adición a ella. Los lectores tampoco deben interpretar fuera de contexto lo que estoy escribiendo. No estoy diciendo, ni insinuando, que los creyentes nacidos de nuevo deben crecer para probar que son salvos. De ninguna manera. No es así. Lo que estoy diciendo es que los cristianos genuinos crecen espiritualmente porque nacen en la familia de Dios. Pero esto no es una cosa automática. Muchos cristianos están en peligro de permanecer como bebés espirituales hasta la segunda venida del Señor. Cuando Pablo escribe acerca de nuestras responsabilidades como creyentes "ocúpense en su salvación" (Filipenses 2:12), no está predicando legalismo. Por favor, preste atención al contexto. No está enseñando que la salvación es por obras. Pablo escribe a los creyentes, a personas que han experimentado el nacimiento espiritual. Pablo continúa: "Porque Dios es quien obra en ustedes tanto *el querer* como *el hacer*, para Su buena intención" (Filipenses 2:13). La paradoja es que el crecimiento espiritual sigue siendo la gracia de Dios obrando en nuestras vidas. Solo necesitamos continuar recibiéndolo por la fe en Cristo y "crezcan en la gracia y el conocimiento de nuestro Señor y Salvador Jesucristo" (2 Pedro 3:18a).

2 Pedro 1:2–12

¡Me gustan los pensamientos que el Espíritu Santo inspiró a Pedro para que escribiera! Está claro que Pedro enseña acerca del crecimiento y la madurez espiritual. Yo llamo a este pasaje *la escalera del crecimiento y la madurez espiritual*. Afirma claramente que Dios "nos ha concedido todo cuanto concierne a la vida y a la piedad." Ahora que tenemos todo lo necesario para crecer completamente en Cristo, es nuestra responsabilidad aplicar "toda diligencia..." para que nuestra fe se muestre con "excelencia moral." Hacia el final de la escalera, somos llamados a aplicar con toda diligencia el amor a la "bondad fraterna." Pablo explica que: "El amor no hace mal al prójimo. Por tanto, el amor es el cumplimiento de la ley" (Romanos 13:10). Pedro concluye su reflexión acerca de la escalera del crecimiento y la madurez espiritual con estos pensamientos:

- Primero: "Porque mientras hagan estas cosas, nunca caerán" (2 Pedro 1:10b).
- Segundo: "Pues de esta manera les será concedida ampliamente la entrada al reino eterno..." (2 Pedro 1:11a).

El Camino al reino de Dios es la *gracia*. Punto final. No hay duda al respecto. Sin embargo, el practicar las disciplinas espirituales con toda diligencia nos mantiene en el centro de este *Camino*. (Vea Mateo 7:13–14 y Lucas 13:24). Es solo una cuestión de obediencia después de que somos salvos y no para ser salvos. Jesús mismo comunica muy bien el concepto de la obediencia: "¿Por qué ustedes me llaman: 'Señor, Señor', ¿y no hacen lo que Yo digo?" (Lucas 6:46). Mateo es incluso más audaz que Lucas cuando escribe: "No todo el que me dice: 'Señor, Señor' entrará en el reino de los cielos, sino el que hace la voluntad de Mi Padre que está en los cielos" (Mateo 7:21).

1 Juan 2:12–14

En este pasaje, Juan escribe con confianza acerca de las tres categorías de crecimiento espiritual en la iglesia:

– *Niños pequeños:* "Les escribo a ustedes, hijos, porque sus pecados les han sido perdonados por el nombre de Cristo" (1 Juan 2:12).
– *Jóvenes:* "Les escribo a ustedes, jóvenes, porque han vencido al maligno" (1 Juan 2:13).
– *Padres:* "Les he escrito a ustedes, padres, porque conocen a Aquel que ha sido desde el principio" (1 Juan 2:14).

En estos versículos, es obvia la idea del crecimiento espiritual de una etapa a otra.

Acerca del tema de la infancia y la necesidad de que los cristianos crezcan, Chuck Swindoll escribe:

Amo a los bebés. Creo que otros deberían tener tantos como deseen. Creo que es una experiencia agradable y placentera ver crecer a los bebés y convertirse en personas pequeñas, hombres y mujeres pequeños, adolescentes y personas operantes... Pero... son dependientes y exigentes. No pueden alimentarse por sí mismos. No pueden evitar meterse en problemas. Les encanta ser el centro de atención. Son llevados por impulsos, como el hambre, el dolor, el sueño. Se irritan cuando están sucios, a pesar de que ellos lo causaron, y uno tiene que limpiarlo. No tienen modales, ni control. Tienen poca capacidad de atención, no se preocupan por los demás, no tienen habilidades o capacidades. ...Los bebés espirituales deben crecer. Algunas de las personas más difíciles con las que uno tiene que convivir en la iglesia de Jesucristo, son aquellas que han envejecido en el Señor, pero no han crecido en Él.[20]

¡Sí! Qué lástima, pero esta es una realidad en muchas iglesias hoy en día, lo que *demuestra una visible falta de crecimiento espiritual*. Pero, ¿la infidelidad de las personas anula la fidelidad de Dios? No lo creo. Pablo escribe: "Si somos infieles, Él permanece fiel, porque no puede negarse a Sí mismo" (2 Timoteo 2:13 RVA- 2015). Dios sigue siendo fiel a su plan inicial y no creo que su estándar de traer "muchos hijos a la gloria" vaya a ser disminuido. De lo contrario, esto significaría que la imagen de Cristo durante el siglo 21 podría ser reducido, en comparación con su imagen durante el primer siglo, solo para satisfacer nuestra propia superficialidad, inmadurez, falta de interés en el crecimiento espiritual, rechazo de la Cruz y falta de voluntad de aceptar el estilo de vida de discipulado. Creo que esto nunca puede ser. "Jesucristo es el mismo ayer, hoy y por los siglos" (Hebreos 13:8).

Preguntas para Reflexionar

Por favor reflexione acerca de las siguientes preguntas.
Luego, comparta sus ideas con un amigo o con su grupo
pequeño.

1. ¿Qué habló el Espíritu Santo a su corazón cuando leía este
capítulo? ¿Qué parte le gustó más de este capítulo?

. ¿Qué conceptos nuevos aprendió de este capítulo? ¿Qué
ideas se compromete a adoptar en su vida?

3. Por favor explique con detalle los siguientes conceptos:
    3.1. El crecimiento espiritual expresado en los
    Evangelios. Comparta sus versículos favoritos de los
    cuatro Evangelios que hablan acerca de este tema.

    3.2. El crecimiento espiritual expresado en las Epístolas.
    ¿Cuál es su pasaje favorito?

4. Lea con cuidado 1 Corintios 3:1–9. Por favor dé una breve
explicación de este pasaje.

5. Lea con cuidado Hebreos 5:11–14, 6:1–3. Por favor dé
una breve explicación de este pasaje.

6. Lea con cuidado 2 Pedro 1:2–12. Por favor dé una breve
explicación de este pasaje.

7. ¿Qué idea o concepto captó más su atención cuando leía
este capítulo?

Notas finales
3. Crecimiento Espiritual En Cristo

[5] M. Robert Mulholland Jr., *Invitation to a Journey* (Downers Grove, IL: Inter Varsity Press, Downers Grove, IL, 1993), 12.

[6] Dallas Willard, *Renovation of the Heart: Putting on the Character of Christ,* (Colorado Springs, CO: Navpress, 2002), 22.

[7] Thomas Jackson (editor), *The Works of John Wesley, A Plain Account of Christian Perfection,* (First Conference, June 25, 1744), (Volumen 11, pp. 366-446, 1872), artículo 17. Consultado el 20 de abril, 2011. http://gbgm-umc.org.

[8] Teknion, (Strong #5040) = niño pequeño, diminutivo de teknon; un bebé, i.e. (figurativamente plural) queridos (conversos cristianos); niños pequeños. (James Strong, LL.D., S.T.D., *The New Strong's Exhaustive Concordance of the Bible,* (Nashville, TN: Thomas Nelson Publishers, 1996), 89.

[9] Hyiós, (Strong #5207) correctamente un *hijo* (por nacimiento u adopción); (figurativo) cualquier persona que comparte la misma naturaleza de su Padre. Para el creyente, convertirse en un hijo de Dios empieza con ser renacido (*adoptado*) por el Padre Celestial—a través de Cristo (la obra de *Hijo eterno*). *Hyiós,* (hijo) enfatiza la *semejanza que tiene el creyente con el Padre Celestial,* i.e. *pareciéndose* a Su carácter más y más por vivir *en fe* (*persuasiones* forjadas por Dios), *Hyiós* (hijo) resalta el derecho (legal) a la *herencia* del Padre, i.e., como el creyente vive en conformidad con la naturaleza del Padre (propósito). *HELPS Word-Studies,* copyright ©1987, 2011 por Helps Ministries, Inc.)

[10] W.E. Vine, *Vine's Complete Expository Dictionary of Old and New Testament Words,* (Grand Rapids, MI: Thomas Nelson, 1996), 585.

[11] Thomas Jackson, *A Plain Account of Christian Perfection,* (1872), artículo 17. Consultado en 20 de Abril, 2011.

[12] "Perfect" ("perfecto"), American Dictionary of the English Language. Consultado 17 mayo, 2011. http://webstersdictionary1828.com/Dictionary/Perfect.

[13] "Perfect", *Scofield Reference Notes* (edición 1917). Bible Study Tools.com. Consultado 17 de mayo, 2011. https://www.biblestudytools.com/commentaries/Scofield-reference-notes/matthew/matthew-5.html.

[14] Thomas Jackson, *A Plain Account of Christian Perfection,* (Segunda Conferencia, 1 de Agosto, 1745), 1872, artículo 17.

[15] Oswald Chambers, *Transormed by Beholding,* Utmost.com. Consultado 3 de Junio, 2014. http://utmost.org/transformed-by-beholding/.

[16] John Piper, *The Renewed Mind and How to Have It,* Deseando a Dios. Consultado marzo, 2011. http://www.desiringgod.org/.

[17] "Metamorphosis" ("metamorfosis"), Merriam-Webster. Consultado diciembre, 2010. http://www.merriam-webster.com/dictionary/metamorphosis.

[18] Dallas Willard, *Idaho Springs. Inquiries Concerning Spiritual Formation,*

Dwillard.com. Consultado 24 de marzo, 2011. http://www.dwillard.org.

[19] Valy Vaduva, *Put On, Una Carta de Enseñanza* (URFM, Livonia, MI, mayo, 2018), 1,2.

[20] Charles R. Swindoll, *The Tale of the Tardy Oxcart,* (Nashville, TN: Word Publishing, 1988), 80.

4

Los Ingredientes Principales para el Crecimiento Espiritual

Pero el alimento sólido es para los maduros; para los que, por la práctica, tienen los sentidos entrenados para discernir entre el bien y el mal.
Hebreos 5: 14 (RVA-2015)

En cualquier proceso hay ingredientes, pasos, o fases. Lo mismo es verdad en nuestro caso. Sin entrar en mucho detalle, voy a enumerar algunos ingredientes importantes para el crecimiento espiritual y hablar de algunos aspectos claves acerca de cada uno.

Ingredientes para el crecimiento espiritual

1. La vida de Dios no creada

Cristo dijo a Sus discípulos que Él es el Buen Pastor. Vino para dar vida a sus ovejas. Cristo no hablaba de la vida normal aquí en la tierra. El Señor hablaba de la vida *zoe*[21]. El diccionario de la Biblia de Thayer y Smith (Thayer's and Smith's Bible Dictionary) define *vida* así:

La condición de uno que está poseído de vitalidad o está vivificado; cada alma viva. La vida Zoe de la plenitud absoluta de la vida, tanto esencial como ética, que pertenece a Dios, y a través de Él tanto al 'logos' hipostático y a Cristo, en quien el 'logos' se vistió de naturaleza humana.

Esta es la vida verdadera y genuina, una vida activa y vigorosa, dedicada a Dios, bendita, en la porción aún en este mundo de aquellos que ponen su confianza en Cristo, pero después de la resurrección son consumados por nuevos accesos, entre los que está un cuerpo más perfecto, y que durará para siempre.[22]

Si reemplazamos la palabra inglesa *"vida"* con la palabra original *"zoe"*, Juan 10:10 se lee así: "Yo he venido para que tengan *zoe*, y para que tengan *zoe* en abundancia." No podemos empezar a hablar acerca del crecimiento y la madurez espiritual sin comprender el concepto de la vida *zoe*.

Nadie puede tener este tipo de vida si está separado de Cristo. Jesús es "el camino, y la verdad, y la vida; nadie viene al Padre, sino por mí" (Juan 14:6). La misma verdad es expresada por Juan, su apóstol querido, cerca al final del primer siglo: "El que tiene al Hijo, tiene la vida, y el que no tiene al Hijo de Dios, no tiene la vida" (1 Juan 5:12).

Estos no son argumentos que uso para convencer al lector de que hay vida superior, una vida *zoe*. Lo que trato de decir es que sin la vida *zoe* no podemos ni empezar a hablar del proceso de crecimiento espiritual. Estos son hechos bíblicos que deben ser incorporados – por fe—en la vida de uno, si ella o él desea verdaderamente ser transformado profundamente hacia la semejanza de Cristo.

> **No podemos empezar a hablar acerca del crecimiento y la madurez espiritual sin comprender el concepto de la vida zoe.**

2. El Espíritu de Dios

El crecimiento espiritual requiere la presencia del Espíritu de Dios en el nacimiento espiritual. Durante su ministerio terrenal, Cristo tiene una conversación teológica con Nicodemo. Este hombre fue un gobernante de los judíos, un fariseo, muy educado en las Escrituras del Antiguo Testamento. Jesús le dijo categóricamente: "En verdad te digo que el que no nace de agua y del Espíritu no puede entrar en el reino de Dios" (Juan 3:3). En otras palabras, la religión o la teología no puede iluminar a alguien para poder ver el reino de Dios. Por supuesto, así como muchos de nosotros nos sentimos cuando leímos por primera vez el evangelio de Juan, Nicodemo estaba perplejo, y quizá, confundido, por la radicalidad y franqueza de Jesús. El pobre erudito de la ley judía preguntó: "¿Cómo puede un hombre volver a nacer cuando es viejo?"

Cristo no le dijo: "Vuelve y estudia la encuesta del Antiguo Testamento; toma de nuevo todos los exámenes y encontrarás la respuesta." Mas bien, Jesús explicó: "En verdad te digo que el que no nace de agua y del Espíritu no puede entrar en el reino de Dios" (Juan 3:5). Para estar seguro de que el profesor Nico lo entiende, Jesús continúa: "Lo que es nacido de la carne, carne es, y lo que es nacido del Espíritu, espíritu es" (Juan 3:6).

> **El nacimiento espiritual es un acto sobrenatural producido solo por el Espíritu Santo mediante la Palabra viva e incorruptible de Dios en su gracia inconcebible.**

Puede usted ver que el nacimiento espiritual no se produce por la correcta teología o la doctrina correcta. El nacimiento espiritual es un acto sobrenatural producido solo por el Espíritu Santo mediante la Palabra viva e incorruptible de Dios en su gracia inconcebible. Pablo explica: "Él nos salvó, no por las obras de justicia que nosotros hubiéramos hecho, sino conforme a Su misericordia, por medio del lavamiento de la regeneración y la renovación por el Espíritu Santo" (Tito 3:5). Igualmente, Pedro escribe: "Pues han nacido de nuevo, no de una simiente corruptible, sino de una que es incorruptible, es decir, mediante la palabra de Dios" (1 Pedro 1:23). Pablo subraya esta verdad muy bien. Escribe: "De modo que, si alguno está en Cristo, nueva criatura es; las cosas viejas pasaron, ahora han sido hechas nuevas" (2 Corintios 5:17).

Téngalo muy en claro. El crecimiento espiritual requiere la *presencia* del Espíritu Santo y Su *revelación* (vea Juan 6:63, 16:13). De hecho, la tercera persona de la Trinidad es el *Autor* y el *Agente* de la transformación espiritual. En 2 Corintios 3:18, Pablo nos enseña: "Pero todos nosotros, con el rostro descubierto, contemplando como en un espejo la gloria del Señor, estamos siendo transformados en la misma imagen de gloria en gloria, como por el Señor, el Espíritu."

3. La Palabra de Dios

El crecimiento y la madurez espiritual requieren encuentros diarios con la Palabra de Dios. Los primeros discípulos de la iglesia en Jerusalén se dedicaron a las *enseñanzas de los apóstoles* (vea Hechos 2:42). Esta era una práctica no sólo para la iglesia de Jerusalén, sino también para las iglesias plantadas por Pablo entre los gentiles. Los discípulos provenientes de algunas de estas iglesias estaban "examinando las Escrituras diariamente". Lucas escribe: "Estos eran más nobles que los de Tesalónica, pues recibieron la palabra con toda solicitud, escudriñando diariamente las Escrituras, para ver si estas cosas eran así" (Hechos 17:11).

> **Un cristiano no puede crecer y alcanzar verdaderamente un estado de madurez sin tener una relación personal con la Palabra de Dios.**

Un cristiano no puede crecer y alcanzar verdaderamente un estado de madurez sin tener una relación personal con la Palabra de Dios. Pedro, en su sinceridad, y sin sofisticación escribe: "deseen como niños recién nacidos, la leche pura de la palabra, para que por ella crezcan para salvación" (1 Pedro 2:2).

4. Padres Espirituales

Jesús dio a los primeros discípulos el ejemplo para el crecimiento espiritual: *el discipulado*. Él nos dio la Gran Comisión con una declaración muy específica: hacer *discípulos* (Vea Mateo 28:19–20). Hoy, Jesús continúa llamando: "Sígueme" (Mateo16:24, Lucas 9:23). *El crecimiento espiritual implica el modelado de caracteres.* Jesús nos dice: "Un discípulo no está por encima de su maestro; pero todo discípulo, después de que se ha preparado bien, será como su maestro" (Lucas 6:40). Muchas veces el crecimiento y la madurez espiritual implican una dinámica maestro-estudiante o una relación de tipo mentor-discípulo. Esta es relación espiritual profunda. Pablo escribe acerca de esto: "Porque, aunque ustedes tengan innumerables maestros en Cristo, sin embargo, no tienen muchos padres; pues en Cristo Jesús yo los engendré por medio del evangelio" (1 Corintios 4:15).

En uno de mis seminarios de crecimiento espiritual, yo defino a los padres espirituales así:

> Un Abba espiritual es un individuo espiritualmente maduro (Hebreos 5:14) que se ocupa con (y para) el bienestar de los niños espirituales (2 Corintios 11:29, y Gálatas 4:19). Un padre espiritual no solo da a luz a niños espirituales mediante el evangelio (1 Corintios 4:15), sino que se desgasta y se expande para el bienestar de los niños espirituales (2 Corintios 12:15) hasta que Cristo sea formado en ellos.[23]

Pablo escribe: "Hijos míos, por quienes de nuevo sufro dolores de parto hasta que Cristo sea formado en ustedes" (Gálatas 4:19).

Padres espirituales conocen esta verdad agradable a los ojos de Dios acerca del modelado del carácter. Más específicamente, saben que el crecimiento espiritual se trata del Espíritu de Dios modelando y transformándonos a la semejanza de Cristo cuando estamos participando de una relación espiritual correcta con Cristo y los unos con los otros.

Pablo entendió y modeló este principio. Escribe: "Ustedes son testigos y también Dios, de cuán santa, justa e irreprensiblemente nos comportamos con ustedes los creyentes. Saben además de qué manera los exhortábamos, alentábamos e implorábamos a cada uno de ustedes, como un padre lo haría con sus propios hijos" (1 Tesalonicenses 2:10–11, énfasis es mío). (Vea también, 1 Corintios 4:16; 1:1).

Muchas veces el crecimiento y la madurez espiritual implican una dinámica maestro-estudiante o una relación de tipo mentor-discípulo.

Si existe crisis en el mundo hoy, no es crisis de energía, ni crisis financiera; la crisis es la falta de padres espirituales. En un ensayo complejo titulado: "Cuestiones acerca del Crecimiento Espiritual de Laicos y del Clero" ("Issues of Laity and Clergy Spiritual Growth") Dick Rausher escribe:

Casi sin excepción, el enfoque institucional de la iglesia está en la formación intelectual para el ministerio, y *prácticamente ignora* la formación espiritual de sus miembros. Tenemos a demasiados pastores predicando *acerca de* espiritualidad, pero que no han tenido el apoyo o el ánimo institucional para desarrollar su propia espiritualidad. No han hecho su trabajo en cuanto a su crecimiento espiritual. Leen *acerca* de la espiritualidad en un mapa, y no han recibido apoyo ni ánimo para *hacer* el viaje.

Rausher continúa:

Necesitamos a estos maestros espiritualmente maduros en la Iglesia, los que realmente han hecho el viaje, para que puedan guiar a otros a los desiertos de sus almas.[24]

Yo no soy el único que piensa que nos hacen mucha falta maestros espiritualmente maduros en nuestras iglesias.

5. Comunidad

Como ya mencioné, la formación espiritual se realiza en un contexto comunitario, como escribe Lucas en Hechos 2:42: "Y se dedicaban continuamente". Jesús dijo a sus discípulos que "sobre esta roca"—Cristo mismo—"edificaré Mi iglesia" (Mateo 16:18). Es obvio que Cristo edifica una iglesia formada por individuos, y estos individuos van a la iglesia. En otras palabras, la Iglesia es el Cuerpo de Cristo edificado por muchos miembros, no por muchos miembros individuales tratando, de alguna manera, de convertirse en el Cuerpo de Cristo.

> **La formación espiritual requiere una comunidad genuina, una iglesia de tipo ekklesia.**

La formación espiritual requiere una comunidad genuina, una iglesia de tipo ekklesia.[25] Pablo entendió esto muy bien, por lo que escribe: "Porque el cuerpo no es un solo miembro, sino muchos" (1 Corintios 12:14) y: "En Cristo también ustedes son juntamente edificados para morada de Dios en el Espíritu" (Efesios 2:22).

6. Disciplinas Espirituales

La práctica de disciplinas espirituales (oración, silencio y soledad, estudio, ayuno, meditación, sumisión, servicio, guía, confesión, adoración, y celebración) son inseparables de la formación espiritual. Richard Foster escribe: "Las disciplinas espirituales, son así los medios ordenados por Dios mediante los cuales cada uno de nosotros tiene la habilidad de traer el paquete de poder individualizado que todos poseemos, el cuerpo humano, y ponerlo delante de

Dios como 'sacrificio vivo'" (Romanos 12:1).[26] Esta no es una forma moderna de legalismo. En otras palabras, no estamos llamados a esforzarnos más. Estamos llamados a un proceso de entrenamiento intencional a la piedad (1 Timoteo 4:7).

En resumen: la formación espiritual es un deber. Nuestro corto viaje al Nuevo Testamento demuestra claramente esta conclusión general: Dios desea que todos Sus hijos reflejen el carácter de Jesucristo (vea 2 Corintios 3:18). ¡Punto final!

> **Estamos llamados a un proceso de entrenamiento intencional a la piedad (1 Timoteo 4:7).**

Las siguientes declaraciones apoyan la conclusión general:

- La meta fijada ante la iglesia es lograr el nivel de un "hombre maduro", la "plenitud de Cristo" (Efesios 4:13).
- *La formación espiritual es un proceso.* La idea del crecimiento espiritual de una etapa a otra es muy obvia en el Nuevo Testamento (2 Pedro 1:5–7).
- *La salvación genuina implica crecimiento espiritual* (1 Pedro 2:2). La formación espiritual es parte de la salvación. No es una adición a esta. Se espera que los hijos genuinos de Dios crezcan (Hebreos 5:12–14).
- *La formación espiritual no es para cristianos de élite.* Dios no practica ni elitismo ni favoritismo. Dios espera que todos sus hijos crezcan en todas Sus iglesias (Efesios 2:21).
- *Permanecer inmaduro y ser cristiano y carnal a la vez, es una incongruencia.* La espiritualidad cristiana y la carnalidad son incompatibles (1 Corintios 3:1). Si somos salvados por la cruz de Cristo, se espera que vivamos en el Espíritu (Gálatas 5:24).
- *La salvación implica crecer en el carácter de Cristo* (Efesios 4:15). El crecimiento espiritual implica la transformación (metamorfosis) "mediante la renovación de su mente" (Romanos 12:2). Por lo

tanto, el crecimiento y la madurez espiritual, o la formación espiritual no trata acerca de información, sino de transformación (Efesios 4:23).

- *Crecimiento espiritual requiere sufrimiento* (1 Pedro 2:21). La cruz de Cristo, el amor cruciforme, es el concepto clave para la formación espiritual (Gálatas 2:20; 6:14). En el proceso de perfeccionarnos, Dios emplea varias pruebas (Santiago 1:2–4). Pero finalmente, somos hechos perfectos en Él, que es perfecto (Hebreos 12:2; 1 Tesalonicenses 5:23–24, Filipenses 1:6).

La tragedia es que muchos creyentes no ven que el crecimiento y la madurez espiritual (o la formación espiritual) nacen del corazón del Padre.

Vamos a resumir. Los *ingredientes* principales del Crecimiento Espiritual son:

1. *La vida de Dios no creada* (Juan 10:10, 1 Juan 5:12)
2. *El Espíritu de Dios* (Juan 3:3,5; Tito 3:5)
3. *La Palabra de Dios* (Juan 8:31–32)
4. *Padres Espirituales* (Gálatas 4:19, 1 Corintios 4:15)
5. *Comunidad* (Hechos 2:42, Mateo 16:18)
6. *Disciplinas Espirituales* (1 Corintios 9:25–27, 2 Timoteo 1:7)

Oro y espero que la Iglesia del Siglo 21 despierte a la Gran Comisión de Cristo: *hacer discípulos* y empezar a invertir en personas y su desarrollo espiritual, en lugar de invertir en edificios, programas y estrategias de mercadeo. Mi *amén* sincero va después de la oración de Pablo para la Iglesia en Éfeso:

Por esta razón también yo, habiendo oído de la fe en el Señor Jesús que hay entre ustedes, y de su amor por todos los santos, no ceso de dar gracias por ustedes, mencionándolos en mis oraciones, pido que el Dios de nuestro Señor Jesucristo, el Padre de gloria, les dé espíritu de sabiduría y de revelación en un mejor conocimiento de Él. Mi oración es que los ojos de su corazón les sean iluminados, para que sepan cuál es la esperanza de Su llamamiento, cuáles son las riquezas de la gloria de Su herencia en los santos, y cuál es la extraordinaria grandeza de Su poder para con nosotros los que creemos, conforme a la eficacia de la fuerza de Su poder. Ese poder obró en Cristo cuando lo resucitó de entre los muertos y lo sentó a Su diestra en los lugares celestiales, muy por encima de todo principado, autoridad, poder, dominio y de todo nombre que se nombra, no solo en este siglo sino también en el venidero. Y todo lo sometió bajo Sus pies, y a Él lo dio por cabeza sobre todas las cosas a la iglesia, la cual es Su cuerpo, la plenitud de Aquel que lo llena todo en todo (Efesios 1: 15–23).

Esta es mi oración para la iglesia del siglo 21. ¡Amén!

Preguntas para Reflexionar

Por favor reflexione acerca de las siguientes preguntas. Luego, comparta sus ideas con un amigo o con su grupo pequeño.

1. ¿Qué habló el Espíritu Santo a su corazón cuando leía este capítulo? ¿Qué parte le gustó más de este capítulo?

2. ¿Qué conceptos nuevos aprendió de este capítulo? ¿Qué ideas se compromete a adoptar en su vida?

3. Con sus propias palabras, por favor explique con detalle los siguientes conceptos teológicos:

3.1. La vida de Dios no creada. Lea con cuidado la definición de vida del Diccionario Bíblico de Thayer y Smith, y luego explíquelo con detalle.

3.2. Padres espirituales. Lea con cuidado la cita de Dick Rausher (página 51) proveniente de su ensayo titulado "Cuestiones acerca del Crecimiento Espiritual de Laicos y del Clero", y luego explíquelo brevemente.

4. Lea con cuidado Efesios 4:11–16. Por favor dé una breve explicación de este pasaje.

5. "En resumen: la formación espiritual es un deber." Lea con cuidado las siete declaraciones que siguen a este enunciado (vea página ??), y luego escriba sus ideas al respecto.

6. ¿Qué idea o concepto captó más su atención cuando leía este capítulo?

Notas Finales

4. Los Ingredientes Principales para el Crecimiento Espiritual

[21] Strong's Number: 2222. Thayer and Smith, "*Partida de Léxico griego para Zoe*", 1999.

[22] "Zoe". Biblestudytools.com. Consultada en agosto 19, 2020.

[23] Valy Vaduva, *Spiritual Mentors*- Audio, (Ypsilanti, MI: Upper Room Fellowship Ministry, 2008), CD #9.

[24] Dick Rausher, "Issues of Laity and Clergy Spiritual Growth", Stonyhill.com. Consultado 19 de Abril, 2011. http://www.stonyhill.com/article.

[25]. Strong's Greek Lexicon Number, G1577 (Gr. Ekklesia). Bibletools.org. Un llamamiento, i.e., (concretamente) una reunión popular especialmente una congregación religiosa (sinagoga Judía o comunidad Cristiana de miembros en la tierra, o santos en los cielos, o ambos. Consultado 25 de abril, 2011, https://www.bibletools.org/index.cfm/fuseaction/Lexicon.show/ID/G1577/ekklesia.htm.

[26] Richard Foster, *Life with God: Reading the Bible for Spiritual Transformation,* (New York, NY: Harper One, 2008), 13.

5

El Poder de la Cruz

El mensaje de la cruz es necedad para los que se pierden, pero para nosotros los salvos es poder de Dios.
1 Corintios 1:18

Porque nada me propuse saber entre ustedes excepto a Jesucristo, y Este crucificado.
1 Corintios 2: 2

Hace dos mil años, Poncio Pilato, (26-36 d. C.), el quinto prefecto de la provincia romana de Judea, dijo a las multitudes que esperaban ansiosamente su decisión: "¡Aquí está el hombre! (Juan 19:5). El hombre era nada menos que el Hijo de Dios. En ese día especial fue crucificado sobre una cruz romana. Pero el primer día de la semana, "la extraordinaria grandeza" (Efesios 1:19) del poder de Dios resucitó a Cristo de entre los muertos. Jesús resucitado vino al lugar donde se reunían los discípulos, una habitación con las puertas cerradas, "por miedo a los judíos" y les dijo: "Paz a ustedes" (Juan 20:19). ¡Los discípulos se regocijaron! Jesús "les mostró Sus manos y Su costado" (Juan 20:20).

Tomás, uno de los discípulos de Jesús, no había estado allí cuando el Señor se apareció al resto de los discípulos. Llenos de alegría y seguridad, los otros discípulos le dijeron que habían visto al Señor. Tomás no podía creerlo. Quería alguna prueba personal. Les dijo con convicción que no iba a creer hasta que viera, con sus propios ojos, las mismas pruebas que ellos habían visto. "Si no veo en Sus manos la señal de los clavos, y meto el dedo en el lugar de los clavos, y pongo la mano en Su costado, no creeré" (Juan 20:25).

Para ser honesto, ¡me alegro de que Tomás haya tenido las agallas de declarar su posición! Si yo hubiera estado allí, probablemente habría tenido la misma reacción que él. Pero estoy feliz de que Jesús no lo condenó. Las Escrituras nos dicen: "Ocho días después, Sus discípulos estaban otra vez dentro, y Tomás con ellos. Estando las puertas cerradas, Jesús vino y se puso en medio de ellos, y dijo, "Paz a ustedes" (Juan 20:26). Tenga en cuenta que esta vez Tomás estaba con ellos.

El omnisciente Jesús, sabiéndolo todo, incluyendo las motivaciones del corazón, los pensamientos, temores y emociones más ocultos de todos, se aproximó a Tomás directamente diciéndole: "Acerca aquí tu dedo, y mira mis manos; extiende aquí tu mano y métela en Mi costado; y no seas incrédulo, sino creyente." (Juan 20:27). Después de comprobar la evidencia, la respuesta de Tomás fue increíble: "Señor mío y Dios mío!" (Juan 20:28). Esta es una declaración poderosa, lo que significa que Tomás *creyó* y *aceptó* el señorío de Jesús y Su Divinidad. Jesús explica cuán importante es que las personas crean en Dios aun sin tal evidencia. "¿Porque me has visto has creído? Dichosos los que no vieron, y *sin embargo* creyeron" (Juan 20:29).

¿Lo ve? Usted y yo, hoy, somos más bendecidos si aceptamos y creemos en el Señorío de Jesús y Su divinidad. Como Pablo nos exhorta: "Que si confiesas con tu boca que Jesús es el Señor y si crees en tu corazón que Dios lo levantó de entre los muertos, serás salvo" (Romanos 10:9 RVA-2015). Permítame explicarlo brevemente. Para ser salvo se requiere dos aspectos:

Primero confiese con su boca el Señorío de Jesús, y segundo, crea en su corazón la Divinidad de Cristo, que Dios lo resucitó de entre los muertos.

Pablo continúa: "Porque con el corazón se cree para justicia, y con la boca se confiesa para salvación" (Romanos 10:10). ¡Me gusta esta Escritura! Es tan simple, clara y directa. *La justicia* de Cristo es imputada al corazón creyente y la declaración verbal lleva a la *salvación*. Así es como las personas nacen de nuevo. Así es como un pecador entra en una relación increíble con Dios.

Volvamos al pasaje de Juan 20. La Escritura nos dice claramente: "Y muchas otras señales hizo también Jesús en presencia de Sus discípulos, que no están escritas en este libro; pero estas se han escrito para que ustedes crean que Jesús es el Cristo, el Hijo de Dios, y para que al creer, tengan vida en Su nombre" (Juan 20:30–31). Entendemos por qué fue tan importante que los primeros discípulos experimentaran todas estas cosas *antes* y *después* de la Resurrección de Jesús, porque luego pudieron comunicar, tanto *oralmente* y como por *escrito*, el Evangelio de Jesús.

No es de extrañar que Juan, el apóstol del amor, a fines del primer siglo, entre el 85 y el 95 d. C., escribe lo siguiente con tanta confianza:

> Lo que existía desde el principio, lo que hemos oído, lo que hemos visto con nuestros propios ojos, lo que hemos contemplado y lo que han tocado nuestras manos, esto escribimos acerca del Verbo de vida. Y la vida se manifestó. Nosotros la hemos visto, y damos testimonio y les anunciamos a ustedes la vida eterna que estaba con el Padre y se manifestó a nosotros. Lo que hemos visto y oído les proclamamos también a ustedes, para que también ustedes tengan comunión con nosotros. En verdad nuestra comunión es con el Padre y con Su Hijo Jesucristo. Les escribimos estas cosas para que nuestro gozo sea completo. (1 Juan 1:1–4)

¿Escuchó usted a Juan? Está escribiendo acerca de todo tipo de experiencias místicas con la Palabra de Vida. ¿Puede imaginarlo? Todo lo que han *oído, visto, tocado con sus manos*, era concerniente a la Palabra de Vida. Luego, siendo capacitados por el Espíritu Santo, continuaron "proclamando ... la vida eterna." Me encanta, me encanta, ¡me encanta! ¿Cuál fue el propósito? ¿Cuál es el propósito?

El propósito era y es que tengamos comunión "con el Padre y con Su Hijo Jesucristo," como hicieron los apóstoles. Permítame subrayarlo. ¡Esto es tan crucial! Esto es parte de nuestra herencia espiritual. ¿Cómo logramos esto? Muy sencillo—*por fe.*

La Fe

Antes de seguir, dediquemos unos minutos a este tema fundamental. La fe es el principio espiritual que gobierna la salvación para todos los seres humanos: pasado, presente y futuro. La fe está ligada orgánicamente a Dios, el objeto de la fe. La fe está directamente ligada a la Palabra de Dios. "Por esto, la fe *es por* el oír, y el oír por la palabra de Cristo". (Romanos 10:17 RVA-2015). Jesús le dijo a Tomás: "¿Porque me has visto has creído?" Y para nosotros, Cristo nos dice: "Bienaventurados los que no ven y creen." Las Escrituras son muy claras con respecto a la fe salvadora: "Sin fe es imposible agradar *a Dios.* Porque es necesario que el que se acerca a Dios crea que Él existe, y *que* recompensa a los que lo buscan" (Hebreos 11:6).

> **La fe es el principio espiritual que gobierna la salvación para todos los seres humanos: pasado, presente y futuro.**

Por lo tanto, debemos saber cuál es el centro de la fe cristiana. Pablo escribe a los Corintios: "Porque en verdad los judíos piden señales y los griegos buscan sabiduría, pero nosotros predicamos a Cristo crucificado, piedra de tropiezo para los judíos, y necedad para los gentiles. Sin embargo, para los llamados, tanto judíos como griegos, Cristo es el poder de Dios y sabiduría de Dios" (1 Corintios 1:22–24). No hay nada de malo con señales y maravillas, ni sabiduría humana, ni está mal ser sabio y buscar mayor sabiduría. Pero, las señales, las maravillas y la sabiduría humana no deberían ser el fundamento de nuestra fe. Pablo escribe con gran confianza: "Predicamos a Cristo crucificado." Esta predicación fue, y sigue siendo "una piedra de tropiezo" para muchas personas. Más que esto, Pablo hace la siguiente afirmación:

"Por eso cuando fui a ustedes, hermanos, proclamándoles el testimonio de Dios, no fue con superioridad de palabra o de sabiduría. Porque nada me propuse saber entre ustedes excepto a Jesucristo, y este crucificado" (1 Corintios 2:1-2). ¿Escuchó eso? Si eso fue extremadamente importante para Pablo, también debería ser de vital importancia para nosotros. Espero que todos estén de acuerdo con eso. También debemos declarar: "Estamos decididos a no saber nada entre la iglesia, excepto a Jesucristo, y Este crucificado." Declaración poderosa, ¿no es verdad?

Podemos declarar con toda confianza que, según la Palabra de Dios, la crucifixión de Jesús está en el corazón de la fe cristiana. Estaremos en guardia con respecto a cualquier forma de *gracia barata*. Dietrich Bonhoeffer, (1906-1945), autor de *El Costo Del Discipulado*, nos advirtió sobre la *gracia barata*.

El escribe:

La predicación del perdón sin requerir arrepentimiento, el bautismo sin la disciplina de la iglesia, la comunión sin confesión, la absolución sin confesión personal ... La gracia barata es la gracia sin discipulado, la gracia sin la cruz, la gracia sin Jesucristo, vivo y encarnado.[27]

No olvidemos que la gracia barata es gracia sin la *cruz*. En otras palabras, podemos decir que ciertamente la *cruz de Cristo* es *el mensaje central* de toda la Biblia. Juan el Evangelista nos dice: "Porque de tal manera amó Dios al mundo, que dio a su Hijo unigénito, para que todo el que cree en Él, no se pierda, sino que tenga vida eterna" (Juan 3:16). Los creyentes cristianos de todas las denominaciones están de acuerdo en que este es el versículo principal de toda la Biblia. ¿Por qué? Porque afirma que Dios nos ama; El dio.

En el verbo *d-i-o*, está oculta la cruz de Cristo. Jesús verdaderamente es el Sacrificio Supremo de Dios para todos los seres humanos, así como Juan el Bautista presentó a Cristo hace casi dos mil años, "¡Ahí está el Cordero de Dios!" (Juan 1:36).

¿Cuál es el contexto de Juan 3:16? Averigüémoslo. Sólo un par de versículos antes, en Juan 3:14–15, tenemos la imagen de una serpiente de bronce levantada en un palo para salvar a los israelitas que fueron mordidos por serpientes venenosas. "Y Moisés hizo una serpiente de bronce y la puso sobre el asta; y sucedía que cuando una serpiente mordía a alguien, y este miraba a la serpiente de bronce, vivía" (Números 21:9). ¡Qué historia! ¡Qué declaración! ¡Qué maravillosa profecía! Juan cita las palabras de Jesús: "Y como Moisés levantó la serpiente en el desierto, así es necesario que sea levantado el Hijo del Hombre, para que todo aquel que cree, tenga en Él vida eterna" (Juan 3:14–15). Más adelante, en el Evangelio de Juan, Cristo declara: "Pero Yo, si soy levantado de la tierra, atraerá a todos a Mí mismo" (Juan 12:32). ¿Ve esto? Cristo está hablando en un sentido acerca de Su crucifixión, y en un sentido más profundo acerca de Su Resurrección y Ascensión. La cruz de Jesús es el imán: *atraeré a todos a Mí mismo.* ¡Este es el contexto que hace de Juan 3:16 un versículo muy poderoso! Si juntamos todos estos tremendos conceptos, la conclusión es sencilla: la salvación es solo por fe, solo en Cristo, solo regalo de Dios, solo para Su gloria. ¡Oh, qué gracia! ¡Qué regalo! ¡Esto es lo que yo llamo Buenas Nuevas! Pablo escribe: "Porque por gracia ustedes han sido salvados por medio de la fe, y esto no procede de ustedes, sino que es don de Dios" (Efesios 2:8–9). Significa que todo el Antiguo Testamento, con los símbolos que, de una u otra manera, apuntan a Cristo, es una parte integral de la historia redentora. Es parte del Evangelio, las Buenas Nuevas para la humanidad.

En el Antiguo Testamento encontramos varias Escrituras que, en una declaración directa o de manera oculta, son consideradas por muchos como figuras[28] [29] de Cristo. Algunas de las figuras de Cristo son:

Adán, lo crea o no, es una figura poderosa de

> **La salvación es solo por fe, solo en Cristo, solo regalo de Dios, solo para Su gloria.**

Cristo. Vea Romanos 5:15 y 1 Corintios 15:45.

El Árbol de la Vida, lo leemos en Génesis, en el Jardín del Edén, antes de la Caída.

La Semilla de la mujer (Génesis 3:15), aún en el Jardín del Edén, pero después de la Caída.

Melquisedec (Génesis 14), es una figura del Hijo de Dios. El autor de Hebreos explica: "Sin tener padre, ni madre, y sin genealogía, no teniendo principio de días ni fin de vida, siendo hecho *semejante al Hijo de Dios*, permanece sacerdote a perpetuidad" (Hebreos 7:3).

Otros símbolos o *figuras* de Cristo son:

Issac (Génesis 22), *la Escalera de Jacob* (Génesis 28), *José* (Génesis 37-48), *el Cetro de Judá* (Génesis 49). *Moisés* también es una figura de Cristo. *El Cordero de la Pascua* (Éxodo 12:13) es considerado por la mayoría de los cristianos como una clara figura de Cristo.

Más figuras de Cristo:

Los primeros frutos (Éxodo 22).
El velo del tabernáculo (Éxodo 40:21) y
El velo del templo (2 Crónicas 3:14).
La mayoría de los *Sacrificios* de Levítico son considerados figuras de Cristo.
El Chivo expiatorio (Levítico 16: 20-22) es una hermosa figura de Cristo, quien fue el *chivo expiatorio* para todos nosotros.
La Roca que Moisés golpeó dos veces (Números 20), y la *Serpiente de Bronce* (Números 21) que mencionamos anteriormente, también son figuras de Cristo.

La lista continúa con:

La *Estrella de Jacob* (Números 24).

El *Gran Profeta* proclamado en Deuteronomio 18.
Josué (Josué 1:5).
La Piedra en el sueño de Nabucodonosor (Daniel 2:
35,45).
El *Varón de Dolores*, familiarizado con la aflicción
(Isaías 53), es probablemente la figura de Cristo y
la profecía más poderosas acerca del sufrimiento y
la muerte de Cristo.

Una figura más que quisiera incluir aquí, es el *Sol de Justicia* (Malaquías 4:2). Todos estos símbolos son figuras de Cristo, que profetizan acerca de Aquel que un día vendría a cumplir todo lo que la Escritura había predicho.

Por lo tanto, la *salvación* de aquellos que vivieron en los tiempos del Antiguo Testamento dependía de su fe en el mismo Cristo que iba a venir. El Nuevo Testamento habla de salvación a través de Cristo que ya ha venido. Juan nos dice: "Pero estas cosas han sido escritas para que ustedes crean que Jesús es el Cristo, el Hijo de Dios, y para que creyendo tengan vida en Su nombre" (Juan 20:31 RVA-2015).

Diagrama 1

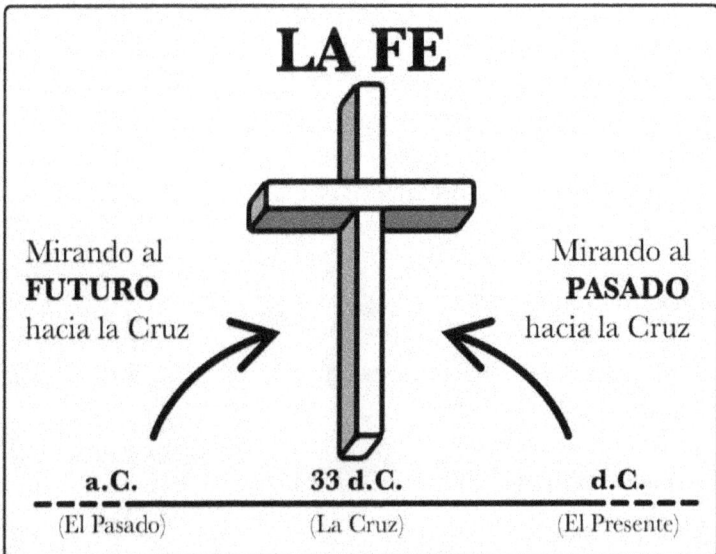

De esta manera podemos declarar firmemente que *la salvación (justificación)* del hombre *fue, es,* y *será* solamente a través de la fe. En el pasado (a.C.)— fue *por fe mirando al futuro hacia la cruz.* En el presente (d.C.)— es *por fe mirando al pasado hacia la misma cruz.* (Vea diagrama 1).

¿Ve esto? Si quitamos la cruz del Evangelio, comprometemos todo el mensaje de salvación de Dios para el mundo. Este es exactamente el aspecto que Pablo argumenta de manera tan directa en su epístola a los gálatas. Escribe: "Gracia y paz a ustedes de parte de Dios nuestro Padre y del Señor Jesucristo, *que Él mismo se dio por nuestros pecados* para librarnos de este presente siglo malo, conforme a la voluntad de nuestro Dios y Padre" (Gálatas 1:3–4). Luego escribe: "Me maravillo de que tan pronto ustedes hayan abandonado a Aquel que los llamó por la gracia de Cristo, para seguir *un evangelio diferente,* que en realidad no es otro evangelio, sino que hay algunos que los perturban a ustedes y quieren pervertir el evangelio de Cristo" (Gálatas 1:6–7).

La Centralidad de la Cruz

La cruz de Cristo es el mensaje central de la Biblia. La cruz de Cristo fue muy importante en la predicación y los escritos de Pablo. Entonces, si la cruz de Cristo es tan importante, deberíamos preguntarnos: ¿*Cuál es el significado de la cruz?* ¡Me alegra que lo haya preguntado! ¡Esta es una muy buena pregunta! Comencemos con la definición de la cruz.

La Definición de la Cruz

"La cruz es un instrumento de muerte. Era muy conocida en la época de Jesús."[30]

Personalmente, me gusta mucho la definición dada por uno de mis escritores cristianos favoritos: A.W. Tozer:

La CRUZ es un símbolo de muerte. Representa la

muerte abrupta y violenta de un ser humano. El hombre en la época romana que tomaba su cruz y comenzaba a ir por el camino ya se había despedido de sus amigos. No iba a volver. Estaba saliendo hacia su fin. La cruz no hacía ningún compromiso, no modificaba nada, no escatimaba nada; mataba el todo del hombre, completamente y para siempre. No intentaba mantenerse en buenas relaciones con su víctima. Golpeaba cruel y duramente, y cuando había terminado su trabajo, el hombre ya no estaba más.[31]

El Significado de la Cruz

Casi dos mil años atrás, el *Hijo de Dios* (Juan 1:34, 1:49, 3:18, 5:15,11:4, 11:27, 19:7, 8:31), considerado también *el Hijo del Hombre* (Juan 1:51, 6:27, 8:28, 10:36, 12:23, 1:31), El *Hombre Perfecto*—Jesús como el *Representante de toda la Raza Adánica* (Lucas 3:38, Juan 19: 5, Romanos 5:13–15; 1 Corintios 15:22, 3:45) *murió* en la cruz durante el tiempo de Poncio Pilato (1 Timoteo 6:13).

La cruz comunica el significado teológico de la obra terminada, plena y completa de Cristo en el Calvario.

Es extremadamente importante saber que casi cada vez que vemos la palabra *cruz* en el Nuevo Testamento, se refiere a Jesucristo, que se sacrificó por todo el mundo, a través de la muerte horrible, cruel y grotesca en la cruz (vea Filipenses 2:8). La cruz comunica el *significado teológico* de la obra terminada, *plena* y *completa*, de Cristo en el Calvario.

El apóstol Juan escribe: "Entonces Jesús, cuando hubo tomado el vinagre, dijo, '*¡Consumado es!*'. E inclinando la cabeza, entregó el espíritu" (Juan 19:30). La expresión "Consumado es" usada por Jesús antes de que entregara Su espíritu en las manos del Padre es, en griego, *tetelestai*. El verbo *tetelestai* indica una acción que sucedió en el pasado y sus beneficios y efectos continúan en el presente. Es bueno saber que la misma inscripción *tetelestai* era impreso en los

Certificados de Préstamo cuando la deuda había sido pagada en su totalidad. Podemos decir con confianza que, antes de entregar Su espíritu, Jesús dijo: "*Todo lo que la humanidad le debe a mi Padre Dios ha sido pagado en su totalidad.*"

Pablo captura de mejor manera este significado teológico de la cruz cuando escribe estas palabras: "Y cuando ustedes estaban muertos en sus delitos y en la incircuncisión de su carne, Dios les dio vida juntamente con Cristo, habiéndonos perdonado todos los delitos, *habiendo cancelado* el *documento de deuda* que consistía en decretos contra nosotros y que nos era adverso, y lo ha quitado de en medio, clavándolo en la cruz" (Colosenses 2:13–14). ¡Gloria a Dios! ¡Alabado sea el Señor! Tetelestai! ¡Consumado es! ¡Ha sido pagado en su totalidad!

> El verbo *tetelestai* indica una acción que sucedió en el pasado y sus beneficios y efectos continúan en el presente.

Está claro que, a causa del primer Adán, todos los hombres, sin excepción, fueron *condenados a muerte.* Todos ellos se han convertido en *esclavos del pecado,* en *hijos de desobediencia,* perteneciendo al diablo. ¿Por qué? "Por cuanto todos pecaron y no alcanzan la gloria de Dios" (Romanos 3:23). Por lo tanto, todos nacemos muertos en pecado y siendo hijos de desobediencia, como escribe Pablo: "Y Él les dio vida a ustedes, que estaban muertos en sus delitos y pecados, en los cuales anduvieron en otro tiempo según la corriente de este mundo, conforme al príncipe de la potestad del aire, el espíritu que ahora opera en los hijos de desobediencia. Entre ellos también todos nosotros en otro tiempo vivíamos en las pasiones de nuestra carne, satisfaciendo los deseos de la carne y de la mente, y éramos por naturaleza hijo de ira, lo mismo que los demás" (Efesios 2:1–3).

Fuimos, somos y seremos s-a-l-v-o-s. ¿Cómo?

– Por la *obra terminada* de Cristo (Hechos 4:12).
– Por Su *Expiación Sacrificial* (1 Juan 2:2).
– Por la *Muerte de Jesús* (Romanos 5:10, 6:10, Filipenses 2:8, Colosenses 1:22, Hebreos 2:9, 14–

15, 1 Pedro 3:18, Hebreos 5).
- Por la *sangre preciosa* de un cordero, a través de la *resurrección de Cristo* de entre los muertos (Romanos 1:4, 6:5; 1 Corintios 3:21; 2 Timoteo 1:10; 1 Pedro 1:3, 3:21).
- Por *Su Ascensión* a la Diestra de Dios (Efesios 2:6), y
- Por *el Espíritu Santo* (Romanos 5:5; 1 Corintios 2:12, 6:11, Efesios 1:13).

Como escribe Pablo: "Pero Dios, que es rico en misericordia, por causa del gran amor con que nos amó, aun cuando estábamos muertos en nuestros delitos, nos dio vida juntamente con Cristo (por gracia ustedes han sido salvados), y con Él nos resucitó y con Él nos sentó en los *lugares* celestiales en Cristo Jesús, a fin de poder mostrar en los siglos venideros las sobreabundantes riquezas de Su gracia por Su bondad para con nosotros en Cristo Jesús" Efesios 2:4–7).

Hasta ahora podemos concluir que la cruz de Cristo significa:

Primero, toda la obra redentora realizada históricamente (legalmente, teológicamente y espiritualmente) en la muerte, sepultura, resurrección y ascensión del Señor Jesús mismo (vea Filipenses 2:8,9).

Segundo, en un sentido más amplio, la unión de los creyentes con Cristo por gracia (vea Romanos 6: 4; Efesios 2:5,6.)

Esta es la posición teológica declarada por Watchman Nee en *La Vida Cristiana Normal.* Muchos grandes hombres y mujeres de Dios, tales como: Andrew Murray, Amy Carmichael, Oswald Chambers, Paul E. Billheimer, F.J. Huegel, L.E. Maxwell, A.W. Tozer y otros, están de acuerdo con esta posición.

Pablo escribe tan claramente: "Porque agradó al Padre que en Él habitara toda la plenitud, y por medio de Él reconciliar todas las cosas consigo, *habiendo hecho la paz por medio de la sangre de Su cruz* por medio de Él, repito, ya sean las que están en la tierra o las que están en los cielos." (Colosenses 1:19–20).

Efectos y Beneficios de la Cruz en la vida de los discípulos de Cristo.

1. *A través de la cruz tenemos acceso a la Vida Resucitada Sobrenatural de Cristo.*

Pablo escribe: "Entonces mucho más, habiendo sido ahora justificados por Su sangre, seremos salvos de la ira de Dios por medio de Él. Porque si cuando éramos enemigos fuimos reconciliados con Dios por la muerte de Su Hijo, mucho más habiendo sido reconciliados, seremos salvos por Su VIDA" (Romanos 5:9–10). Estos dos versos, al menos para mí, tienen un gran significado legal. Describen dos etapas cruciales en el proceso de salvación en la vida del individuo.

El lado A de la Cruz representa el aspecto de reconciliación que Dios propició a través de la *sangre* de Cristo, a través de *Su muerte* en la cruz. *La sangre de Cristo logró nuestra justificación.* La Biblia dice: "habiendo sido ahora justificados por Su sangre" (v.9) y "cuando éramos enemigos, fuimos reconciliados con Dios por la muerte de Su hijo" (v.10a). Imaginemos dos sillas colocadas a cada lado de la cruz. Mientras

La obra de salvación no ha terminado cuando nacimos de nuevo.

éramos pecadores nos sentamos en el asiento de los enemigos de Dios (vea Colosenses 1:21). Si Cristo no hubiera derramado Su sangre por nosotros, todos hubiéramos merecido el infierno, la *segunda muerte,* y hubiéramos sido enviados a ese lugar horrible sin derecho a preguntas ni comentarios. La Palabra en realidad dice, "y sin derramamiento de sangre no hay perdón" (Hebreos 9:22b).

El lado B de la Cruz habla acerca de la *salvación* a través de la *Vida* resucitada de Cristo. La obra de salvación no ha terminado cuando nacimos de nuevo. Este es solo el comienzo. Es tan cierto, hemos sido justificados. Es muy importante que hayamos sido reconciliados con Dios por la sangre de Cristo. Vuelva a la ilustración de las dos sillas. En esta fase, durante el lado B de la cruz, ya no somos enemigos de Dios. Estamos sentados como amigos de Dios.

Diagrama 2

RECONCILIACIÓN

LADO A — LADO B

ENEMIGO — AMIGO

LA MUERTE De Cristo — **LA VIDA** De Cristo

"…cuando éramos enemigos fuimos reconciliados con Dios por la **muerte** de Su Hijo."

"…mucho más, habiendo sido reconciliados, seremos salvos por Su **vida**."

— Romanos 5:10

De ahora en adelante, la salvación continúa con el proceso de santificación producido por la vida resucitada de Jesús obrando en nuestras vidas. Las Escrituras nos dicen: "Mucho más, habiendo sido reconciliados, seremos *salvos* por Su *vida*" (Romanos 5:10). Yo llamo a estos conceptos "los dos lados de la Cruz". (Vea diagrama 2).

2. *La cruz de Cristo nos ha transferido de Adán a Cristo.*

Jesús vino a la tierra como el Hijo de Dios: cien por ciento Dios. Cristo también llegó a ser cien por ciento hombre—el Hijo del Hombre. Sé que es difícil comprender con nuestras mentes humanas limitadas estos conceptos teológicos profundos. Pero, por favor tengan paciencia conmigo. Con la sabiduría del Espíritu Santo, espero arrojar algo de luz sobre esto. La muerte de Jesús, como representante de toda la raza humana, es crucial. La resurrección de Cristo, por el Espíritu Santo, tiene un significado extraordinario. Por favor piénselo. Cuando una persona expresa fe sincera en el Señor Jesucristo, declarando que Dios levantó a Jesús de los muertos, esa persona entra en la salvación. Pablo escribe: "que si confiesas con tu boca que Jesús es el Señor y si crees en tu corazón que Dios lo levantó de entre los muertos, serás salvo. Porque con el corazón se cree para justicia, pero con la boca se hace confesión para salvación" (Romanos 10:9–10 RVA-2015). Este momento es considerado (compare con Juan 3: 3, 5) *el nuevo nacimiento*. En ese momento el Espíritu Santo coloca a la persona, espiritualmente hablando, en Cristo. Ahora, a través de la fe en la muerte y resurrección del Señor Jesucristo, la *solidaridad* y la *unión*, la *identificación espiritual* con Jesús, se hacen efectivas.

Pablo explica muy bien:

¿O no saben ustedes que todos los que hemos sido bautizados en Cristo Jesús, hemos sido bautizados en Su muerte? Por tanto, hemos sido sepultados con Él por medio del bautismo para muerte, a fin de que como Cristo resucitó de entre los muertos por la gloria del Padre, así también nosotros andemos en novedad de vida. Porque si hemos sido unidos a Cristo en la semejanza de Su muerte, ciertamente lo seremos también en la semejanza de Su resurrección" (Romanos 6:3–5).

Tiene perfecto sentido. Para experimentar la resurrección, uno debe experimentar primero la muerte. El cuerpo de Cristo en esa cruz es nuestro vínculo eterno con la nueva vida como seres de una nueva raza, como ciudadanos del Reino de Dios.

Podríamos dedicar más de un capítulo solo para estudiar

estos versículos. El punto es sencillo: para vivir una vida victoriosa, el creyente, como discípulo de Cristo, debe conocer estos aspectos y, por fe, experimentarlos desde adentro hacia afuera. Me encanta cómo el hermano Nee explica este concepto: "La cruz es, pues, el poder de Dios que nos traslada de Adán a Cristo."[32] (Vea diagrama 3).

Diagrama 3

LA CRUZ

ADÁN

CRISTO

"La cruz es el poder de Dios que
nos traslada de Adán a Cristo."
– W. Nee, *La Vida Cristiana Normal*, 47

3. A través de la cruz de Cristo tenemos Victoria sobre el pecado.

Hemos expresado anteriormente que somos salvos solamente por gracia. Pablo hace una pregunta retórica: "¿Qué diremos entonces? ¿Continuaremos en pecado para que la gracia abunde?" (Romanos 6:1). Luego él da la respuesta: '¡De ningún modo! Nosotros, que hemos muerto al pecado, ¿cómo viviremos aún en él?'" (Romanos 6:2). (Vea diagrama 4). ¿Escucha lo que Pablo está diciendo? ¡Guau! ¡Es increíble! El efecto inmediato de la cruz de Cristo es la victoria sobre el principio del pecado en la vida del creyente. ¡Alabado sea el Señor! El pecado en sí no está muerto. En cambio, nosotros, los creyentes, a través del cuerpo de Cristo hemos muerto al pecado. John Wesley lo explicó así:

"liberado, tanto *de la culpa* como del *poder* de pecado."[33]

Diagrama 4

MUERTO AL PECADO

PECADO   LIBERTAD

"...porque el que ha muerto, ha sido **libertado** del pecado."
— Romanos 6:7

Para asegurarse de que su audiencia lo entendió muy bien, Pablo explica:

> ¿O no saben ustedes que todos los que hemos sido bautizados en Cristo Jesús, hemos sido bautizados en Su muerte? Por tanto, hemos sido sepultados con Él por medio del bautismo para muerte, a fin de que como Cristo resucitó de entre los muertos por la gloria del Padre, así también nosotros andemos en novedad de vida. Porque si hemos sido unidos a Cristo en la semejanza de Su muerte, ciertamente lo seremos también en la semejanza de Su resurrección (Romanos 6:3–5).

¡Esta es una declaración muy poderosa! *No puede ser más sencillo y claro que eso.* Me referí a esto anteriormente, pero siento que vale la pena repetirlo. Pero es exactamente aquí donde viene el diablo y hace todo tipo de interpretaciones religiosas. Algunas de ellas, a veces suenan muy piadosas.

Sin embargo, él confunde la teología correcta, haciendo que los cristianos olvidemos quiénes somos en Cristo. En consecuencia, trata de engañarnos para que actuemos independientemente de Cristo, tratando de vencer el pecado mientras operamos en el poder de la carne. La tragedia es que, en este cruce en particular, el enemigo nos engaña a muchos de nosotros la mayor parte del tiempo.

Cada discípulo de Cristo debería saber que solo hay dos posibilidades.

O somos humanos en Adán y muertos *en* pecado, o estamos en Cristo y muertos *al* pecado. Pablo escribe a los creyentes:

> **El pecado en sí no está muerto. En cambio, nosotros, los creyentes, a través del cuerpo de Cristo hemos muerto al pecado.**

"Sabemos esto, que nuestro viejo hombre fue crucificado con Cristo, para que nuestro cuerpo de pecado fuera destruido, a fin de que ya no seamos esclavos del pecado" (Romanos 6:6).

4. *La cruz de Cristo nos asegura la Victoria sobre la carne.*

Quizás una de las batallas más molestas que enfrentan los cristianos es la batalla entre la carne y el Espíritu. Pablo escribe: "Porque el deseo de la carne es contra el Espíritu, y el del Espíritu es contra la carne, pues estos se oponen el uno al otro, de manera que ustedes no pueden hacer lo que deseen" (Gálatas 5:17). Debemos entender esto y no confundir la *carne*[34] con *el cuerpo humano* o *el hombre viejo*. Como dije anteriormente, "nuestro viejo hombre fue crucificado con *Cristo*" (Romanos 6:6a). De hecho, Pablo lo enfatiza, "*sabemos esto*." ¿Saber qué? Él lo explica: "Sabemos esto, que nuestro viejo hombre fue crucificado con Cristo, para que nuestro cuerpo de pecado fuera destruido, a fin de que ya no seamos esclavos del pecado" (Romanos 6:6).

Los cristianos tienen carne también. Todos hemos tratado de vivir una vida basada en nuestros propios recursos, en lugar de en los de Cristo. Cuando no habitan en Cristo y no caminan en el Espíritu, los creyentes también viven independientemente de Dios, operando en la carne. Por tanto, como cristianos, debemos prestar mucha atención a nuestra mentalidad y a la fuente de vida para alcanzar nuestras necesidades de amor, aceptación, valor y seguridad: ¿Escogemos la carne o Cristo? Si lo permitimos, la carne desea dominar, controlar, imponer sus puntos de vista y dirigir nuestras vidas. La conclusión es que la carne desea satisfacer los deseos del cuerpo. Pablo escribe: "La mente puesta en la carne es enemiga de Dios, porque no se sujeta la ley de Dios, pues ni siquiera puede hacerlo" (Romanos 8:7).

En su libro, *Nacido Crucificado*, L.E. Maxwell escribe:

> Descubriremos: En nuestro servicio a Cristo, la confianza en nosotros mismos y la autoestima; en el más leve sufrimiento, la salvación propia y la autocompasión; en el mínimo malentendido, la autodefensa y la reivindicación personal; en nuestra posición en la vida, el egoísmo y egocentrismo; en las pruebas más pequeñas, la autoinspección y la autoacusación; en la rutina diaria, la vida autocomplaciente y autoseleccionada; en nuestras relaciones, la autoafirmación y el amor propio; en nuestra educación, la jactancia y la autoexpresión; en nuestros deseos, la autocomplacencia y la autosatisfacción; en nuestros éxitos, auto admiración y el autoelogio; en nuestros fracasos, la auto excusa y la auto justificación; en nuestros logros espirituales, la justicia propia y la autocomplacencia; en nuestro ministerio público, la autorreflexión y gloria propia; en la vida en general, el amor propio y el egoísmo. La carne es un especialista en el "yo."[35]

Estoy de acuerdo en que la cita anterior es difícil de entender, pero vale la pena leerla varias veces para comprender el punto que el autor desea comunicar.

La carne tiene la tendencia a adorar a su propia "trinidad": *el Yo, el Yo Mismo* y *el Mí*. El peligro de dejar que la carne baje de su ubicación adecuada, la cruz, es grande. En su carta a las Gálatas, luego de describir las obras de la carne, Pablo concluye que: "Les advierto, como ya se lo he dicho antes, que los que practican tales cosas no heredarán el reino de Dios" (Gálatas 5: 21b). La carne es como un pulpo con muchos tentáculos; no muere tentáculo por tentáculo; solo muere si se le aplasta la cabeza.

> **La carne tiene la tendencia a adorar a su propia "Trinidad": El Yo, el Yo mismo y el Mí.**

Por eso en Gálatas Pablo continúa: "Pues los que son de Cristo Jesús han crucificado la carne con sus pasiones y deseos" (Gálatas 5:24).

Tenga en cuenta que la solución a la carne no es la religión, o un programa de 12 pasos, o incluso más educación teológica. La solución a la carne es la *cruz*— muerte por crucifixión con Cristo. (Vea diagrama 5). Cuando Jesús dijo: "¡Consumado es! Cristo proveyó también la solución a la carne.

Diagrama 5

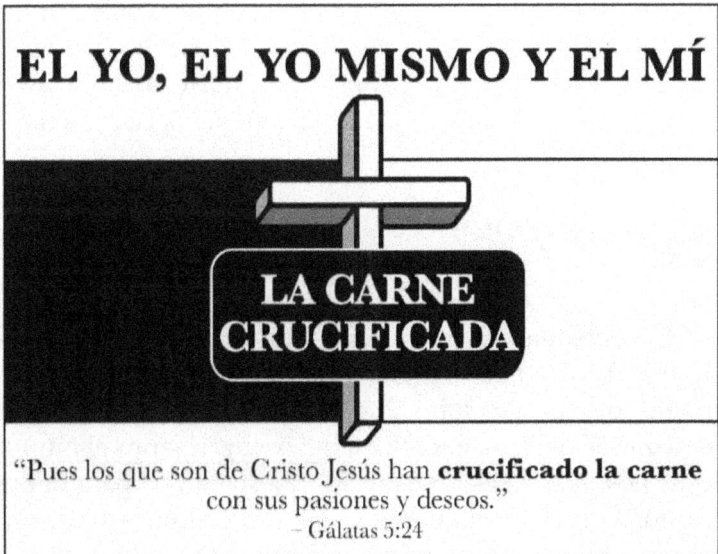

EL YO, EL YO MISMO Y EL MÍ

LA CARNE CRUCIFICADA

"Pues los que son de Cristo Jesús han **crucificado la carne** con sus pasiones y deseos."
– Gálatas 5:24

Pablo escribe: "Así que, hermanos somos deudores, no a la carne, para vivir conforme a la carne. Porque si ustedes viven conforme a la carne, habrán de morir" (Romanos 8:12–13a). ¿Qué se supone que debe hacer un cristiano? Pablo da la solución en Gálatas 5:24: "Pues los que son de Cristo, Jesús han crucificado la carne con sus pasiones y deseos."

Debido a la obra *completa* y *definitiva* realizada por el Señor Jesucristo en el Calvario, a través de Su cuerpo, podemos tener victoria sobre la carne. Yo digo que *podemos* porque esta victoria no sucederá automáticamente. Depende de nosotros rendir voluntariamente nuestros cuerpos en el altar de Dios. Como escribe Pablo: "Por tanto, hermanos, les ruego por las misericordias de Dios que presenten sus cuerpos como sacrificio vivo y santo, aceptable a Dios, que es el culto racional de ustedes" (Romanos 12:1). Por lo tanto, por el Espíritu, tenemos que mortificar las obras del cuerpo. Esto parece una declaración cruel, pero, sin embargo, está en la Biblia.

Permítame preguntarle, ¿cómo fueron sacrificados a Dios los corderos en el Antiguo Testamento? Por supuesto, haciéndolos morir. Del mismo modo, tenemos que, por el Espíritu, hacer morir las obras del cuerpo. Pablo explica: "Porque, si ustedes viven conforme a la carne, habrán de morir; pero si por el Espíritu hacen morir las obras de la carne, vivirán" (Romanos 8:13). Solamente la cruz ofrece tal Victoria.

5. A través de la cruz de Cristo tenemos la Victoria sobre el mundo.

Necesitamos tener victoria sobre el mundo. Eso está claro. ¿Pero cómo? Estoy tratando de explicar cómo se supone que un cristiano se debe relacionar con el mundo para garantizar que él o ella tenga victoria sobre el mundo. Jesús nos dice: "Les he hablado de estas cosas para que en Mí tengan paz. En el mundo tendrán aflicción, pero ¡tengan valor; yo he vencido al mundo!" (Juan 16:33 RVA-2015). La verdad es que por la cruz de Cristo también hemos vencido al mundo. ¿Por qué? Porque estamos en Cristo y Cristo está en nosotros. Lo que sea verdad de Él, también lo es de nosotros.

Debemos entender que, después de la caída, cuando Adán y Eva violaron el mandato de Dios, el mundo se convirtió en un sistema dirigido por el mismo Satanás. Juan escribe: "Ya está aquí el juicio de este mundo; ahora el príncipe de este mundo será echado fuera" (Juan 12:31). La Biblia llama al sistema mundial: "el dominio de las tinieblas". En Efesios, Pablo explica: "en los cuales anduvieron en otro tiempo según la corriente de este mundo, conforme al príncipe de la potestad del aire, el espíritu que ahora opera en los hijos de desobediencia" (Efesios 2:2). Ambos pasajes se refieren al hecho de que este mundo está gobernado por Satanás, llamado "el gobernante de este mundo" y "el príncipe de la potestad del aire."

> **Después de la Caída, el mundo se convirtió en un sistema dirigido por el mismo Satanás.**

La Biblia nos exhorta: "No amen al mundo ni las cosas que están en el mundo. Si alguien ama al mundo, el amor del Padre no está en él" (1 Juan 2:15). Toda nuestra lealtad debe ser dirigida hacia Dios y Su reino. No debemos ceder ni simpatizar con el mundo. No nos engañemos. El mundo entero está en el poder del maligno, como Juan escribe en 1 Juan 5:19. No confunda a los seres humanos que necesitan la salvación con el mundo como un sistema corrupto y engañoso. Dios ama a las personas. Él ya ha sacrificado a su Hijo por toda la humanidad. El verso principal de toda la Biblia confirma este hecho: "Porque de tal manera amó Dios al mundo, que dio a su Hijo unigénito, para que todo aquel que cree en Él, no se pierda, sino que tenga vida eterna" (Juan 3:16).

> **El mundo, como sistema mundial, está totalmente en oposición al reino de Dios.**

Jesús vino a destruir las obras del diablo. Juan escribe: "El Hijo de Dios se manifestó con este propósito: para destruir las obras del diablo" (1 Juan 3: 8b). Como sabemos, Jesús fue tentado en todo, pero sin pecado. Por lo tanto, Satanás no tenía ningún reclamo real de acusación contra Él. La Biblia nos dice: "Ya no hablaré más con ustedes, porque viene el príncipe de este mundo. Él no tiene ningún dominio sobre Mí" (Juan 14:30). Cuando Jesús dio Su vida en la cruz, derrotó al diablo mismo, y así venció al sistema mundial entero. Jesús mismo lo explica:

> Llamándolos junto a Él, Jesús les hablaba en parábolas: ¿Cómo puede Satanás expulsar a Satanás? Si un reino está dividido contra sí mismo, ese reino no puede perdurar. Si una casa está dividida contra sí misma, esa casa no podrá permanecer. Y si Satanás se ha levantado contra sí mismo y está dividido, no puede permanecer, sino que ha llegado su fin. Pero nadie puede entrar en la casa de un hombre fuerte y saquear sus bienes si primero no lo ata; entonces podrá saquear su casa (Marcos 3:23–27).

Los fariseos acusaron a Jesús por expulsar demonios por el gobernante de los demonios (vea Mateo 12:24). Qué acusación tan estúpida e infundada. Admiro cuán clara y prácticamente Jesús respondió a esas personas (vea Mateo 12:29 y Marcos 3:23–27 citado anteriormente). El Señor es el que ató al "hombre fuerte" (Satanás) saqueó su casa y nos salvó de su dominio. Jesús derrotó al diablo en su propio patio trasero. Pablo lo explica muy bien: "También despojó a los principados y las autoridades, y los exhibió como espectáculo público habiendo triunfado sobre ellos en la cruz" (Colosenses 2:15). Me encanta la forma en que el autor de Hebreos explica esto:

> Así que, por cuanto los hijos participan de carne y sangre, también Jesús participó de lo mismo, para anular mediante la muerte el poder de aquel que tenía el poder de la muerte, es decir, el diablo, y librar a los que por el temor a la muerte, estaban sujetos a esclavitud durante toda la vida (Hebreos

2:14–15 RVA-2015).

El mundo, como sistema mundial, está totalmente en oposición al reino de Dios. La buena noticia es que, por la cruz, Jesús venció al mundo. Además, estamos separados del mundo por la cruz. Pablo escribe con gran confianza: "Pero jamás acontezca que yo me gloríe sino en la cruz de nuestro Señor Jesucristo, por el cual el mundo ha sido crucificado para mí y yo para el mundo" (Gálatas 6:14). (Vea diagrama 6).

Diagrama 6

CRUCIFICADO AL MUNDO

"Pero jamás acontezca que yo me gloríe sino en **la cruz** de nuestro Señor Jesucristo, **por el cual** el mundo ha sido crucificado para mí y yo para el mundo."

– Gálatas 6:14

Por lo tanto, como discípulos de Cristo, incluso si enfrentamos una fuerte oposición de la cultura circundante, al vivir una vida crucificada, podemos caminar en la victoria dada por Dios a través de la cruz de Jesús. ¡Guau! ¡Alabado sea el Señor! ¡Son muy buenas noticias!

6. A través del Cuerpo de Cristo en la cruz hemos muerto a la Ley para vivir para Dios.

Ciertamente muchos cristianos creen que la salvación es por fe en Jesucristo, por gracia. Sin embargo, cuando se trata de vivir la vida cristiana, consideran que debe ajustarse a la Ley del Antiguo Testamento, o al menos a partes de ella, como los Diez Mandamientos. Pablo había sufrido durante mucho tiempo a causa de los llamados judaizantes (creyentes en la Ley), que no entendían el mensaje del Evangelio y siempre habían malinterpretado el ministerio de Pablo y sus escritos. Además, ellos, teniendo celo sin tener mucho entendimiento, se fueron por las iglesias recién plantadas por Pablo y obligaron a los creyentes gentiles a circuncidarse y los instaron a guardar la Ley. Lucas escribe sobre esto: "Algunos que llegaron de Judea enseñaban a los hermanos: "Si no se circuncidan conforme al rito de Moisés, no pueden ser salvos" (Hechos 15:1). Debido a esta enseñanza, que se esparció rápidamente por las iglesias de Galacia, Pablo escribió su epístola a los Gálatas. Para comprender mejor el argumento de Pablo, uno debe leer y estudiar detenidamente y a fondo, toda la epístola a los Gálatas. Pablo enfatiza: "Pero yo, hermanos, si todavía predico la circuncisión, ¿por qué soy perseguido aún? En tal caso, el escándalo de la cruz ha sido quitado" (Gálatas 5:11). Al final de esta epístola, Pablo escribe: "Los que desean agradar en la carne tratan de obligarlos a que se circunciden, simplemente para no ser perseguidos a causa de la cruz de Cristo" (Gálatas 6:12). Escuche atentamente lo que dice Pablo: "Porque ni aun los mismos que son circuncidados guardan la ley, pero ellos desean hacerlos circuncidar para gloriarse en la carne de ustedes" (Gálatas 6:13). ¿Ve ahora cuál era su verdadera motivación?

> **Lo que no puede salvarnos tampoco puede santificarnos.**

La pregunta que Pablo hizo a los creyentes en Galacia es sencilla: "Esto es lo único que quiero averiguar de ustedes ¿Recibieron el Espíritu por las obras de la ley, o por el oír con fe?" (Gálatas 3:2). Estoy seguro de que después de esta pregunta, que para el público original, fue como un balde de agua fría, el siguiente enunciado fue como un corte profundo en la carne. "¿Tan insensatos son? Habiendo comenzado por el Espíritu, ¿van a terminar ahora por la carne?" (Gálatas 3:3). ¿Entiende qué tipo de peligro enfrentaban los creyentes en Galacia? Muchos creyentes en nuestros días también se centran y se esfuerzan mucho por vivir la vida cristiana en lugar de cultivar una verdadera intimidad con el Espíritu Santo. Recuerde por favor, *Lo que no puede salvarnos tampoco puede santificarnos.* Si solo Jesús puede salvar, entonces solo Él puede santificarnos.

Me gusta la forma en que Pablo explica este concepto: "Por tanto, hermanos míos, también a ustedes se les hizo morir a la ley por medio del cuerpo de Cristo, para que sean unidos a otro, a Aquel que resucitó de entre los muertos, a fin de que llevemos fruto para Dios" (Romanos 7:4). Él lo explica muy claramente a los gálatas: "Pues mediante la ley yo morí a la ley, a fin de vivir para Dios" (Gálatas 2:19). (Vea diagrama 7).

Diagrama 7

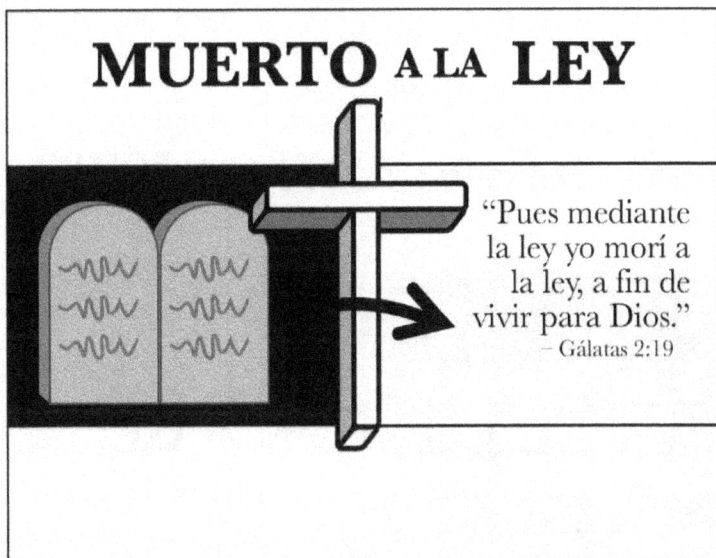

MUERTO A LA **LEY**

"Pues mediante la ley yo morí a la ley, a fin de vivir para Dios."
— Gálatas 2:19

Les insto a que presten mucha atención a este versículo, especialmente como parte del contexto de Gálatas 2:20, uno de los versos más famosos de la carta a los Gálatas.

7. A través de la cruz de Cristo somos transferidos del Dominio de las Tinieblas al Reino de la Luz.

Por la cruz de Cristo fuimos transferidos del dominio de las tinieblas al Reino de la Luz. El dominio de las tinieblas está dirigido por el príncipe de las tinieblas: *Satanás*. El Reino de la Luz está dirigido por el Príncipe de la Luz, *Jesucristo*. Estas son las palabras de Jesús: "Yo soy la luz del mundo; el que me sigue no andará en tinieblas, sino que tendrá la Luz de la vida" (Juan 8:12). Pablo proclama esta verdad con pasión: "Porque Él nos libró del dominio de las tinieblas y nos trasladó al reino de Su Hijo amado" (Colosenses 1:13). (Vea diagrama 8).

Antes vivíamos en tinieblas, pero ahora la situación es totalmente diferente. Pablo explica: "Porque antes ustedes eran tinieblas" (Efesios 5:8a). Ahora somos parte de la luz, como está escrito: "pero ahora son Luz" (Efesios 5:8b). Por lo tanto, se nos exhorta a caminar y vivir como tales, es decir, "andar como hijos de luz" (Efesios 5:8c). Este caminar es comprobado por varios frutos de la Luz, tales como: bondad, justicia y verdad.

Diagrama 8

EL REINO DE CRISTO

EL DOMINIO DE LAS TINIEBLAS

EL REINO DE CRISTO

"Porque Él nos libró del dominio de las tinieblas y nos **trasladó al reino** de Su Hijo amado"
– Colosenses 1:13

Debido a la maravillosa obra realizada por Cristo en la cruz del Calvario, nuestros ojos, antes cegados, por el enemigo de nuestras almas, ahora han sido iluminados por la Palabra, a través del Espíritu Santo. Entonces, volvimos "de las tinieblas a la luz, y del dominio de Satanás a Dios"

(Hechos 26:18). ¡Alabado sea el Señor! Debido a la maravillosa obra de Cristo en la cruz, ahora "todos ustedes *son* hijos de luz e hijos del día" (1 Tesalonicenses 5:5). Insto a todos los lectores a que presten atención al tiempo del verbo que Pablo usa: *son* (tiempo presente), no *será* (tiempo futuro). ¡Qué privilegio! Ahora pertenecemos a Dios. Somos una raza escogida, un sacerdocio real, una nación santa, un pueblo para Dios, escogido por Él para ser Su posesión (compare con 1 Pedro 2:9). ¡Que honor! Ahora estamos llamados a proclamar "las virtudes de Aquel que los llamó de las tinieblas a Su luz admirable" (1 Pedro 2:9b). ¡Guau! ¡Qué Evangelio!

Como hijos de la luz, estamos en el proceso de revelar todo lo que pertenece a la oscuridad, para que podamos dejar esto de lado, y cada día estemos más preparados y "vistámonos con las armas de la luz" (Romanos 13:12). Por lo tanto, se nos exhorta a no tener nada que ver con "las obras estériles de las tinieblas sino más bien, desenmascárenlas" (Efesios 5:11).

Por supuesto, a lo largo de la historia de la Iglesia, ha habido una lucha entre el dominio de las tinieblas y el Reino de la luz, y continuará siendo así hasta el regreso de Cristo. Pero entendamos de una vez que esta lucha no es contra *carne ni sangre.* La Biblia nos dice: "Porque nuestra lucha no es contra sangre ni carne, sino contra principados, contra autoridades, contra los gobernantes de estas tinieblas contra espíritus de maldad en los lugares celestiales" (Efesios 6:12 RVA-2015).

La buena noticia es que Cristo ha derrotado a todas estas fuerzas espirituales. Debido a la cruz, por medio de Él, somos victoriosos. Mencioné esto antes, pero vale la pena repetirlo: "Y habiendo despojado a los poderes y autoridades, hizo de ellos un espectáculo público, triunfando sobre ellos por medio de Él" (Colosenses 2:15).

En conclusión, podemos afirmar con confianza, en Cristo, a pesar de toda oposición, somos más que vencedores.

Sugiero leer lo siguiente en voz alta:

Pero en todas estas cosas somos más que vencedores por medio de Aquel que nos amó. Por lo cual estoy convencido de que ni la muerte, ni la vida, ni ángeles, ni principados, ni lo presente, ni lo por venir, ni los poderes, ni lo alto, ni lo profundo, ni ninguna otra cosa creada nos podrá separar del amor de Dios que es en Cristo Jesús Señor nuestro. (Romanos 8:37–39)

Preguntas para Reflexionar

Por favor reflexione acerca de las siguientes preguntas. Luego, comparta sus ideas con un amigo o con su grupo pequeño.

1. ¿Qué habló el Espíritu Santo a su corazón cuando leía este capítulo? ¿Qué parte le gustó más de este capítulo?

2. ¿Qué conceptos nuevos aprendió de este capítulo? ¿Qué ideas se compromete a adoptar en su vida?

3. La fe en relación a la cruz, la importancia y el significado de la cruz. Explique con detalle y comparta sus ideas acerca de estos temas.

4. Los efectos y los beneficios de la cruz son:
   Efecto # 1:

   Efecto # 2:

   Efecto # 3:

   Efecto # 4:

   Efecto # 5:

   Efecto # 6:

   Efecto # 7:

5. ¿Qué idea o concepto captó más su atención cuando leía este capítulo?

Notas Finales
5. El Poder de la Cruz

[27] Dietrich Bonhoeffer, *The Cost of Discipleship*, trans. R.H. Fuller, rev. ed. (New York: Macmillan, 1959), 45.

[28] Tipo: una definición sencilla podría ser: Un tipo es una sombra proyectada en las páginas de la historia del Antiguo Testamento, por una verdad cuya plenitud o antitipo se encuentra en la revelación del Nuevo Testamento. Explicación simple: Los tipos son proféticos en naturaleza. Los tipos están diseñados como parte integral de la historia redentora. Los tipos, de una u otra manera, señalan a Cristo.

[29] Para una lista más larga de los *tipos de Cristo*, siéntase libre de consultar el libro de Torrey, *The New Topical Text Book*, 1897.

[30] Valy Vaduva, *Three Kinds of Disciples*, audio CD, (Ypsilanti, MI: Upper Room Fellowship Ministry, 2007).

[31] A. W. Tozer, *Man, The Dwelling Place of God*. Worldinvisible.com. Consultado 20 de mayo, 2017, https://www.worldinvisible.com/library/tozer/5j00.0010/5j00.0010.10.htm

[32] Watchman Nee, *The Normal Christian Life*, (Wheaton, IL: Tyndale; Fort Washington, Pennsylvania: Cristina Literature Crusade,1977), 47.

[33] Brandon O'Brien, *What does it mean to be dead to sin?* Christianitytoday.com. Consultado 21 de abril, 2015. http://www.christianitytoday.com/biblestudies/bible-answers/theology/dead-to-sin.html.

[34] Para más explicaciones acerca de la carne, favor de consultar un capítulo anterior en este libro.

[35] L.E. Maxwell, *Born Crucified*, (Moody Press, Chicago, 1973), 86, 87.

6

Un Corazón Nuevo

Además, les daré corazón nuevo y pondré un espíritu nuevo dentro de ustedes; quitaré de su carne el corazón de piedra y les daré un corazón de carne.
Ezequiel 36:26

Porque este es el pacto que haré con la casa de Israel después de aquellos días, declara el Señor. Pondré mi ley dentro de ellos, y sobre sus corazones la escribiré. Entonces Yo seré su Dios y ellos serán Mi pueblo.
Jeremías 31:33

Un tiempo atrás, el Espíritu Santo me inspiró a mirar cuidadosamente el tema del *corazón*. Fue una experiencia maravillosa estudiar y reflexionar en la Palabra de Dios. ¡El Señor me habló profunda y claramente a través de Su Palabra! ¡Gloria a Él!

El Corazón de una Persona

Me asombré con el hecho de que la palabra "*corazón*" (Hebreo *lebab/leb*, Griego *kardia*) aparece más de 750 veces en la Biblia, haciéndolo el término antropológico más común en las Sagradas Escrituras. Esto debería hacernos pensar que Dios tiene mucho interés en el corazón de una persona, y el estado verdadero de su ser espiritual. Necesito hacer una distinción que, con pocas excepciones, cuando la

Biblia habla del corazón, no se refiere al *órgano interno del sistema circulatorio que garantiza la circulación de la sangre.* Cuando la Palabra de Dios habla del corazón, se refiere al *centro de la persona que controla todas las actividades físicas, emocionales, intelectuales, y morales.* En esencia, el corazón es la parte más vital e interna de un ser humano; lo que es una persona en su esencia; el centro de todas las emociones, disposiciones y tendencias; el carácter interno, la personalidad y los atributos humanos. El corazón atesora los sentimientos más profundos (el amor afectuoso, la generosidad, la compasión, el valor y el entusiasmo), los pensamientos, y las devociones de una persona.[36] A veces se usa en sentido figurado para cualquier cosa inaccesible escondido en lo profundo del interior del ser humano. Tenga en cuenta esta distinción crucial cuando lee la Biblia. El Espíritu Santo mora en el nuevo corazón cuando nacemos de nuevo. A través de este tipo de corazón, los hijos de Dios pueden comunicarse con su Padre celestial.

> **El corazón es la parte más vital e interna de un ser humano; el centro de todas las emociones, disposiciones y tendencias.**

Atravesemos juntos varios pasajes bíblicos y veamos lo que quiere Dios revelar acerca de nuestros corazones.

Antes de empezar este camino, quisiera compartir con usted lo que el Espíritu Santo grabó en mi corazón. Dirigió mi atención a tres pasajes del Antiguo Testamento:

– Josué 15:13-20
– 1 Crónicas 4:9-10; y
– 1 Crónicas 12:32

Después de leer estos pasajes cincuenta veces, oré pidiendo sabiduría y entendimiento para que pueda vivir desde el centro de mi corazón como un verdadero discípulo. También oré pidiendo conocimiento y discernimiento para comprender cómo la Iglesia debe prepararse para el retorno de Cristo mientras avanza el reino de Dios.

Un Corazón Limpio

El pasaje de Josué 14:6–14 me habló de manera particular. Por favor abra su Biblia y lea los versículos ahora mismo para familiarizarse con la historia.

En el versículo 7, Caleb declaró: "Yo tenía cuarenta años cuando Moisés, siervo del Señor, me envió de Cades-Barnea a reconocer la tierra, y le informé como yo lo sentía en mi corazón." Este versículo atravesó profundamente mi corazón, especialmente la segunda parte del versículo. La Nueva Versión Internacional (NVI) presenta la última parte del versículo así: "con toda franqueza le informé de lo que vi". La versión Reina Valera Actualizada 2015 (RVA-2015) dice, "Yo le traje el informe como lo sentía en mi corazón." La Versión Dios Habla Hoy (DHH) lo comunica así: "le hablé con toda sinceridad". La Nueva Biblia Viva (NBV) declara: "Le informé exactamente lo que pensé." La Palabra de Dios para Todos (PDT) escribe: "le di mi opinión honesta en cuanto a la tierra." Por último, la Biblia Rumana lo presenta así, *"Conforme a mi corazón limpio."* ¡Estos detalles pequeños son extremadamente importantes!

El corazón honesto (y limpio) de Caleb lo salvó de la muerte y le otorgó favor a los ojos de Dios. Esto hizo una gran diferencia en el curso de la historia. Piense en esto: de un grupo de más de un millón de personas, solo Caleb y Josué entraron en la Tierra Prometida. Este hecho me hizo más decidido a estudiar el tema del *Corazón de una Persona*, especialmente:

1. ¿Qué hace que un corazón sea *Pecaminoso y Duro?*, y
2. ¿Cómo podemos tener un *Corazón Limpio y Dócil?*

Si un corazón honesto y limpio separó a Caleb tan drásticamente del resto de los líderes israelís, significa que Dios tiene muchísimo interés en la condición de nuestros corazones. Por eso, comencé a estudiar. ¡Lo que la Palabra me comunicó es absolutamente fenomenal!

Dios desea desarrollar líderes: discípulos capaces de cambiar el curso de la historia. Números 13:1–2 nos informa de los hombres que fueron enviados a explorar la tierra de Canaán. Tome nota que estas personas no eran hombres ordinarios; eran líderes en sus tribus. Cuando Dios nos envía al campo misionero para hacer Su obra, Él espera que miremos el fruto, no los *obstáculos*. Según Números 13:17–20, la exploración de la tierra tuvo lugar durante "el tiempo de las primeras uvas maduras." El Espíritu Santo me ayudó a comprender que Dios pudo haberlos enviado a esa tierra en cualquier época del año, pero el Señor del tiempo y la eternidad, que conoce el fin y el principio, intencionalmente seleccionó esta estación del año: *de la primera fruta madura*. Las frutas son directamente proporcionales a los obstáculos (en este caso, los gigantes). La Biblia nos dice que los espías siguieron los mandatos de Moisés, que venían directamente de Dios. Por favor lea cuidadosamente Números 13:21–27. Podemos entender claramente que todos los líderes israelitas vieron lo mismo:

a. *Gigantes* (versículo 22)
b. *Frutas muy grandes* (versículo 23)

Esto me impresionó muchísimo. El Espíritu de Dios abrió mis ojos para entenderlo. Cada vez que deseamos o esperamos el éxito en el ministerio (frutos grandes), debemos también esperar gran oposición u obstáculos (gigantes). Cuando los líderes tienen corazones temerosos o impuros, solo pueden ver los *obstáculos*, y no pueden ver *la victoria* en el nombre de Dios. Lo que me sorprendió de manera especial, fue el informe dado por estos diez líderes a Moisés y al pueblo. "Solo que es fuerte el pueblo que habita en la tierra, y las ciudades, fortificadas y muy grandes; y además vimos allí a los descendientes de Anac." Pero los hombres que habían ido con él dijeron, "No podemos subir contra ese pueblo, porque es más fuerte que nosotros" (Números 13: 28-29, 31). Sin embargo, lo que es aún más impresionante es *el informe de la minoría*. Los dos líderes con corazones honestos (y limpios) vieron la victoria de Dios más grande que cualquier obstáculo.[32] "Entonces Caleb calmó al pueblo delante de Moisés, y dijo: Debemos ciertamente subir y tomar posesión de ella, porque sin duda la conquistaremos" (Números 13:30). Los líderes con corazones temerosos (e impuros) deforman, tuercen y exageran la realidad y asustan los corazones, ya debilitados, del pueblo. La Palabra de Dios nos dice: "Y dieron un mal informe a los israelitas de la tierra que habían reconocido, diciendo: "La tierra por la que hemos ido para reconocerla es una tierra que devora a sus habitantes, y toda la gente que vimos en ella son hombres de gran estatura. Vimos allí también a los gigantes (los hijos de Anac, son parte de la raza de los gigantes); y a nosotros nos pareció que éramos como langostas; y así parecíamos ante sus ojos" (Números 13:32–33).

> **Cada vez que queremos, o deseamos, el éxito en el ministerio (frutos grandes), debemos también esperar gran oposición u obstáculos (gigantes).**

Basado en el informe negativo dado por la mayoría, los israelitas deseaban *morir* en lugar de *vivir*. Difícil de creer, ¿verdad? "Entonces toda la congregación levantó la voz y clamó, y el pueblo lloró aquella noche. Todos los israelitas murmuraron contra Moisés y Aarón, y toda la congregación les dijo: "¡Ojalá hubiéramos muerto en la tierra de Egipto! ¡Ojalá hubiéramos muerto en este desierto!" (Números 14:1–2). ¡Guau! ¡Vaya historia! Las personas con un corazón temeroso e impuro profetizan con sus propias bocas acerca de su propio destino: muerte en el desierto. ¡Tengamos cuidado! Las palabras habladas, los informes y las declaraciones tienen poder sobre nuestras vidas y podrían influenciar nuestro futuro. Aquí están sus palabras propias, "¿Por qué nos trae el Señor a esta tierra para caer a espada? Nuestras mujeres y nuestros hijos van a caer cautivos" (Números 14:3a). Además, las personas con corazón temeroso prefieren regresar a Egipto en lugar de confiar en Dios y luchar por Sus promesas. "¿No sería mejor que nos volviéramos a Egipto?" (Números 14:3b).

Tengamos en cuenta la aplicación para nosotros hoy: Egipto simboliza el Mundo. Si no tenemos cuidado con lo que pasa en nuestros corazones, podemos estar paralizados por temor a personas o a lo desconocido. Podemos también estar abrumados por los "gigantes" y empezar a ceder ante el mundo. Las buenas nuevas se trata de que los líderes con corazón honesto y esperanzado tomen posición radical de obediencia a Dios para evitar ceder, a pesar de la oposición de las multitudes. Las Sagradas Escrituras nos enseñan: "Y Josué, hijo de Nun y Caleb, hijo de Jefone, que eran de los que habían reconocido la tierra, rasgaron sus vestidos" (Números 14:6). Además, en situaciones criticas, los líderes visionarios hacen su mejor esfuerzo por dirigir los corazones del pueblo hacia la obediencia y la confianza radical en Dios. Escuche estas palabras: "Solo que ustedes no se rebelen contra el Señor, ni tengan miedo de la gente de la tierra, pues serán presa nuestra. Su protección les ha sido quitada, y el Señor está con nosotros; no les tengan miedo" (Números 14:9). Al hacer esto, las personas con buenas intenciones están siempre en peligro de las multitudes. "Pero toda la congregación dijo que los apedrearan" (Números 14:10a). Sin embargo, los líderes con corazón honesto son salvados por la gloria de Dios. "Entonces la gloria del Señor se apareció en la tienda de reunión a todos los israelitas" (Números 14:10b).

Me pareció muy interesante y, a la vez, aterrador que las personas con un corazón pecaminoso se profetizaron a sí mismos destrucción. Ciertamente, esto es exactamente lo que sucedió. Las personas que siguieron a los líderes con corazones impuros no vieron la victoria del Señor y murieron en el desierto. La Biblia nos dice: "Diles: Vivo yo, declara el Señor, que tal como han hablado a mis oídos, así haré Yo con ustedes. En este desierto caerán los cadáveres de ustedes, todos sus enumerados de todos los contados de veinte años arriba, que han murmurado contra Mí. De cierto que ustedes no entrarán en la tierra en la cual juré establecerlos, excepto Caleb, hijo de Jefone, y Josué, hijo de Nun" (Números 14:28–30).

Además, los líderes que trajeron el informe negativo a

las multitudes, un informe que estaba en contra de las promesas de Dios, murieron una muerte terrible. Josué escribe: "En cuanto a los hombres a quienes Moisés envió a reconocer la tierra, y que volvieron e hicieron murmurar contra él a toda la congregación dando un mal informe acerca de la tierra, murieron debido a una plaga delante del Señor" (Números 14:36–37).

A lo largo de la Biblia encontramos registro tras registro que testifica de la fidelidad y la bondad de Dios. Él conoce al hombre de adentro para afuera. Dios recompensa a aquellos con un corazón limpio. En Números está escrito: "Pero Josué, hijo de Nun, y Caleb, hijo de Jefone sobrevivieron de entre aquellos hombres que fueron a reconocer la tierra" (Números 14:38). Podemos concluir que la pureza de corazón es una garantía para la bendición de Dios. Jesús declara: "Bienaventurados los de limpio corazón, pues ellos verán a Dios" (San Mateo 5:8).

La Enfermedad del Corazón

Basado en Números, capítulos catorce y quince, vemos cómo puede el corazón ser problemático. En realidad, tratamos con *una enfermedad*. Si no estamos aún convencidos, vamos a ver otros pasajes. El libro de Génesis toma nota que después de que Adán y Eva cayeron en pecado, la mente del hombre fue inclinada al mal. Moisés escribe: "El Señor vio que era mucha la maldad de los hombres en la tierra, y que toda intención de los pensamientos de su corazón era solo hacer siempre el mal" (Génesis 6:5).

Dios mismo testifica que las personas están inclinadas al mal aun desde su juventud. Esto significa que la enfermedad del corazón es hereditaria. La Biblia nos dice: "El Señor percibió el aroma agradable, y dijo el Señor para sí: "Nunca más volveré a maldecir la tierra por causa del hombre, porque la intención del corazón del hombre es mala desde su juventud. Nunca más volveré a destruir todo ser viviente como lo he hecho" (Génesis 8:21).

Tenemos muchos otros versículos bíblicos que indican

que las personas pueden sufrir la "enfermedad del corazón" hereditario. Por ejemplo: Proverbios 6:14, 11:20, Jeremías 17:9, Ezequiel 11:21, Oseas 5:4, 7:2, Mateo 12:34, 15:18–19, Marcos 7:6, 21, Romanos 2:5, Efesios 4:18, y Hebreos 3:10, entre otros.

La Enfermedad Fatal

Luego de que cayó la humanidad en pecado, todos empezaron a sufrir de una enfermedad del corazón desde entonces hasta hoy. Algo dentro de la humanidad *se pudrió* más allá de su habilidad para repararlo con sus propias fuerzas o recursos. El salmista escribe: "Porque la redención de su alma es muy costosa, y debe abandonar el intento para siempre" (Salmo 49:8). Aunque esto se repite en otro lugar, es importante expresarlo aquí también: Los teólogos llaman a este estado de vida: *la muerte espiritual.*

Esta "enfermedad del corazón" afecta a millones y millones de personas, y si no es tratada adecuadamente, ¡será fatal!

El apóstol Pablo explica este concepto muy claramente en el libro de Efesios:

Y él les dio vida a ustedes, que estaban muertos en sus delitos y pecados, en los cuales anduvieron en otro tiempo según la corriente de este mundo, conforme al príncipe de la potestad del aire, el espíritu que ahora opera en los hijos de desobediencia. Entre ellos también todos nosotros en otro tiempo vivíamos en las pasiones de nuestra carne, satisfaciendo los deseos de la carne y de la mente, y éramos por naturaleza hijos de ira, lo mismo que los demás. (Efesios 2:1–3)

La ley del Antiguo Testamento no podía ofrecer otra solución para este tipo de enfermedad. Por eso, la humanidad está totalmente perdida. Pablo explica: "Sin embargo, sabiendo que el hombre no es justificado por las obras de la ley...Puesto que por las obras de la ley nadie será justificado" (Gálatas 2:16). Otro escritor del Nuevo Testamento nos dice: "No como el pacto que hice con sus padres el día que los tomé de la mano para sacarlos de la tierra de Egipto; Porque no permanecieron en Mi pacto, y Yo me desentendí de ellos, dice el Señor" (Hebreos 8:9).

Como usted ha podido observar, el problema fue, y todavía es, extremamente grave. Esta "enfermedad del corazón" afecta a millones y millones de personas, y si no es tratada adecuadamente, ¡será fatal!

La Gran Solución

Luego de la caída, el Creador miró de cerca la condición de la humanidad y declaró que este tipo de batalla espiritual no puede continuar para siempre. En el libro de Génesis se nos dice lo siguiente: "Entonces el Señor dijo: Mi Espíritu no luchará para siempre con el hombre, porque ciertamente él es carne. Serán, pues, sus días 120 años" (Génesis 6:3).

> **La solución para "sanar" a la humanidad le costó al Creador la vida de Su Hijo unigénito amado.**

Puedo imaginar que el Gran Médico, Jesucristo, también miró la condición de la humanidad, y lleno de un amor infinito declaró: ¡*Hay una solución!* Todos los ángeles preguntaron, "¿Qué solución?, ¿Qué solución?" El Gran Médico respondió, *"¡Un trasplante de corazón!* Solo necesitamos un donante para salvar a la humanidad." Puedo imaginar que cuando la conversación llegó a este momento había gran silencio en los cielos. ¡Nadie ofreció ser donante! Me imagino que el corazón del Padre Dios agonizaba, "¿A quién enviaré; quien irá por Nosotros?" En este punto, el Gran Médico dijo las palabras monumentales: "*Padre, 'Aquí estoy. Envíame a mí*" (Isaías 6:8). La solución para "sanar" a la humanidad le costó al Creador la vida misma de su Hijo unigénito amado. Aquí está el corazón de Dios y el centro espiritual de toda la Biblia: "Porque de tal manera amó Dios al mundo, que dio a su Hijo unigénito, para que todo aquel que cree en Él, no se pierda, sino que tenga vida eterna" (Juan 3:16).

El Trasplante de Corazón

Los profetas de Dios del Antiguo Testamento predijeron este *trasplante de corazón* fenomenal que tenía Dios en mente. Probablemente, una de las profecías más claras se encuentra en Ezequiel 36: 26–27:

> Además, les daré un corazón nuevo y pondré un espíritu nuevo dentro de ustedes; <u>quitaré de su carne el corazón de piedra y les daré un corazón de carne.</u> Pondré dentro de ustedes Mi espíritu y haré que anden en Mis estatutos, y que cumplan cuidadosamente Mis ordenanzas.

Yo subrayé la frase que usó el profeta para describir el acto extraordinario de Dios, para enfatizar el concepto espiritual de *trasplante de corazón.* Ezequiel no es el único profeta que profetizó acerca de este fenómeno. Jeremías, también, hablaba con respecto a esto en 31:31–34:

> Vienen días, declara el Señor, "en que haré con la casa de Israel y con la casa de Judá un nuevo pacto, no como el pacto que hice con sus padres el día que los tomé de la mano para sacarlos de la tierra de Egipto, Mi pacto que ellos rompieron, aunque fui un esposo para ellos", declara el Señor. "Porque este es el pacto que haré con la casa de Israel después de aquellos días", declara el Señor. <u>"Pondré Mi ley dentro de ellos, y sobre sus corazones la escribiré. Entonces Yo seré su Dios y ellos serán Mi pueblo.</u> No tendrán que enseñar más cada uno a su prójimo y cada cual a su hermano, diciéndole; "Conoce al Señor", porque todos me conocerán, desde el más pequeño de ellos hasta el más grande" declara el Señor, "pues perdonaré su maldad, y no recordaré más su pecado." (Énfasis es mío).

Estas verdades son reafirmadas en el Nuevo Testamento por el autor del libro de Hebreos:

Este es el pacto que haré con ellos después de aquellos días, dice el Señor: "Pondré mis leyes en su corazón, y en su mente las escribiré", añade: "Y nunca más me acordaré de sus pecados e iniquidades." (Hebreos 10:16–17)

¿No es esto extraordinario? ¡Claro que sí! ¡Gloria a Dios! ¡Sólo Dios puede hacer algo así!

Una Nueva Creación

La persona que encuentra a Dios por fe, y entra en una relación de Pacto con Él, por medio de Jesucristo, llega a ser completamente una *criatura nueva*. La ley del Antiguo Testamento no podía hacer eso. Una religión, cualquiera que sea, no puede hacer esto. La evolución, sin importar cuántos billones de años le asignemos no puede lograr esto. Ningún esfuerzo humano, sin importar cuán brillante sea, puede perfeccionar la condición humana. ¡Solo Dios puede! Y ya lo hizo. Es Su maravilloso Regalo en la persona de Su Hijo: Jesucristo. No podemos ganarnos este Regalo. No podemos trabajar por este Regalo. Lo único que podemos hacer es recibirlo por fe estando de acuerdo con la Palaba de Dios, que Jesús cumplió todo en el Calvario hace dos mil años. Este se hace sobre la base de un verdadero arrepentimiento, reconociendo que la culpa es nuestra, y estando de acuerdo que desde nuestro nacimiento hemos estado arraigados en pecado. Esto está claramente estipulado por el apóstol Pablo. Él escribe: "Porque por gracia ustedes han sido salvados por medio de la fe, y esto no procede de ustedes, sino que es don de Dios; no por

> **La persona que encuentra a Dios por fe, y entra en una relación de Pacto con Él, por medio de Jesucristo, llega a ser completamente una criatura nueva.**

obras, para que nadie se gloríe" (Efesios 2:8–9). En otras palabras, gracias a nuestra relación con Jesucristo, experimentamos esta trasformación fenomenal. Él es el único que completamente renueva nuestro ser. "De modo que si alguno está en Cristo, nueva criatura es; las cosas viejas pasaron; ahora han sido hechas nuevas" (2 Corintios 5:17). Realmente, a la luz de este versículo, Dios nos recreó.

Conclusiones

1. El ser una criatura nueva en Cristo implica más que tener todos nuestros pecados perdonados.

El perdón de nuestros pecados es importante. Recibir la promesa del cielo cuando morimos es algo bueno, pero ser una nueva creación es algo maravilloso que no podemos diluir.

Me gusta cómo escribe David Needham:

> Contrario a mucha de la enseñanza popular, el llegar a ser un cristiano es más que el hecho de que algo nos sea quitado (pecados perdonados), o el recibir algo (una naturaleza nueva y la ayuda del Espíritu Santo); es llegar a ser alguien que nunca ha sido antes. Es justificación + reconciliación y regeneración.[37]

2. El corazón nuevo determina lo que hacemos.

El Evangelio de Cristo no se trata de modificación del comportamiento. Jesús no vino para reforzar la Ley de Moisés; Él vino para darnos vida nueva, dirección nueva, y destino nuevo. Dios, por el Espíritu Santo, está en el negocio de trasformación total desde adentro para afuera.

Neil T. Anderson escribe:

> Entender su identidad en Cristo es esencial para vivir la vida cristiana. Las personas no pueden comportarse consistentemente de manera que sea

inconsistente con la forma en que ellos mismos se perciben. Usted no cambia por su percepción. Usted cambia la percepción de sí mismo si cree en la verdad. Si usted se percibe incorrectamente, vivirá incorrectamente porque lo que cree no es la verdad. Si usted cree que es vagabundo-bueno-para-nada, probablemente vivirá como un vagabundo-bueno-para-nada. Pero, sin embargo, si se ve como hijo de Dios que está vivo espiritualmente en Cristo, empezará a vivir como corresponde. Junto al conocimiento de Dios, un conocimiento de quien es usted, es la verdad más importante que puede poseer.[38]

Preguntas para Reflexionar

Por favor reflexione acerca de las siguientes preguntas.
Luego, comparta sus ideas con un amigo o con su grupo
pequeño.

1. ¿Qué habló el Espíritu Santo a su corazón cuando leía
este capítulo? ¿Qué parte le gustó más de este capítulo?

2. ¿Qué conceptos nuevos aprendió de este capítulo?
¿Qué ideas se compromete a adoptar en su vida?

3. ¿Qué significa nacer con un "corazón enfermo"? ¿Cuál
es la razón principal para esta "enfermedad fatal"? Por favor
enumere, explique con detalle y comparta.

4. Con sus propias palabras, por favor explique con
detalle los siguientes conceptos teológicos:

4.1. ¿Qué significa recibir un trasplante espiritual de
corazón? Por favor descríbalo y explíquelo brevemente.

4.2. ¿Qué significa ser una nueva creación? Por favor
explíquelo brevemente.

5. ¿Qué idea o concepto captó más su atención cuando
leía este capítulo?

Notas Finales
6. Un Corazón Nuevo

[36] El corazón, www.merriam-webster.com. Consultado 27 de febrero, 2018. https://www.merriam-webster.com/dictionary/heart. Nota: adaptación del autor de la definición de Webster.
[37] David Needham, *Alive for the First Time*, (Sisters, OR: Questar Publishers, 1995), pp. 72, 73.
[38] Neil T. Anderson, *Victory Over the Darkness*, (Ventura, CA: Regal Books, 2000), 47.

7

El Intercambio Más Grande De Todos Los Tiempos

Pero los que esperan en el Señor renovarán sus fuerzas.
Se remontarán con alas como las águilas, correrán y no se
cansarán, caminarán y no se fatigarán.
Isaías 40:31

Con Cristo he sido crucificado, y ya no soy yo el que vive, sino que
Cristo vive en mí; y la vida que ahora vivo en la carne, la vivo
por la fe en el Hijo de Dios, el cual me amó y se entregó a sí mismo
por mí.
Gálatas 2:20

La vida intercambiada es el *gran intercambio* que tuvo lugar en la CRUZ. En Cristo, durante la crucifixión del Hijo de Dios; toda la raza adánica fue crucificada. Quien acepta a Jesucristo como vida, experimenta la vida intercambiada en la que su egocentrismo es cambiado por la autosuficiencia de Cristo. Pablo llega al meollo de lo que se trata la vida intercambiada cuando escribe: "Con Cristo he sido crucificado, y ya no soy yo el que vive, sino que Cristo vive en mí; y la vida que ahora vivo en la carne, la vivo por la fe en el Hijo de Dios, el cual me amó y se entregó a sí mismo por mí" (Gálatas 2:20). ¡Esta afirmación es fenomenal! Pablo está transmitiendo que ha sido unido a Cristo en la cruz en todos los aspectos: *muerte, sepultura, resurrección* y *ascensión.* Esto no es una metáfora, sino una realidad espiritual profunda. También me gusta la forma en que lo expresa Richard F. Hall: "La vida intercambiada es el intercambio (con Cristo en la cruz) de una vida egocéntrica vivida de los recursos propios del cristiano, como si todavía estuviera en Adán, por una vida centrada en Cristo vivida con los recursos de Cristo, porque él (el cristiano) está en Cristo.[39] En pocas palabras, esta es la vida intercambiada.

La Vida Intercambiada

El término "vida intercambiada" está tomado del pasaje conocido de Isaías 40:31. Las traducciones al inglés se refieren a aquellos que esperan por o esperan en el Señor, como siendo capaces de renovar sus fuerzas. Algunos comentaristas bíblicos y Biblias de estudio que hablan de este versículo señalan que las traducciones literales de la palabra Hebrea de *renovar*, es *intercambio*. Aquellos que esperan en el Señor intercambiarán su fuerza por la fuerza de Él, como se indica en los versículos 25–30 ... J. Hudson Taylor hizo popular el término inglés "vida intercambiada" que se hizo popular por su testimonio de cómo Dios lo convirtió en un hombre nuevo en el capítulo 14 del libro titulado: *El Secreto Espiritual de Hudson Taylor*.[40]

Otros autores cristianos que escribieron acerca del tema de la vida intercambiada, lo llaman: "vida más profunda con Cristo". Por ejemplo:

– Watchman Nee llama a este tipo de vida *la vida Cristiana normal.*
– Andrew Murray, un autor bien conocido, lo llama *la vida más profunda.*
– Hannah Whitall Smith, quien, a fines del siglo diecinueve y principios del siglo veinte, llama a este tipo de vida: *la vida feliz de un Cristiano.*
– Gene Edwards lo llama *la vida más elevada.*
– El comandante Ian Thomas se refiere a ella como

la VIDA salvadora de Cristo.

– El Dr. Charles Solomon, a mediados de los 60 y principios de los 70, acuñó el término *Espírituterapia*, que se conoció como *Consejería De Vida Intercambiada.*

Sin embargo, otros la llaman la vida duradera, la vida victoriosa o la vida abundante.

No importa qué nombre, título o descripción le gustaría usar para describirlo, este tipo de vida es para cada creyente nacido de nuevo. Esta vida no es para un grupo especial de cristianos de élite. Todo hijo genuino de Dios está destinado "en Cristo" a experimentarlo y vivirlo aquí en la tierra y luego exponencialmente más en la eternidad. Como mencioné anteriormente, la primera visión profética de esto se puede encontrar en el Antiguo Testamento en el libro de Isaías:

Pero los que esperan en el Señor [que esperan, buscan y tienen esperanza en Él] renovarán [intercambiarán] sus fuerzas. Se remontarán con alas [cerca de Dios] como las águilas [levantándose hacia el sol], correrán y no se cansarán, caminarán y no se fatigarán. (Isaías 40:31 con notas de la versión AMP)

Pablo explica esto en términos del Nuevo Pacto en Gálatas 2:20:

Con Cristo he sido crucificado, y ya no soy yo el que vive, sino que Cristo vive en mí; y la vida que ahora vivo en la carne, la vivo por la fe en el Hijo de Dios, el cual me amó y se entregó a sí mismo por mí.

El primer "yo" hace referencia al "viejo Pablo," que solía ser en Adán. Ese viejo "yo" murió con Cristo. Fue una verdadera crucifixión de corazón y voluntad. Pero Cristo no permaneció en la tumba.

¡Todos lo saben! Fue resucitado de la muerte. Luego, en la resurrección, Pablo, que estaba en Cristo, también volvió a la vida. "Porque si hemos sido unidos a Cristo en la semejanza de Su muerte, ciertamente lo seremos también en la semejanza de Su resurrección" (Romanos 6:5). Además, ahora él puede disfrutar de una vida completamente nueva. "a fin de que como Cristo resucitó de entre los muertos por la gloria del Padre, así también nosotros andemos en novedad de vida" (Romanos 6:4). Basado en este hecho, Pablo declara: "Cristo vive en mí." Esta nueva vida no es como la anterior, dependiente de los esfuerzos personales de una persona religiosa que trata de acercarse a Dios en su propia justicia. Esta es una vida completamente nueva que tiene su origen en la Vid Verdadera: Cristo mismo. "Yo soy la vid, ustedes las ramas" (Juan 15: 5 RVA-2015). Pablo continúa, "y la vida que ahora

> **Todo hijo genuino de Dios está destinado* a experimentar* la Vida Intercambiada.**

"yo" vivo en la carne, "yo" la vivo por la fe en el Hijo de Dios, el cual me amó y se entregó a sí mismo por mí." El segundo "yo" aquí se refiere al "nuevo Pablo," no a un "Pablo mejorado" o a un Pablo que ahora se ha "convertido al Camino." No. El segundo "yo" significa una nueva criatura en Cristo: el "nuevo Pablo," que, espiritualmente hablando, nunca antes había existido. "De modo que si alguno está en Cristo, nueva criatura es; las cosas viejas pasaron, ahora han sido hechas nuevas" (2 Corintios 5:17). Estos son hechos y deben ser conocidos por todos los cristianos. Estos son parte de una "transacción" pasada que ha sido registrada "en los libros de contabilidad celestiales." "Sabemos esto, que nuestro viejo hombre fue crucificado con Cristo" (Romanos 6:6a).

La belleza de Gálatas 2:20 es que las maravillosas verdades escondidas en esta Escritura también son para nosotros. Yo, el "viejo Valy," he sido crucificado con Cristo; el "viejo Valy" está muerto. Yo, el "nuevo Valy," tengo a Cristo como fuente de vida, y ahora vivo por la fe en el Hijo de Dios.

¿No es eso lo que dice Pablo?

El amor de Cristo nos apremia, habiendo llegado a esta conclusión: que Uno murió por todos, y por consiguiente, todos murieron. Y por todos murió, para que los que viven, ya no vivan para sí, sino para Aquel que murió y resucitó por ellos (2 Corintios 5:14–15).

Como mencioné anteriormente, J. Hudson Taylor fue quien acuñó el término "*vida intercambiada*". En una carta a su hermana Amelia, desde Chinkiang, China, el 17 de octubre de 1869, escribe:

No soy mejor que antes (no puedo decir, en cierto sentido, que no deseo ser, ni me esfuerzo por ser); pero estoy muerto y enterrado con Cristo, sí, también resucitado y ascendido; y ahora Cristo vive en mí, y "la vida que ahora vivo en la carne, la vivo por la fe en el Hijo de Dios, el cual me amó y se entregó a sí mismo por mí". Ahora creo que estoy muerto al pecado. Dios me estima tanto, y me dice que me estime así. Él sabe lo que es mejor.[41]

Aquellos que estudian la "vida intercambiada" se dan cuenta de que hay algunas etapas importantes que conducen a esta vida más profunda en Cristo. Basado en mis propios estudios y en la forma en la que he percibido la guía del Espíritu Santo para comprender esta realidad espiritual, estas etapas son las siguientes:

Primero: Hay una comprensión personal del fracaso (o bancarrota) de su propia carne. Los cristianos que avanzan hacia la vida más profunda y abundante tienen que primero darse cuenta del fracaso y la bancarrota de su propia carne. Pablo describe esta agonía en su carta a los Romanos: "Porque yo sé que en mí, es decir, en mi carne, no habita nada bueno. Porque el querer está presente en mí, pero el hacer el bien, no" (Romanos 7:18). Cuando un cristiano entiende que sin importar lo que él o ella esté haciendo no alcanzan las expectativas de Dios en cuanto a santidad de todo lo que él o ella debería ser ante el Señor, está listo para la próxima etapa en su vida con Cristo.

Segundo: Hay una disponibilidad a rendirse y una disposición a abrazar la cruz. El cristiano que está abrumado con este "sentido espiritual de insuficiencia" ante Dios finalmente está listo para encontrarse con el Salvador Resucitado con un corazón rendido al pie de la cruz. Pablo expresa muy bien esta agonía del alma: "¡Miserable de mí! ¿Quién me librará de este cuerpo de muerte?" (Romanos 7:24). Estas son las palabras de Taylor antes de que experimentara la vida intercambiada: "Todos los días, casi cada hora, la conciencia del pecado me oprimía. Yo sabía que si solo pudiera permanecer en Cristo todo estaría bien, pero no podía... Me odiaba a mí mismo; odiaba mi pecado y, sin embargo, no tenía fuerzas contra él." Suena muy similar a las palabras de Pablo de Romanos 7, ¿verdad?

Tercero: Hay una apropiación de la vida resucitada de Jesús. En este punto, a través de la presencia permanente del Espíritu Santo, el cristiano se apropia, por fe, de la vida de resurrección de Cristo. Pablo escribió: "Anhelo conocerlo a él y el poder de su resurrección, y participar en sus padecimientos, para ser semejante a él en su muerte" (Filipenses 3:10 RVA-2015). En esta etapa de caminar con Cristo se experimenta la promesa de Jesús de Juan 7:37-39. Ahora: "De lo más profundo de su ser brotarán ríos de agua viva." Esta es la vida intercambiada. Esta es la vida más profunda; esta es la vida cristiana normal que experimentaron estos amados autores, y acerca de la cual escribieron. Y este es exactamente el tipo de vida que Jesús desea que usted y yo experimentemos aquí y ahora. Cristo pagó por él: "Yo he venido para que tengan vida, y para que la tengan en abundancia [al máximo, hasta que se desborde]" (Juan 10:10b con notas de la versión AMP). ¿Por qué no vivirlo?

Cuarto: Necesitamos amigos o mentores espirituales designados por Dios. Muchas veces, las personas comunes como usted y yo necesitamos un mentor o un amigo espiritual para mostrarnos el camino hacia esta vida más profunda. En el caso de Hudson Taylor, Dios usó a John McCarthy para ayudarlo a pasar a la etapa de descanso en Cristo a pesar de la vida de lucha y confusión. Con respecto a esta experiencia, Taylor escribe: "Cuando la agonía de mi alma estaba al máximo, una frase, 'perdurar, no esforzarme ni luchar'," en una carta[42] del querido McCarthy fue usado para quitar las escamas de mis ojos, y el Espíritu de Dios reveló la verdad acerca de nuestra unidad con Jesús como nunca antes la había conocido." El secreto está en permanecer, no en luchar; en confiar y descansar en Él. Desde esta posición de permanecer en Cristo, confiando en Él y descansando en Él, fluye todo el poder para servirle y regocijarme en Él.

Después de que Hudson experimentó este intercambio, sus compañeros misioneros dijeron acerca de él: "El Sr. Taylor salió, un hombre nuevo a un mundo nuevo, para contar lo que el Señor había hecho por su alma." Poderoso, ¿verdad? Esto es lo que la verdadera unidad con Cristo causa a un discípulo que lee Gálatas 2:20 por primera vez desde esta perspectiva. Hay un descanso especial que proviene de la plena identificación con Cristo en su muerte, sepultura, resurrección y ascensión. Esta es nuestra verdadera vida: la vida de Cristo. "Porque ustedes han muerto, y su vida está escondida con Cristo en Dios. Cuando Cristo, nuestra vida, sea manifestado, entonces ustedes también serán manifestados con Él en gloria" (Colosenses 3:3–4).

Taylor escribe:

La parte más dulce, si se puede hablar de que una parte es más dulce que otra, es el descanso que trae la plena identificación con Cristo. Ya no estoy ansioso por nada, ya que me doy cuenta de esto; porque Él, lo sé, es capaz de cumplir Su voluntad, y Su voluntad es la mía.[43]

Esta es una plena consagración de los pensamientos y afectos hacia Cristo. Esta es una rendición completa de todo el ser a Él. Es una búsqueda constante de Él para obtener gracia. Esta es la vida intercambiada, la vida permanente, la vida fructífera en Cristo. Esta es la vida abundante que Cristo promete en Juan 10:10. ¿Lo recibirías?

Taylor escribe:

> Y además: caminando más en la luz, mi conciencia ha sido más tierna; el pecado ha sido visto instantáneamente, confesado, perdonado; y la paz y el gozo (con humildad) restaurados instantáneamente.[44]

Hudson Taylor experimentó esto por fe, hace más de cien años en China. ¿Por qué no convertirlo, por fe, en su experiencia también?

Mi ferviente oración es que todos mis lectores, en el tiempo de Dios, experimentarán este tipo de vida intercambiada, permanente y fructífera en Cristo. Recuerde, este es el patrimonio de cada hijo de Dios.

Preguntas para Reflexionar

Por favor reflexione acerca de las siguientes preguntas. Luego, comparta sus ideas con un amigo o con su grupo pequeño.

1. ¿Qué habló el Espíritu Santo a su corazón cuando leía este capítulo? ¿Qué parte le gustó más de este capítulo?

2. ¿Qué conceptos nuevos aprendió de este capítulo? ¿Qué ideas se compromete a adoptar en su vida?

3. Basado en Gálatas 2:20 y en la explicación dada en la página ?? Por favor explique con detalle el concepto de la vida intercambiada.

4. Por favor vuelva a leer con cuidado el testimonio de Hudson Taylor en las páginas ??, ??, y ??, y escriba las meditaciones de su corazón acerca de las experiencias de Taylor.

5. ¿Qué idea o concepto captó más su atención cuando leía este capítulo?

Notas Finales
7: El Intercambio Mas Grande De Todos Los Tiempos

[39] Richard F. Hall, *Foundations of Exchanged Life Counseling*, (Aurora, CO: Cross-Life Expressions, 1993), p. 57.

[40] "Grace Life Conference Manual", (Aurora, CO: Cross-Life Expressions, 2000), p. 45.

[41] Dr. & Mrs. Howard Taylor, *Hudson Taylor's Spiritual Secret*, (Chicago, IL: Moody Press, 1989), p. 163.

[42] "Permitir a mi amado Salvador que cumpla Su voluntad en mí. Por Su gracia, yo viviría para mi santificación por Su gracia. Permanecer, no esforzarme ni luchar, mirándole a Él; confiando en Él para poder en el presente; confiando en Él para que domine toda la corrupción interna; descansando en el amor del Salvador todopoderoso, en el gozo consciente de una salvación completa, una salvación "de todo pecado" (esta es Su Palabra); deseando que Su voluntad sea verdaderamente suprema, esto no es nuevo, pero todavía es nuevo para mí. Siento como que el primer amanecer de un día glorioso ha nacido sobre mí. Lo saludo con temor, pero con confianza. Parece que he llegado solo al borde de un mar sin límites; habiendo bebido solo a sorbos, pero de algo que satisface plenamente. Cristo me parece literalmente el poder, el único poder para servir; el único poder para un gozo inmutable. Que Él nos lleve a la conciencia de Su plenitud insondable." (V. Raymond Edman, *They Found the Secret*, (Grand Rapids, MI: Zondervan, 1984), p. 19.

[43] Howard Taylor, 162, 163.

[44] Taylor, 163, 164.

8

Antropología Bíblica

Cuando veo Tus cielos, obra de Tus dedos, la luna y las estrellas que Tú has establecido, digo: "¿Qué es el hombre, para que te acuerdes de él?, ¿Y el hijo del hombre, para que lo cuides?
Salmo 8:3–4

¿Cómo empezó la vida? Esta pregunta ha generado muchos debates. No voy a abordar ninguno de esos debates controvertidos, pero antes de profundizar en este tema, permítame establecer el escenario compartiendo una broma con usted.

Un científico desafía a Dios a una competencia de "¿Quién puede hacer el mejor ser humano?" Dios acepta el desafío. El científico con gran gusto se agacha para recoger un poco de tierra para hacer su ser humano. Entonces, dice Dios, "No, no… *crea* tu propia tierra." Me río cada vez que pienso en esta broma.

El Origen de la Vida

Yo tengo una perspectiva bíblica y no creo que Dios me necesite para defenderlo. Considerando el origen de la vida tenemos solo dos opciones principales:

1. La vida fue creada por diseño inteligente (Dios),
   o

2. Empezó por procesos naturales

Sin embargo, sigue una pregunta sin respuesta: ¿De dónde viene la materia? Todas las teorías asumen que la materia existía para la eternidad como el huevo cósmico, átomo primitivo, masa condensada, sopa primordial.[45] No tengo suficiente fe para creer todas estas tonterías. El relato bíblico tiene más sentido. Yo creo que el universo entero (toda la materia) y la vida (todas las formas de vida) fueron creados por Dios. ¿De dónde vienen la materia y la vida? Dios mismo los creó. "En el principio Dios creó los cielos y la tierra" (Génesis 1:1).

A todo el que es llamado por Mi nombre y a quien he creado para Mi gloria, a quien he formado y a quien he hecho. (Isaías 43:7)

En el principio era el Verbo, y el Verbo estaba con Dios, y el Verbo era Dios. Éste estaba en el principio con Dios. Todas las cosas por medio de él fueron hechas, y sin él nada de lo que ha sido hecho, fue hecho. (Juan 1:1–3)

¿Qué hay del universo en toda su complejidad? La Biblia da respuesta a esta pregunta también:

Alcen los ojos y miren a los cielos: ¿Quién ha creado todo esto? El que ordena la multitud de estrellas una por una, y llama a cada una por su nombre. ¡Es tan grande su poder, y tan poderosa su fuerza, que no falta ninguna de ellas! (Isaías 40:26 NVI)

No solo es el universo entero creado por Dios, sino que también creo que está sostenido por Jesucristo:

Porque en Él fueron creadas todas las cosas, tanto en los cielos como en la tierra, visibles e invisibles; ya sean tronos o dominios o poderes o autoridades; todo ha sido creado por medio de Él y para Él. Y Él es antes de todas las cosas, y en Él todas las cosas permanecen. (Colosenses 1:16–17)

Como dije, yo no tengo suficiente fe para creer en la teoría del *Big Bang*[46] (gran explosión), o en la *teoría de evolución*.[47] No puedo aceptar que la vida se generó a partir de materia no orgánica. Al mirar alrededor, todos estamos fascinados con la complejidad de la vida. Todo en la naturaleza es muy organizado y habla a gritos de un Creador que la sostiene. Como afirma la Biblia:

Porque desde la creación del mundo, Sus atributos invisibles, Su eterno poder y divinidad, se han visto con toda claridad, siendo entendidos por medio de lo creado, de manera que ellos no tienen excusa. (Romanos 1:20)

Es sumamente difícil aceptar que el universo, en su esplendor, vida y belleza, sean resultado de un accidente cósmico. Sin embargo, esto es exactamente lo que proclama la teoría de la evolución: la vida orgánica apareció de materia no-orgánica por procesos naturales. Entonces, después de billones y billones de años, por mutaciones aleatorias y selección natural llegamos a donde estamos hoy.

> **No tengo suficiente fe para creer todas estas tonterías. El relato bíblico tiene más sentido.**

No tiene ningún sentido para mí en absoluto. Como ingeniero, tengo un gran respeto y aprecio por la ciencia; estoy desconcertado que tal cosa, descrita anteriormente, sea llamada "ciencia". Con razón Pablo advirtió a Timoteo para que esté en guardia:

Timoteo, guarda lo que se te ha encomendado, y evita las palabrerías vacías y profanas, y las objeciones de lo que falsamente se llama ciencia, la cual profesándola algunos se han desviado de la fe. (1 Timoteo 6:20–21, énfasis mío)

Antropología Bíblica

El término *antropología* es una palabra compuesta que se deriva del griego. *Anthropos* significa "hombre" y *"logos"* significa "palabra, materia, o cosa." Al juntar los dos, obtenemos *antropología*. El diccionario *Merriam Webster* provee esta definición:

1. La ciencia de los seres humanos; especialmente: el estudio de los seres humanos y sus antepasados a través del tiempo y espacio y en relación al carácter físico, relaciones ambientales y sociales, y la cultura, y
2. La teología que trata sobre el origen, la naturaleza y el destino del ser humano.[48]

La antropología bíblica es el estudio del hombre desde el punto de vista de las sagradas Escrituras.

¿Qué es el hombre?

Una respuesta exhaustiva a esta pregunta requeriría muchos volúmenes. Les compartiré algunas características de la corona de la creación de Dios. La creación del hombre es tan maravillosa que el Espíritu Santo inspiró a David a escribir:

Digo: ¿Qué es el hombre, para que te acuerdes de él, y el hijo del hombre, para que lo cuides? (Salmo 8:4)

Recuerdo un curso en particular en la Universidad acerca de metalurgia ferrosa. En esta clase, aprendimos de la composición interna de varias aleaciones.[49] La sección de laboratorios de esta clase era interesante porque piezas pequeñas de varias aleaciones fueron distribuidas a los estudiantes. Pulimos un extremo de la barra de aleación, aplicamos una solución especial sobre la superficie brillante, y luego colocamos la muestra bajo un microscopio especial.

Para nuestro asombro, pudimos ver los componentes principales, la composición interna, de esa aleación particular.

La Palabra de Dios es ese microscopio especial que nos muestra la composición interna del ser humano. La Biblia nos dice:

> Porque la palabra de Dios es viva y eficaz, y más cortante que cualquier espada de dos filos. Penetra hasta la división del alma y del espíritu, de las coyunturas y los tuétanos, y es poderosa para discernir los pensamientos y las intenciones del corazón. (Hebreos 4:12)

Solo de este pasaje, podemos ver distintos elementos que componen nuestro ser: espíritu, alma—*pensamientos e intenciones*, y cuerpo—*coyunturas*, indicando las conexiones de estructuras óseas, y *los tuétanos*—indicando nuestro sistema nervioso.

Hecho a la Imagen de Dios

Volvamos al recuento de la creación descrita en Génesis. Dios llamó a todo el universo a la existencia con sus palabras. Las Escrituras nos dicen que, por cinco días consecutivos, "Dios dijo" seguido por "y fue" o "y ocurrió"; la luz, el firmamento, la tierra firme, la vegetación, las estrellas (incluyendo el sol y la luna), y los animales y pájaros fueron creados por la palabra del Dios Todopoderoso.

Pero en el sexto día, cuando llegó la hora de la creación de Adán, Dios dijo: "Y dijo Dios: Hagamos al hombre a Nuestra imagen, conforme a Nuestra semejanza; y ejerza dominio sobre los peces del mar, sobre las aves del cielo, sobre los ganados, sobre toda la tierra, y sobre todo reptil que se arrastra sobre la tierra" (Génesis 1:26).

Esta vez, el Dios Trino (Padre, Hijo y Espíritu Santo) usó el polvo de la tierra que había creado hace un par de días. Hizo, con sus propias manos, esta criatura especial llamado *hombre.* La forma de arcilla más hermosa que cualquier estatua esculpida por el famoso Miguel Ángel, estaba acostado en el suelo sin vida. Dios se inclinó y sopló el aliento de vida en la nariz de Adán. De repente, la figura de arcilla sin vida *se convirtió en un ser viviente.* "Entonces el Señor Dios formó al hombre del polvo de la tierra, y sopló en su nariz el aliento de vida, y fue el hombre un ser viviente" (Génesis 2:7).

La intersección del Espíritu de Dios y la figura de arcilla generó un ser humano adulto plenamente funcional con todas sus facultades en su lugar: espiritual, volitivo, emocional y físico (incluyendo los cinco sentidos). Con razón la creación del hombre se considera la corona de la creación de Dios.

> **Dios se inclinó y sopló el aliento de vida en la nariz de Adán. De repente, la figura de arcilla sin vida *se convirtió en un ser viviente.***

Yo sé que el tema en discusión se pone más pesado y otra broma podría alegrar nuestro estado de ánimo. Cuando la oí, ¡me hizo reír tan fuerte!

Una niña preguntó a su mamá: "Cómo apareció la raza humana?" La mamá contestó, Dios hizo a Adán y Eva y ellos tuvieron hijos y así fue hecha toda la humanidad." Dos días después, la niña hizo a su padre la misma pregunta. El padre respondió, "Hace muchos años había simios de los cuales evolucionó la raza humana." La niña, confundida, fue otra vez a su madre y dijo, "Mamá, ¿Cómo es posible que me dijeras que la raza humana fue creada por Dios, y papá dijo que se desarrolló de los simios?" La madre respondió, "Pues, hija, es muy simple. Yo te conté de mi lado de la familia y tu padre te contó del lado suyo."

El hombre es un ser trino

Dios es un Dios Trino. Dios el Padre, Dios el Hijo, y Dios el Espíritu Santo. Porque Dios creó al hombre a Su imagen, nosotros también debemos ser personas trinas: *espíritu, alma y cuerpo.* El apóstol Pablo escribe:

> Y que el mismo Dios de paz los santifique por completo; y todo su ser, espíritu, alma y cuerpo, sea preservado irreprensible para la venida de nuestro

Señor Jesucristo. (1 Tesalonicenses 5:23)

La palabra inglesa *espíritu* fue traducida del griego *pneuma*. En el lenguaje original significa *viento, aliento,* o *espíritu.* De la palabra "*pneuma*" viene *pneumatología* que se refiere al estudio de la doctrina bíblica del Espíritu Santo.

La palabra *alma* vino de la palabra griega *psuche.* La mayoría de los pensadores cristianos creen que la parte del alma de los seres humanos incluye *la mente, las emociones* y *la voluntad.* De la palabra *psuche* tenemos la palabra *psicología.* La psicología es la ciencia de la mente, el comportamiento y las característicos de un individuo.

Finalmente, la palabra inglesa *carne* viene de la palabra griega *sarx.* "Carne" significa deseos de la carne, no del cuerpo en sí. Carne, generalmente, tiene una connotación negativa. La palabra griega para cuerpo es *soma.* Se utiliza en lugares como: "Y el mismo Dios de paz los santifique por completo; y todo su ser, espíritu, alma y *cuerpo,* sea preservado irreprensible para la venida de nuestro Señor Jesucristo" (1 Tesalonicenses 5:23), y "Él mismo llevó nuestros pecados en Su *cuerpo* sobre la cruz, a fin de que muramos al pecado y vivamos a la justicia, porque por Sus heridas fueron ustedes sanados (1 Pedro 2:24)", y "Pero Pedro, haciendo salir a todos, se arrodilló y oró, y volviéndose al cadáver, dijo: "Tabita, levántate." Ella abrió los ojos, y al ver a Pedro, se incorporó" (Hechos 9:40), etc.

> Tertuliano, uno de los Padres de la Iglesia que escribió en los primeros siglos de la era cristiana, llama a *la carne,* nuestro ser físico: *el cuerpo del alma,* y al alma llama: la vasija del espíritu. El alma se encuentra *entre* el cuerpo y el espíritu. "La Comunicación directa entre espíritu y carne es imposible; su comunicación puede darse sólo por un intermediario—el alma es ese intermediario.[50]

Andrew Murray también dice:

"El espíritu es el centro de nuestra consciencia de

Dios; el alma es el centro de nuestra autoconciencia; el cuerpo, de nuestra consciencia del mundo. En el espíritu, vive Dios; en el alma, el ser; en el cuerpo, el sentido. ([47])

También me gustan las ideas que trae Watchman Nee a nosotros. Él escribe:

"Según la enseñanza de la Biblia y la experiencia de los creyentes, el espíritu humano tiene tres funciones principales. Son: la consciencia, la intuición, y la comunión (o adoración).[51]

El hombre es un ser espiritual llamado a adorar a Dios

"Dios es Espíritu" (Juan 4:24a). Dios creó al hombre a Su imagen. Por tanto, el hombre es un ser espiritual capaz de adorar a Dios. Fue creado para una comunión íntima con Él. Nadie puede relacionarse con Dios o comunicarse con Él sin tener esta dimensión espiritual. Cristo explica; "...y los que Lo adoran deben adorar en espíritu y en verdad" (San Juan 4:24b).

El Hombre es creado para el trabajo y la creatividad

El hombre es creado no solo para adorar a Dios, sino para trabajar para Él y cuidar de Su creación. El libro de Génesis nos dice: "El Señor Dios tomó al hombre y lo puso en el huerto del Edén para que lo cultivara y lo cuidara" (Génesis 2:15). Cuando los seres humanos están trabajando y creando, experimentan una sensación de realización. La capacidad de trabajar y ser creativo es el regalo especial de Dios para la humanidad.

El hombre es creado para comunidad

Al final de cada acto de la creación, Dios declaró que *era bueno*, incluso *muy bueno*. "Dios vio todo lo que había hecho; y era bueno en gran manera. Y fue la tarde y fue la mañana:

el sexto día" (Génesis 1:31). Sin embargo, cuando se trató de Adán, Dios dijo, "No es bueno que el hombre esté solo" (Génesis 2: 18a).

Con este pensamiento en mente, Dios estableció la institución del matrimonio. El matrimonio, la familia y la comunidad son ideas de Dios, no de la humanidad. Dios dijo, "le hare una ayuda adecuada" (Génesis 2:18b).

Dios establece el matrimonio como la primera institución

"De la costilla que el Señor Dios había tomado del hombre, formó una mujer y la trajo al hombre. Y el hombre dijo: "Esta es ahora hueso de mis huesos, y carne de mi carne. Ella será llamada mujer, porque del hombre fue tomada." Por tanto, el hombre dejará a su padre y a su madre y se unirá a su mujer, y serán una sola carne. Ambos estaban desnudos, el hombre y su mujer, pero no se avergonzaban" (Génesis 2:22–25).

La situación actual de la humanidad

Para una comprensión precisa del estado espiritual de la humanidad, debemos volver al libro de Génesis, a la caída de Adán y Eva. Fueron creados para Dios y el uno para el otro. Fueron creados como personas con libre albedrío. A nivel del alma, podían ejercer su capacidad para elegir:

1. Obedecer, amar y tener comunión con Dios,
2. Escuchar y obedecer la voz del enemigo.

No describiré todos los detalles acerca del origen del pecado, el diablo, y la razón por la que se permitiera que todo esto tome lugar, pero presentaré brevemente el contexto de la caída.

Dios diseñó y sembró el más hermoso jardín imaginable para la primera familia. En ese ambiente perfecto, Dios le puso solo una restricción a Adán:

Y el Señor Dios ordenó al hombre: "De todo árbol del huerto podrás comer, pero del árbol del conocimiento del bien y del mal no comerás, porque el día que de él comas, ciertamente morirás" (Génesis 2:16–17).

En lugar de escoger amor y comunión con Dios, Adán ejerció su libre albedrío para rebelarse contra Dios. Adán y Eva murieron en el momento que comieron de la fruta prohibida. Por este acto de desobediencia intencional, Adán dejó que el pecado entrara en el mundo y, junto con él, la muerte y la destrucción. Pablo explica, "Por tanto, tal como el pecado entró en el mundo por medio de un hombre, y por medio del pecado la muerte, así también la muerte se extendió a todos los hombres, porque todos pecaron" (Romanos 5:12).

La pregunta es, ¿Qué fue lo que murió exactamente? Ya que el hombre es una persona trina (espíritu, alma, y cuerpo) y ya que Adán y Eva continuaron viviendo cientos de años después de haber pecado, podemos concluir que algo pasó con su espíritu. Los teólogos nos dicen que murieron espiritualmente. ¿Cómo puedo ilustrar este concepto complejo en términos sencillos? Oré, y me vino esta ilustración a la mente.

Imagínese una hermosa vela hábilmente elaborada y puesta en un candelabro por el Fabricante Maestro. La mecha de la vela, en su punto de mayor fuerza, brilla mucho. La luz que produce es absolutamente magnífica, dando gloria al Gran Artista. La cera necesita del candelabro para mantenerlo recto. La mecha necesita la cera a su alrededor. ¡Todo funciona armoniosamente! El maestro goza de tenerla cerca. El candelabro brilla; no se pone viejo ni anticuado. La cera, aunque se está derritiendo por el calor de la luz, se reconstruye a sí misma. La mecha se quema, pero no se consume.

El Fabricante Maestro los creó de esta manera. Una obra maestra tan única. Después de un rato, un envidioso falso-artesano entra en la habitación y apaga la vela. La oscuridad se asienta en la habitación. La vela se pone más fea cada día.

Es solo un cúmulo de cera derretida. El candelabro se vuelve viejo y anticuado. Todo está arruinado.

La muerte espiritual es como apagar una vela. En términos simples, la muerte espiritual enajenó a Adán y Eva de Dios. Perdieron su comunicación con su Creador. Fueron aislados de la verdadera fuente de la vida: el Espíritu de Dios. Al nivel del alma se volvieron rebeldes. Sus cuerpos perdieron el propósito divino de albergar al Espíritu de Dios. Sus cuerpos empezaron a deteriorarse y se llenaron de todo tipo de lujurias: "deseos de la carne", "deseos de los ojos", y "la soberbia de la vida" (vea 1 Juan 2:16 RVA-2015). Desde ese punto hacia adelante, Adán y Eva, y todos sus descendientes, incluyéndonos a nosotros, vivían solo al nivel del alma y se volvieron espiritualmente esclavizados al enemigo de Dios – Satanás.

> **Ya que Adán y Eva continuaron viviendo cientos de años después de haber pecado, los teólogos nos dicen que murieron espiritualmente.**

La Biblia dice:

"...ustedes, que estaban muertos en sus delitos y pecados, en los cuales anduvieron en otro tiempo según la corriente de este mundo, conforme al príncipe de la potestad del aire, el espíritu que ahora opera en los hijos de desobediencia" (Efesios 2:1–2).

El Maravilloso Plan de Dios

A pesar de su estado rebelde, Dios siguió amando y persiguiendo a su muy apreciada creación. Dios no fue sorprendido por la desobediencia de Adán.

Antes de la fundación del universo, el Dios Trino sabía que sería una experiencia dolorosa para todos. Antes del tiempo y el espacio, la Trinidad visualizó la Cruz. Dios nos reconcilió, los hijos e hijas rebeldes de Adán, mediante Cristo en la Cruz. "Y todo esto procede de Dios, quien nos reconcilió con Él mismo por medio de Cristo" (2 Corintios 5:18).

¡Guau! ¡Qué amor maravilloso, indescriptible, y asombroso! ¡Qué padre maravilloso tenemos! ¡Qué hermano mayor magnífico tenemos que estuvo dispuesto a dar su vida por nosotros!

> **Antes del tiempo y el espacio, la Trinidad visualizó la Cruz.**

Una Nueva Creación

Cada ser humano califica para un cambio completo debido a la increíble obra que tomó lugar en la Cruz. El pecado fue y es una cosa terrible cometida en contra de Dios. Las buenas noticias son que el Hijo de Dios es la propiciación por nuestros pecados. Juan escribe:

> Él mismo es la propiciación por nuestros pecados, y no solo por los nuestros, sino también por los del mundo entero (1 Juan 2:2).

Quien responda con fe al mensaje de salvación tiene la oportunidad de reconciliarse con Dios. Pablo nos enseña:

> Porque si cuando éramos enemigos fuimos reconciliados con Dios por la muerte de Su Hijo, mucho más, habiendo sido reconciliados, seremos salvos por Su vida (Romanos 5:10).

A través de Cristo, no solo somos reconciliados, sino también somos declarados justos.
La Biblia revela:

> Porque así como por la desobediencia de un hombre los muchos fueron constituidos pecadores, así también por la obediencia de Uno, los muchos serán constituidos justos (Romanos 5:19).

Además, por el poder del Espíritu Santo, quien acepte la solución de Dios para salvación, se convierte en una nueva criatura. Esta realidad espiritual es declarada en 2 Corintios 5:17: "De modo que si alguno está en Cristo, *nueva criatura* es; las cosas viejas pasaron, ahora han sido hechas nuevas."

Nacer de nuevo significa convertirse en una nueva criatura. Es como que el Maestro Fabricante de velas enciende la mecha nuevamente, restaura la cera y promete diseñar un nuevo candelabro que nunca se arruinará.

Permítame explicar brevemente el significado de una nueva creación. Cuando usted aceptó a Jesucristo como su Salvador personal por fe (Romanos 10:9–10), sucedieron varias cosas:

1. El Espíritu Santo le *regeneró*—creó un Nuevo espíritu en usted (Juan 3:3,6; Tito 3:5),
2. Le *bautizó* a usted en Cristo (Romanos 6:3),
3. El Espíritu de Dios lo *sumergió* sobrenaturalmente a usted en la Iglesia de Dios (1 Corintios 12:13),
4. Y le unió a usted con Dios (1 Corintios 6:17).

Después de que nace de nuevo, Dios se compromete a santificarlo por completo: espíritu, alma y cuerpo (1 Tesalonicenses 5:23–24). Como nueva creación en Cristo, podemos ejercer nuestro libre albedrío e invitar a Dios a santificar progresivamente todo nuestro ser. A medida que este increíble proceso toma lugar gradualmente en lo profundo de nuestro ser interior, estamos experimentando cosas nuevas que ni siquiera Adán en su estado de inocencia experimentó. ¿No es maravilloso?

Preguntas para Reflexionar

Por favor reflexione acerca de las siguientes preguntas.
Luego, comparta sus ideas con un amigo o con su grupo
pequeño.

1. ¿Qué habló el Espíritu Santo a su corazón cuando leía este
capítulo? ¿Qué parte le gustó más de este capítulo?

2. ¿Qué conceptos nuevos aprendió de este capítulo? ¿Qué
ideas se compromete a adoptar en su vida?

3. ¿Qué significa ser hecho "a la imagen de Dios"? Por favor
explique con detalle y comparta.

4. Con sus propias palabras, por favor explique el concepto
del hombre como un ser trino o de tres partes. Por favor
comparta con su grupo pequeño.

5. ¿Qué idea o concepto captó más su atención cuando leía
este capítulo?

Notas Finales
8. Antropología Bíblica

[45] "Sopa primordial, o sopa prebiótica, es una condición hipotética de la condición de la atmósfera de la Tierra antes que surgiera la vida. Es una atmósfera química en la cual fueron formadas las primeras moléculas biológicas (compuestos orgánicos) bajo fuerzas naturales. Según la teoría, compuestos orgánicos simples fueron creados a partir de moléculas inorgánicas no vivas (abiogénesis) a través de reacciones físicas y químicas sobre la superficie de la tierra. Las moléculas orgánicas así formadas se acumulan en un océano orgánico rico, o una "sopa". En esta sopa, las moléculas orgánicas simples reaccionaron entre sí (polimerizar) para formar moléculas más complejas, incluyendo ácidos nucleicos y proteínas, que son los componentes estructurales y funcionales centrales de todos los organismos. Estas moléculas entonces se unen para convertirse en las primeras formas de vida". Wikipedia.org. Consultado 27 febrero, 2018. https://en.wikipedia.org/wiki/Primordial soup.

"Una de las preguntas más grande que los físicos están tratando de contestar es qué pasó momentos después del Big Bang. Cómo el universo conocido evolucionó es una pregunta compleja implicando estudio por ramas de la física muy diferentes, incluyendo física de partículas, la física nuclear y la cosmología. Unos segundos después del Big Bang, el universo estaba hecho de una espesa sopa cósmica a diez mil millones de grados, compuesto de artículos subatómicos. A medida que el universo caliente se expandía, las interacciones de estas partículas hizo que el universo se comportara como un reactor termonuclear refrigerante. Este reactor produjo núcleos ligeros, como hidrógeno, helio y litio, encontrados en el universo actualmente." Consultado 27 de febrero, 2018. http://www.dailymail.co.uk/sciencetech/article-3554010/Capturing-universe-looked-seconds-Big-Bang-Model-simulates-conditions-cosmic-soup-particles.html.

[46] La Teoría Big Bang es la explicación principal de cómo empezó el universo. En su manera más simple, dice que el universo, tal como lo conocemos, empezó con una pequeña singularidad y luego se infló sobre los próximos 13.8 billones de años al cosmos que conocemos hoy en día." https://www.space.com/25162-big-bang-theory.html.

"En 1927, un astrónomo llamado Georges Lemaître tuvo una gran idea. Dijo que hace mucho tiempo, el universo empezó solamente como un punto singular. Dijo que el universo se extendió y se expandió hasta ser tan grande como es ahora, y que podría continuar extendiéndose." Spaceplace.nasa.gov. https://spaceplace.nasa.gov/big-bang/en/.

"Un sacerdote belga llamado Georges Lemaître primero sugirió la teoría Big Bang en la década de 1920 cuando teorizaba que el universo empezó de un simple átomo primordial. www.nationalgeographic.com. Consultado 27 febrero, 2018.
https://www.nationalgeographic.com/science/space/universe/origins-of-

the-universe/.

[47] "En 1858, cuando el naturalista inglés Charles Darwin (1809-1882) propuso su teoría de evolución por selección natural, la mayoría del mundo científico creía que el relato de la creación del mundo, tal como está escrito en el libro bíblico de Génesis era cierta." www.encyclopedia.com. https://www.encyclopedia.com/social-sciences/applied-and-social-sciences-magazines/evolutionary-theory.
"La teoría de la evolución por selección natural, formulado por primera vez en el libro de Darwin *On the Origin of Species* en 1859, es el proceso por el cual los organismos cambian con el paso del tiempo como resultado de cambios en los rasgos físicos, conductuales o hereditarios. Los cambios que permiten que un organismo se adapte mejor a su ambiente ayudará a que sobreviva y tenga más descendencia". Livescience.com. https://www.livescience.com/474-controversy-evolution-works.html.
"Evolución, la teoría en biología que postula que diversos tipos de plantas, animales, y otros seres vivos en la Tierra tienen su origen en otros tipos preexistentes, y que las diferencias distinguibles se deben a modificaciones en generaciones sucesivas. La teoría de la evolución es una de las claves fundamentales de teoría biológica moderna. Britannica.com. Consultado 26, febrero, 2018. https://www.britannica.com/science/evolution-scientific-theory.
[48] "Antropología". Merriam-Webster.com. Consultado 26, febrero, 2018). https://www.merriam-webster.com/dictionary/anthropology.
[49] Una aleación es una mezcla de metales o una mezcla de un metal y otro elemento… Ejemplos de aleación son acero, soladura, latón, peltre, duraluminio, bronce y amalgamas. en.wikipedia.org. Consultado 26 de diciembre, 2017. https://en.wikipedia.org/wiki/Alloy.
[50] Citado por Jessie Penn-Lewis, en su libro *Soul & Spirit*, (Christian Literature Crusade, Fort Washington, PA, 1992-93), p. 12, 13
[51] Watchman Nee, *El Hombre Espiritual*, p. 35. Consultado 26 de Febrero, 2018. www.biblesnet.com.

9

Su Nueva Identidad

Miren cuán gran amor nos ha otorgado el Padre: que seamos llamados hijos de Dios. Y eso somos. Por esto el mundo no nos conoce, porque no lo conoció a Él. Amados, ahora somos hijos de Dios y aún no se ha manifestado lo que habremos de ser. Pero sabemos que cuando Cristo se manifieste, seremos semejantes a Él, porque lo veremos como Él es.

1 Juan 3:1-2

En 1994, Disney estrenó una película animada llamada *El Rey León*. Mi esposa y yo llevamos a nuestros hijos a ver la película. La historia gira en torno a Simba, un cachorro de león y heredero al trono. Simba fue engañado para pensar que él mató a su padre. Como resultado de la tragedia en su vida, Simba abandona su identidad como el futuro rey y huye lejos.

¡Has olvidado quién eres!

Un mono sabio, Rafiki, convence a Simba, ahora un león adulto, para que enfrente su pasado. Le dijo a Simba: "Oh, sí, el pasado puede doler; pero por lo que veo, puedes huir de él o ... aprender de él". Un cambio radical toma lugar en el corazón de Simba después de una misteriosa conversación con su padre. El diálogo entre padre e hijo fue algo revolucionario para Simba. Su padre, Mufasa, le dijo a su hijo: "Simba, me has olvidado." Simba trató de defenderse, "¡No! ¿Cómo podría hacerlo?" Entonces el padre le dijo a su hijo estas palabras conmovedoras: "Has olvidado quién eres y así me has olvidado. Mira dentro de ti, Simba. Eres más que aquello en que te has convertido".

La mayoría de las veces, nosotros como cristianos no conocemos nuestra verdadera identidad. Huimos olvidando nuestro llamado y nuestro destino. Como Simba fue desafiado a afrontar su pasado a pesar del dolor, nosotros también tenemos que mirar hacia adentro y redescubrir nuestra identidad.

¿Quién eres tú? ¿Quién soy yo?

Estas son preguntas simples, pero cuando se trata de nuestra identidad espiritual, estas preguntas no son tan sencillas. Permítame preguntarle nuevamente, "¿Quién es usted? O, me pregunto a mí mismo," ¿Quién soy yo? "Mi respuesta inmediata estaría basada en mis raíces terrenales y culturales:

– Soy el hijo de Dumitru y Paraschiva.
– Soy el esposo de Elena.
– Soy el padre de Evelina, Timotei, Dorian y Cristina.
– Soy un ex ingeniero.
– Soy pastor y escritor.

¿Ve lo que hice? Abordé la pregunta sobre mi identidad utilizando varios roles de mi existencia terrenal definidos por la cultura: familia de origen, educación, tipo de trabajo, etc.

¿Cómo respondería usted a esa pregunta? ¿Qué hay de su identidad espiritual? ¿Qué hay de mi identidad espiritual? En otras palabras, *¿Quién soy yo en Cristo?* Esa es la pregunta difícil, ¿verdad? Estoy de acuerdo. Espero que este capítulo aborde esta pregunta.

Mirando de cerca 1 Juan 3:1–2, podemos ver claramente que, ante todo, somos hijos de Dios. Esto en sí mismo dice mucho. Más importante aún, indica que somos hijos de Dios en este momento, no en algún momento del futuro. Escuche las palabras de Juan: "Amados, ahora somos hijos de Dios." Esta verdad y realidad espiritual debería ser el punto de partida de nuestra nueva identidad. Comienza con el amor de Dios, el corazón de Jesús, y el testimonio del Espíritu Santo. Alabado sea el Señor.

El autor de Hebreos nos dice:

> Porque convenía que Aquel para quien son todas las cosas y por quien son todas las cosas, llevando muchos hijos a la gloria, hiciera perfecto por medio de los padecimientos al autor de la salvación de ellos. Porque tanto el que santifica como los que son santificados, son todos de un Padre; por lo cual Él no se avergüenza de llamarlos hermanos, cuando dice: "Anunciaré Tu nombre a Mis hermanos, en medio de la congregación te cantaré himnos." Otra vez: "Yo en Él confiaré". Y otra vez: "Aquí estoy, Yo y los hijos que Dios Me ha dado" (Hebreos 2:10–13).

¡Guau! ¿Escuchó eso? Cristo sufrió por nosotros para llevarnos, ex-pecadores, a la gloria. ¿Qué es lo contrario de la gloria? Lo opuesto a gloria es vergüenza. Jesús repudió la vergüenza y soportó la cruz para llevarnos a Su gloria. Jesús nos llama Sus hermanos. Lo más humilde que podemos hacer es estar de acuerdo con la Biblia.

¿Por qué sufriría un ser humano inocente, perfecto y sin pecado? ¡Esto es un misterio! Solo en el cielo lo entenderemos. Una cosa está clara: Dios hizo que Cristo fuera hecho pecado por nuestra cuenta: "Para que fuéramos hechos justicia de Dios en Él" (2 Corintios 5:21b). ¡Esta declaración tiene profundas implicaciones! En pocas palabras, a causa de Cristo, compartimos Su justicia. Cuando se trata de comprender nuestra identidad

> **Tenemos que invitar al Espíritu Santo a ser nuestro Verdadero Consejero y a revelarnos quiénes somos realmente.**

espiritual, tenemos que hacer que la justicia de Cristo sea fundamental para ella.

Si deseamos experimentar a Dios, tendremos que abandonar nuestra zona de comodidad. Esta es la única forma en que podemos aprender sobre nuestra verdadera identidad. Tenemos que dejar las viejas formas terrenales de ver y pensar en nuestra identidad. Tenemos que permitir que las Escrituras se comuniquen con nosotros como solo las Escrituras pueden hacerlo. Tenemos que invitar al Espíritu Santo a ser nuestro Verdadero Consejero y a revelarnos quiénes somos realmente.

Miremos atentamente a Colosenses 3:3–4: "Porque ustedes han muerto, y su vida está escondida con Cristo en Dios. Cuando Cristo, nuestra vida, sea manifestado, entonces ustedes también serán manifestados con Él en gloria." ¡Oh, si solo el pueblo de Dios se diera cuenta de que tiene acceso a la vida misma de Cristo! Cristo dio su misma vida a ti y a mí. ¡Espero que vea esto en la Biblia y oro para que se dé cuenta de las implicaciones de esta verdad!

¿Ve por qué puede ser difícil para nosotros abordar el tema de la identidad? Cuando nos preguntan *¿Quién es usted?* Pensamos en muchas maneras de responder a esa pregunta desde una perspectiva terrenal. "Bueno, yo soy Valy Vaduva." No, ese es su nombre. "¿Quién es usted?" Soy Rumano-Americano. "No, Rumania es su país de origen, y Estados Unidos de América es el país en el que vive actualmente." ¿Quién es usted, hermano Valy?" "Bueno, soy un ex ingeniero, ahora soy pastor y escritor." Esa es su ocupación. Hermano Valy, no le pregunté qué hizo, o qué hace ahora. Entonces, déjeme preguntarle de nuevo: "¿Quién es usted?" "Bueno, vivo en Livonia." No, esa es su ciudad de residencia.

¿Lo ve? Intentamos identificarnos basados en nosotros.

Quién es usted? Es la pregunta más difícil. Probablemente nunca nos tomamos el tiempo para analizar nuestra identidad a través del lente de las Escrituras. Por tanto, nuestra tendencia natural es definir y establecer nuestra identidad, nuestra imagen personal y nuestra autoestima en función de lo que hacemos, de dónde venimos, de nuestras posesiones, de nuestra reputación, educación, y cuántas letras hemos acumulado que siguen a nuestro nombre.

Para comprender nuestra nueva identidad, tenemos que aprender y conocer los identificadores correctos fuera de nosotros mismos. Mi querido amigo, el aspecto de identidad espiritual en la vida del creyente es igualmente importante en el tema de victoria. Todo creyente quiere tener victoria espiritual en su vida. Cada creyente necesita saber quién es él o ella en Cristo.

Si los cristianos nos consideramos a nosotros mismos solo como pecadores perdonados, naturalmente consideraremos el comportamiento pecaminoso como algo normal y esperado. David Needham afirma que, para un cristiano genuino, el continuar pecando es "elegir actuar como un *loco temporalmente.*"⁵² Si este es el caso, continuaremos pecando y pidiendo perdón. Sin embargo, según la enseñanza del Nuevo Testamento, esta es una visión defectuosa. Como resultado de esta visión errónea, estamos en un círculo vicioso de pecar, confesar, arrepentirnos y esforzarnos más.

> **Para comprender nuestra nueva identidad, tenemos que aprender y conocer los identificadores correctos fuera de nosotros mismos.**

Cristo desea que lo conozcamos por revelación, pero no puede imponernos su voluntad. Tenemos el deseo de edificar una intimidad genuina con Él. Esto requiere caminar por fe y mirarlo a Él, no a nuestras circunstancias. Los conceptos espirituales que creemos tienen una gran influencia en nuestras vidas. Es tan importante *conocer* y *creer* quiénes somos en Cristo. Cuando aceptamos por completo nuestra nueva identidad, con el tiempo, nuestro comportamiento se alineará con la persona que realmente somos. No vamos a alcanzar la perfección, pero viviremos una vida cristiana más plena y victoriosa.

Autoestima

El término autoestima ganó popularidad con el aumento

de la psicología en la década de 1960. Tanto las escuelas como las iglesias desarrollaron un plan de estudios para abordar el tema de la autoestima. Una definición simple de autoestima establece que es "una confianza y satisfacción en uno mismo."[53]

El Dr. Maurice, un consejero Cristiano profesional, en su excelente libro, *La Sensación de Ser Alguien*, explica que hay tres componentes esenciales de una autoimagen saludable.

Estos elementos son:

1. *Pertenencia:* Un sentido de pertenencia, de ser amado.
2. *Valía:* Un sentido de valía y valor. Esto lleva a la creencia interna de que somos importantes y tenemos valor.
3. *Competencia:* Un sentido de ser competente. Esto nos lleva a la sensación de que podemos lograr la tarea que tenemos a la mano. Estamos bien equipados para satisfacer las demandas de la vida.

Póngalos todos juntos, dice el Dr. Wagner, y tiene una tríada de sentimientos de autoconcepto: pertenencia, valía, y de ser competente.[54]

Vivimos en un mundo de Facebook, Instagram, Snapchat y muchas otras herramientas de las redes sociales que se concentran en los selfis.[55] Bajo estas circunstancias, ¿cómo se supone que un discípulo comprometido con Cristo debe tratar el tema de la autoestima? Tomar una selfi y subirla en las redes sociales con el título "Mírame, soy un cristiano casual" no será suficiente. ¿Existe una autoestima bíblica? Primero, echemos un vistazo a algunos de los métodos utilizados por el mundo secular para determinar la autoestima. Esto de ninguna manera es una lista exhaustiva.

1. *La actitud de los padres hacia los hijos*

No todos tienen el privilegio de nacer en una amorosa

familia cristiana. Dios conoce todos estos detalles. La verdad es que los padres pueden influir en sus hijos con sus palabras, sus actitudes y su comportamiento. Si los padres critican a sus hijos, ellos tienen disminuidas posibilidades para enfrentarse al mundo. Lo más probable es que tengan la tendencia de seguir la corriente o fracasar bajo presión. Si la iglesia desprecia a los niños y adolescentes usando críticas, juicio y reprobación, ellos tienen menores posibilidades de triunfar como cristianos. En sus años universitarios, lo más probable es que fracasen en defender su fe.

2. *Éxitos o fracasos en la realización de tareas*

Los fracasos en la vida pueden paralizarnos. El éxito puede llevarnos al orgullo y al egocentrismo. Algunas personas pueden tolerar el fracaso y con persistencia pueden tener éxito. Henry Ford, el fundador de la Ford Motor Company, tuvo muchos fracasos financieros. En una ocasión dijo: "El fracaso es simplemente la oportunidad de comenzar de nuevo, esta vez con más inteligencia." La realidad es que no todos tienen esa actitud.

Otros podrían ver el fracaso como un escalón hacia el resultado final deseado. Mire a Thomas Edison como un ejemplo: el inventor de la bombilla eléctrica y la luz que ahora todos disfrutamos. Leí en alguna parte que Edison hizo 1,000 intentos fallidos. Cuando un periodista preguntó: "¿Cómo se sintió fracasar 1,000 veces?" Edison respondió: "No fallé 1,000 veces. La bombilla fue un invento con 1,000 pasos." A pesar de sus fracasos, Edison siguió adelante hasta alcanzar el resultado deseado, lo que condujo al éxito económico. De nuevo, no todos son inventores como Edison.

Dependiendo de la personalidad y la mentalidad, el éxito o el fracaso tienen un gran impacto en la forma en que uno se ve a sí mismo.

3. *Percepción individual de la actitud de Dios hacia él o ella.*

Cuando se trata del concepto de autoestima, nuestra percepción de la actitud de Dios hacia nosotros es crucial. Me gusta la forma en que A. W. Tozer vincula el autoconcepto con nuestro concepto de Dios. El escribe:

> Lo que nos viene a la mente cuando pensamos en Dios, es lo más importante de nosotros ... Por esta razón, el asunto más grave ante la Iglesia es siempre Dios mismo, y el hecho más pretencioso acerca de cualquier hombre no es lo que él puede hacer o decir en un momento dado, sino cómo él concibe a Dios en lo profundo de su corazón.[56]

Si nuestra concepción de Dios no es bíblicamente correcta, nuestra percepción de la actitud de Dios hacia nosotros es también incorrecta. Como resultado de eso, la forma en que establecemos nuestra imagen personal se deforma.

4. *Aprobación o rechazo de amigos*

En el proceso de crecimiento, hubo un período en nuestras vidas en el que la opinión de nuestros amigos lo era todo. Si nuestros amigos nos decían algo, les creíamos. Si nuestros padres y maestros nos decían algo diferente, estábamos listos para discutir con ellos y apoyar a nuestros amigos. Sin embargo, como adultos, si todavía estamos influenciados por nuestros amigos más que por Dios, entonces estamos en una situación muy peligrosa. Nuestro pensamiento está confuso y nuestra visión de los demás y de nosotros mismos no es bíblica.

5. *Mentiras de Satanás—el enemigo de nuestras almas*

A lo largo de nuestras vidas hemos acumulado muchas mentiras acerca de nosotros mismos, de otros y de Dios. Estas mentiras han influido en nuestra opinión acerca de

Dios, los demás y nosotros mismos. Las cosas que creíamos son ahora parte de nuestro lente mental y emocional a través del cual interpretamos la realidad.

Según Robert S. McGee, hay cuatro falsas creencias principales que contaminan los corazones y las mentes de las personas. Estas son:

1. Debo cumplir con ciertos estándares para sentirme bien conmigo mismo.
2. Debo recibir la aprobación de otros para sentirme bien conmigo mismo.
3. Los que fracasan (incluido yo mismo) no son dignos de amor y merecen ser castigados.
4. Soy lo que soy. No puedo cambiar. No tengo esperanza.[57]

Como resultado de estas falsas creencias, McGee afirma que las personas están atrapadas en todo tipo de comportamientos destructivos tales como: la trampa de desempeño, la adicción a la aprobación, el juego de la culpa y la vergüenza.

¡La buena noticia es que Dios tiene una respuesta para cada creencia falsa!

– Para la Trampa de Desempeño: la respuesta de Dios es la justificación en Cristo.
– Para la Adicción a la Aprobación, la respuesta de Dios es la reconciliación a través de la sangre de Cristo.
– Para el Juego de la Culpa, Dios ofrece propiciación a través de su Hijo Jesucristo.
– Para la Vergüenza, Dios provee regeneración a través del poder del Espíritu Santo.

Estos son solo algunos de los métodos por los cuales el mundo da forma a la autoestima de las personas. El problema es que, la mayoría de las veces, los cristianos también usan estos mismos métodos para establecer su imagen personal y su autoestima. Esto lleva a un conflicto emocional y a fallas espirituales en sus vidas.

El valor inconmensurable de tu alma

¿Cuál es el valor de su alma? Emplearé una ilustración para abordar esta pregunta. Según la revista *CNN Money Magazine*, Yusaku Maezawa, un multimillonario japonés, fundador del centro comercial de moda en línea más grande de Japón, pagó $110.5 millones por el "*Untitled*", una pintura que representa la cabeza de Jean-Michel Basquiat en forma de calavera.[58] Este es el precio más alto jamás pagado en una subasta por una pintura de un artista Americano. ¿Puede imaginarlo? ¿Ciento diez millones de dólares por una pintura? Yo no puedo. La colección de Maezawa incluye a obras de Pablo Picasso, Alberto Giacometti y Jeff Koons. En una entrevista realizada en su casa, se le preguntó al multimillonario: "¿Por qué gastar $110 millones en un Basquiat?" Él respondió: "Decidí hacerlo."

¿Ve esto? El valor de la pintura es más que solo el precio de un lienzo, pinceles y pinturas utilizados en el proceso, el tiempo que el artista gastó para hacerla y el marco que usó para ensamblar el producto final. *El valor de la pintura en una subasta es el precio que un comprador particular desea pagar por ella.* Imagine que yo pintara una pintura similar. Estoy seguro de que nadie cubriría el costo de los suministros o mi tiempo a menos que mi nombre fuera Leonardo De Vinci, Vincent Van Gogh, Rembrandt, Miguel Ángel, Claude Monet o Pablo Picasso.

Entonces, volviendo a nuestra pregunta, "¿Cuál es el valor de su alma?" El valor de su alma y de la mía está determinado por el precio que el Comprador quiere pagar por él. Dios es el Comprador que redimió nuestras almas, y el precio que pagó fue Jesucristo. ¡Usted y yo somos extremadamente valiosos! En su amor, el Padre pagó el precio más alto posible—*su Hijo unigénito.* Es por eso que Juan 3:16 es el verso principal de toda la Biblia. "Porque de tal manera amó Dios al mundo, que dio a su Hijo unigénito, para que todo aquel que cree en Él, no se pierda, sino que tenga vida eterna."

Nuestra redención le costó su sangre al mismo Hijo de Dios. El autor de Hebreos explica que nuestra redención fue lograda, "no por medio de la sangre de machos cabríos y de becerros, sino por medio de Su propia sangre, obteniendo redención eterna" (Hebreos 9:12). Queridos y amados, hemos sido redimidos por la preciosa sangre del Cordero. Esta redención no es para un día o incluso para un año; esta redención es para la eternidad.

Autoestima Bíblica

Cuando se trata de nuestra autoestima bíblica o identidad espiritual, el aspecto más crítico tiene que ver con la doctrina de la justicia. (Para más información acerca del tema de la justicia, consulte la sección titulada "Ignorancia acerca de identidad espiritual" en el capítulo: "El peligro de la inmadurez Espiritual, Parte II."

Como aludí anteriormente, dependiendo del trasfondo religioso en el que fuimos criados, a lo largo de los años nuestras experiencias tiñeron nuestros *anteojos espirituales*. Ahora, cada vez que leemos la Biblia y escuchamos sermones, interpretamos los mensajes a través de nuestros propios lentes. Como resultado de esto, hemos acumulado una serie de expectativas deformadas de Dios. Con el tiempo, estas percepciones se convirtieron en estándares de vida o *leyes* para nosotros.

Si la identidad nuestra que percibimos es aquella de ser solo un pecador perdonado, vamos a tener una lucha continua con el concepto de justicia. Continuamos viviendo bajo presión para cumplir con ciertas expectativas, estándares y para cumplir con las leyes que hemos fabricado para lograr la justicia. Esta no es la vida cristiana que Jesús tiene para sus discípulos. Si fallamos repetidamente, es probable que nos sintamos inferiores. Como no vemos mucho progreso en nuestras vidas, comenzamos a sentirnos inseguros y desarrollamos una actitud crítica. Si notamos a otros que se desempeñan mejor que nosotros, nos ponemos celosos. Comenzamos a enfocarnos en los obstáculos en nuestras vidas que nos impiden tener éxito. Como resultado, aumentamos nuestro esfuerzo. En el proceso nos volvemos más y más controladores. Desde nuestro punto de vista sesgado, se supone que estas cosas nos den éxito y nos brinden un sentido de importancia. Sin embargo, sucede lo contrario, se convierten en barreras importantes que impiden el avance de Dios. Es difícil renunciar al control y comenzar a caminar por fe. Tenemos miedo de caminar por un camino desconocido; pero, la mayoría de las veces, el camino desconocido es el único camino hacia la libertad y la victoria.

Según Pia Mellody:

Una autoestima saludable es la experiencia interna del propio valor que tiene usted y cuán precioso es... Cuando no puede experimentar una autoestima saludable, experimenta la estima de dos maneras inapropiadas. Por un lado, está la experiencia de una autoestima baja o nula. Por el otro, está la experiencia de la arrogancia y la grandiosidad, de ser mejor que los demás.[59]

Si usted es un padre de familia, por favor anime a sus hijos con la Palabra de Dios. Debe estar presente para ellos. Cuando no ven nada bueno en sí mismos, sea usted quien los apoya. Busque algo bueno en ellos y dígaselos. "¡Eres tan talentoso!" "Veo que eres disciplinado." "Parece que te gusta leer. Sigue así." Los padres tienen mucha influencia sobre el desarrollo de sus hijos. Según el ensayo *Influencia de los Padres en el Desarrollo Emocional de los Niños*, de Bethel Moges y Kristi Weber: "los padres tienen una influencia significativa en cómo resultan sus niños, incluyendo su personalidad, su desarrollo emocional y hábitos de comportamiento, así como un sinfín de otros factores."[60] Las Escrituras enseñan que los padres santifican a sus hijos (vea 1 Corintios 7:14). En referencia a ser padres, las

Escrituras nos dicen:

> Las enseñarás diligentemente a tus hijos, y hablarás
> de ellas cuando te sientes en tu casa y cuando andes
> por el camino, cuando te acuestes y cuando te
> levantes. (Deuteronomio 6:7)

Un versículo mucho más claro se encuentra en el libro
de Proverbios:

> Instruye al niño en el camino que debe andar, y aun
> cuando sea viejo no se apartará de él. (Proverbios
> 22:6)

Si nuestros padres no nos edificaron, necesitamos padres
espirituales que sepan cómo alentarnos con la Palabra. La
Palabra de Dios tiene poder, especialmente la enseñanza
acerca de nuestra nueva identidad en Cristo. La fe es fuerte
porque Dios es fuerte. Por lo tanto, quien crea en Dios tiene
acceso al poder de Dios.

Me gusta la forma en que Robert S. McGee ve la
autoestima:

> Un autoconcepto bíblico certero contiene tanto
> fortaleza como humildad, dolor por los pecados y
> gozo por el perdón, un profundo sentido de nuestra
> necesidad de la gracia de Dios y un profundo sentido
> de la realidad de la gracia de Dios.[61]

Sobre todo, aprecio la simplicidad y la claridad de la
Palabra de Dios. En Romanos, Pablo escribe:

> Porque en virtud de la gracia que me ha sido dada,
> digo a cada uno de ustedes que no piense de sí
> mismo más de lo que debe pensar, sino que piense
> con buen juicio, según la medida de fe que Dios ha
> distribuido a cada uno. (Romanos 12:3)

Usted es un cisne, no un pato

Hablando de nuestra nueva identidad, permítame compartir con usted una ilustración. No recuerdo exactamente dónde leí esto, pero todavía me gusta.

Érase una vez, cuando los sabios hablaban con pájaros y animales, hubo una situación interesante. Un cisne, apurado volando hacia el sur por el invierno, depositó su huevo en un nido de patos domésticos. Los patos domésticos no vuelan a las regiones cálidas. La madre pato cuidó este huevo junto con sus propios huevos hasta que todos salieron del cascarón. Uno tras otro, los patitos salieron de los huevos rotos, al igual que el cisne bebé. Las cosas estuvieron bien por un tiempo. Casi no había diferencia entre ellos. Todos estaban cubiertos con un pelo suave. Estaban comiendo juntos muy bien. Todo estuvo bien hasta que comenzaron a crecer y madurar. El joven cisne se hizo más alto y más fuerte. Tenía hermosas plumas, un cuello largo, un pico más grande y alas más anchas. Se deprimió mucho porque era muy diferente a sus hermanos y hermanas. En la "familia" que percibía, todos eran más pequeños, tenían patas más cortas, picos cortos, cuellos cortos, plumas coloridas y alas más pequeñas. El joven cisne quería tanto parecerse a los otros patos. Incluso trató de caminar de rodillas para encajar en el grupo.

El cisne llegó al punto más alto de su crisis: su depresión casi lo llevó a tener pensamientos suicidas. La temporada de frío había ido y venido en esa zona. Llegó la primavera y se acercaba el verano. Un hombre sabio estaba pasando por esa zona. Vio al joven cisne entre la familia de patos. Entonces el sabio le dijo: "Me di cuenta de que te ves perturbado y deprimido. Me pregunto por qué es eso." El joven cisne transmitió con un tono de voz bajo y triste: "No sé qué me pasa. No encajo. Traté muchas veces ser como mis hermanos y hermanas, pero fue en vano. Estoy tan deprimido. Incluso intenté muchas veces imitar el

> **Nuestra identidad debe establecerse en la Palabra de Dios y en lo que nuestro Padre Celestial nos dice.**

comportamiento de mis hermanos, pero fue inútil. Todo esto no va de acuerdo conmigo. Nací en esta familia, pero aparentemente, soy totalmente diferente del resto de mi familia. Todos se ríen de mí. Se burlan de mis intentos por encajar. Obviamente, no soy aceptado. ¡No sé qué hacer! ¡Estoy perplejo! ¿Sabe qué está pasando? ¡Por favor dígame!"

El sabio le dijo: "Querido, no eres un pato. Eres un cisne." El joven cisne respondió: "¿De qué estás hablando? ¿Qué quieres decir con esto?"

El hombre sabio, señalando hacia el cielo, le dijo: "¿Ves estas grandes y hermosas aves volando en lo alto del cielo con sus alas extendidas? Tú eres parte de esa familia."

"Estoy confundido. ¡No lo entiendo! ¿Qué me pasó?" "Parece que tu madre no tuvo tiempo de esperar a que naciera su polluelo, por lo que te dejó nacer en una familia de patos. Ellos te adoptaron, pero no eres un pato, eres un cisne. Abre las alas tan amplio como puedas y vuela con tu verdadera familia."

El cisne comenzó a correr, extendió sus hermosas alas anchas y blancas, y comenzó a batirlas. Voló más y más alto. Después de un tiempo llegó a su familia. ¡Qué alivio! ¡Qué libertad! ¡Bienvenido a la familia! ¡Qué alegría!

Mi querido amigo, la moraleja de esta historia es sencilla y directa. Es inútil trazar nuestra identidad en función de lo que el mundo nos dice o lo que otras personas nos dictan. Nuestra identidad debe establecerse en la Palabra de Dios y en lo que nuestro Padre celestial nos dice. Como creyentes, nuestra identidad es tan crítica para nuestra adoración, nuestra visión y nuestra victoria. El hecho de que no comprendamos completamente y no experimentemos estas realidades, nos hace reacios a disfrutar de la relación que tenemos con nuestro Señor Jesucristo y con el Espíritu Santo. Oremos constantemente para que Dios nos ayude a comprender nuestra verdadera identidad espiritual.

Conclusiones

1. ¡Usted es la obra maestra de Dios! ¡Es la corona de

la creación de Dios! ¡Es la niña de los ojos de Dios! ¡Es extremadamente valioso! Padre Dios no podía imaginar la eternidad sin usted. Por lo tanto, en el consenso más armonioso, la Trinidad decidió enviar al Hijo Unigénito para pagar el precio por la redención de la raza Adánica. No solo eso, sino que Dios creará una nueva raza junto con Cristo como la Cabeza.

2. Como nueva creación en Cristo: "ahora usted tiene una nueva identidad, una nueva naturaleza y nueva vida, y está dotado de nuevos recursos, poder, atributos, familia, herencia, seguridad, posición, propósito y destino."[62]

3. De ahora en adelante, lo más humilde que puede hacer, es estar de acuerdo con la Palabra de Dios con respecto a quién es usted.

Como discípulos de Cristo, afirmemos y declaremos estas 12 verdades poderosas:

01. Soy una nueva criatura en Cristo (2 Corintios 5:17)
02. Soy obra de Dios (poema, arte único) (Efesios 2:10)
03. Soy partícipe de Su naturaleza divina (2 Pedro 1:3–4)
04. Soy hijo de Dios, nacido de nuevo de la semilla incorruptible de la Palabra de Dios (1 Pedro 1:23)
05. Soy nacido de Dios, y el maligno no me toca. (1 Juan 5:18)
06. Tengo la justicia de Cristo (Filipenses 3:9)
07. Estoy vivo con Cristo (Efesios 2:5)
08. Soy santo y sin culpa delante de Él en amor (Efesios 1:4; 1 Pedro 1:16)
09. Soy el templo del Espíritu Santo; mi vida no me pertenece (1 Corintios 6:19)
10. Todo lo puedo en Cristo Jesús (Filipenses 4:13)
11. Soy embajador de Cristo (2 Corintios 5:20)
12. Cuando Él regrese, seré como Él (1 Juan 3:1–3)

Esta es su nueva IDENTIDAD. Cuando el enemigo le

susurre al oído: "No confíes en la Palabra de Dios," dígale en voz alta:

¡Apártate de mí, Satanás! Soy un precioso hijo de Dios y no hay nada que pueda separarme del amor de mi Padre (vea Romanos 8:39).

Preguntas para Reflexionar

Por favor reflexione acerca de las siguientes preguntas. Luego, comparta sus ideas con un amigo o con su grupo pequeño.

1. ¿Qué habló el Espíritu Santo a su corazón cuando leía este capítulo? ¿Qué parte le gustó más de este capítulo?

2. ¿Qué conceptos nuevos aprendió de este capítulo? ¿Qué ideas se compromete a adoptar en su vida?

3. Después de leer la sección titulada Autoestima, anote las ideas más importantes.

4. Después de leer la sección titulada Autoestima Bíblica, escriba los conceptos más importantes.

5. ¿Qué idea o concepto captó más su atención cuando leía este capítulo?

Notas Finales
9. Su Nueva Identidad

[52] David Needham, *Alive for the First Time,* (Sisters, OR: Questar Publishers, 1995), 92.

[53] Self Esteem (autoestima), Merriam-Webster.com. Consultado 12 febrero, 2018, https://www.merriam-webster.com/dictinary/self-esteem.

[54] Citado por Dr. Seamands en *Healing for Damaged Emotions,* (David C Cook, Colorado Springs, CO, 1981, 2015), 85.

[55] Según Wikipedia, "Un selfi es una fotografía de autorretrato, tomada usualmente con un teléfono inteligente que puede ser sostenido en la mano u apoyado por un palo selfi. Los selfis, muchas veces, son compartidos en los servicios de redes sociales como, Facebook, Instagram y Snapchat. Son, generalmente para la vanidad, por lo general son halagadoras, y su propósito es que aparezcan ser casuales." Wikipedia.org. Consultado 19 febrero, 2018. https://en.wikipedia.org/wiki/Selfie.
Según las noticias BBC, el "selfi" fue nombrada por Diccionarios Oxford como la palabra del 2013. BBC News. Consultado 19 febrero, 2018. http://www.bbc.com/news/uk-24992393.

[56] A. W. Tozer, *The Knowledge of the Holy,* (New York: Harper & Row, 1961), 9.

[57] Robert S. McGee, *The Search for Significance,* (Tomas Nelson, Nashville, 1998, 2003), 26.

[58] *Jean Michel Basquiat Untitled Painting.* Consultado 23 de enero, 2018. http://money.cnn.com/2017/05/18/luxury/jean-michel-basquiat-untitled-painting-auction-record/index.html.

[59] Pia Mellody, *"Breaking Free,"* (New York: Harper & Row, 1989), 29-30, citado por David Seamands en *Healing for Damaged Emotions: Workbook,* (David C Cook, Colorado Springs, CO, 1981, 2015).

[60] *Parents influence on child evelopment.* Consultado 13 febrero, 2018 https://my.vanderbilt.edu/developmentalpsychologyblog/2014/05/parental-influence-on-the-emotional-development-of-children/.

[61] Robert S. McGee, *The Search for Significance,* (Thomas Nelson, Nashville, TN, 1998, 2003), 10, 11.

[62] Dr. Lewis Gregory, *"Introducing the New You,"* (Source Ministry International, Snellville, GA, 2005), 151.

10

El Poder del Perdón

Sean más bien amables unos con otros, misericordiosos, perdonándose unos a otros, así como también Dios los perdonó en Cristo.

Efesios 4:32

Hace muchos años, yo estaba en el extranjero en un viaje misionero para enseñar acerca del crecimiento espiritual. La familia que me acogió me invitó a su iglesia. El pastor local me invitó al podio para predicar. Mientras esperaba mi turno, sentí en mi corazón que el Espíritu Santo quería que hablara sobre el tema del perdón, no de crecimiento espiritual como había estado planeando. Como discípulo de Cristo, aprendí temprano en mi vida a seguir la guía del Espíritu Santo. La escritura que vino a mi mente estaba en Mateo 18:21–35. Mientras daba mi mensaje había silencio profundo en los oyentes. Al regresar a su casa, los anfitriones me preguntaron, "¿Sabe que pasó durante el servicio?" Dije, "No tengo idea. ¿Qué pasó?" Los anfitriones dijeron, "Su mensaje tocó profundamente nuestros corazones." Continuaron: "Por varios años hemos estado heridos y lastimados por unas personas en posiciones de liderazgo en la iglesia. Ha habido muchas acusaciones infundadas e injustas contra nosotros. Hemos sido humillados y dominados. Ya no nos permitían ministrar a través de la música en la iglesia. Ha sido muy difícil para toda la familia. El Espíritu Santo nos convenció de pecado y estamos comprometidos a seguir los pasos que nos enseñó en su sermón."

Al día siguiente, fui a un pueblo diferente a predicar. Cuando regresé a casa de mi familia anfitriona, me dijeron que habían ido a la casa de un líder. Se humillaron, y aunque fueron las víctimas en toda esta situación, extendieron su perdón por todo lo que se les había hecho. Por supuesto, como en muchas situaciones similares, los infractores no admitieron nada. Por ello, no hubo reconciliación, pero el Espíritu Santo estaba presente e hizo lo que sólo Dios puede hacer –liberó y sanó a estas víctimas. Regresaron a casa muy contentos.

Dimos gloria a Dios por esto. Oramos y dimos gracias al Señor por Su bondad y fidelidad. Al final, la hermana que estaba profundamente dolida dijo: "Me siento tan liviana. Estoy tan feliz y libre. No podía orar y alegarme en el Espíritu así, desde que ocurrió la experiencia terrible años atrás. ¡Alabo a Dios por todo!"

Volví a Estados Unidos. Después de un corto tiempo, recibí un mensaje de esta familia. Aquí está el mensaje:

> ¿Tuvo que enviar Dios personas de otro país para enseñarnos y ayudarnos a entender Su voluntad en nuestras vidas? Aparentemente sí.
>
> Durante bastante tiempo, hemos estado experimentando muchas pruebas. La escuela de Dios es a veces incomprensible para nosotros. A menudo fuimos derribados hasta el suelo. Nos pisotearon. Fuimos difamados y calumniados muchas veces por llamados "hombres de Dios". Estábamos inconsolables por la hipocresía y la falta de compasión que existe en la Casa de Dios. Todo esto, porque no comprendíamos completamente la enseñanza del perdón en Mateo 18:21-35—la parábola del siervo despiadado. Pero Dios, que es lleno de misericordia y gracia, nos habló, en particular a mi esposa. El Señor hizo un milagro en nuestra familia por el mensaje que usted predicó aquí. Una gran carga que nos pesaba tanto por

muchos años ha sido levantada."

Recordemos que vivimos en una cultura infectada por el pecado. Venimos de varias subculturas, ciertas familias, antecedentes específicos de iglesia, y comunidades específicas. Seamos honestos, somos también gente imperfecta, y vivimos entre otras personas imperfectas. Por eso, es imposible no encontrar diversas ofensas. Cristo dijo a Sus discípulos: "Es inevitable que vengan tropiezos, pero ¡ay de aquel por quien vienen!" (Lucas 17:1, Mateo 18:7) A pesar de todo esto, nuestra actitud ya debe establecerse; "No permitiré que esto me ofenda. Perdonaré inmediatamente. Para mí, practicar perdón es un estilo de vida."

A menudo, es mucho más fácil traer sacrificios al Señor en lugar de mostrar y practicar misericordia. Pero Dios nos dice claramente: "Misericordia quiero, y no sacrificio" (Mateo 9:13). Incluso en el Antiguo Testamento podemos leer: "¡Oh hombre, él te ha declarado lo que es bueno! ¿Qué requiere de ti el Señor? Solamente hacer justicia, amar misericordia, y caminar humildemente con tu Dios" (Miqueas 6:8 RVA-2015). Parece tan sencillo, pero algo nos impide ser compasivos. Quizás consideramos que la compasión y el perdón son señal de debilidad, pero es exactamente lo opuesto. Jesús vino a nuestro mundo no porque lo merecíamos, sino porque Él tuvo compasión de nosotros. Dios nos amó tanto que Él sacrificó a Su Hijo unigénito por nosotros para que pudiéramos ser libres.

La parábola del Siervo Despiadado, de Mateo capítulo 18, nos dice que el rey perdonó a un siervo de una deuda de diez mil talentos[63] de oro solamente porque fue movido a misericordia. "Y el señor de aquel siervo tuvo compasión, lo soltó y le perdonó la deuda" (Mateo 18:27). Este rey representa a Dios. Este siervo le debía al rey una gran suma de dinero, una deuda impagable. No importa cuánto y cuán duro trabajara, su entera familia no podría ahorrar diez mil talentos de oro en toda su vida. Esta deuda impagable se refiere a nuestro pecado. Esta parábola también muestra cuán malvado, engañoso y desagradecido es el corazón humano hacia otros y hacia Dios, y cuánto desprecia y cuán irrespetuoso es hacia Su perdón.

El siervo al que le fue perdonado la deuda impagable, tiene disputa con un consiervo acerca de una suma de dinero insignificante. Su colega le debía cien denarios.[61] Esto representa el salario por cien días de trabajo. Es una suma de dinero irrisoria comparado con la gran suma que le perdonó el rey. El siervo perdonado no estaba dispuesto a perdonar a su consiervo.

Mateo escribe:

> Pero al salir aquel siervo, encontró a uno de sus consiervos que le debía 100 denarios, y echándole mano, lo ahogaba, diciendo: "Paga lo que debes". Entonces su consiervo, cayendo a sus pies, le suplicaba: "Ten paciencia conmigo y te pagaré". Sin embargo, él no quiso, sino que fue y lo echó en la cárcel hasta que pagara lo que debía. (Mateo 18:28–30)

¡Esta escena parece increíble!

Pero, desafortunadamente, esto pasa en la vida casi siempre: familias rotas, familiares desencantados el uno con el otro, iglesias en conflicto, asambleas caóticas y desunión, ¿Por qué? Hay falta de misericordia, compasión y paciencia. En su lugar hay testarudez, corazones malvados y espíritus implacables.

Me gusta el hecho de que la Parábola del Siervo Despiadado es interpretada por Cristo mismo. Mateo escribe:

> Entonces, llamando al siervo, su señor le dijo: 'Siervo malvado, te perdoné toda aquella deuda porque me suplicaste. ¿No deberías tú también haberte compadecido de tu consiervo, así como yo me compadecí de ti?' Y enfurecido su señor, lo entregó a los verdugos hasta que pagara todo lo que le debía. Así también Mi Padre celestial hará con ustedes, si no perdonan de corazón cada uno a su hermano. (Mateo 18:32–35)

Basado en muchos años de consejería pastoral, el Dr. Charles Stanley explica que existen unas diez etapas[64] que experimentan las personas cuando desarrollan un espíritu implacable. La siguiente sección es mi adaptación basada en el libro del Dr. Stanley, "El Regalo del Perdón" (*The Gift of Forgiveness):*

01. *Salimos lastimados*—empezamos a desarrollar un espíritu implacable cuando salimos lastimados. Todas nuestras heridas son, de hecho, una forma de rechazo. Son sembradas las semillas de un espíritu implacable cuando pasa el incidente. A menudo esto ocurre a una edad muy joven. Usualmente, la gente que nos rodea, que se supone que debe amarnos, cuidarnos y criarnos, nos lastima a sabiendas o sin saber. Esto puede dejarnos cicatrices por el resto de nuestras vidas.

02. *Terminamos confundidos*—no estamos seguros de qué pasó exactamente y no sabemos cómo responder. Racionalizamos ingenuamente en nuestras mentes: "Esto no está sucediendo."

03. *Buscamos desvíos*—tomamos desavíos mentales y físicos. Nuestro deseo es evitar el dolor a toda costa. Por eso, evitamos hablar del tema o evitamos interactuar con esa persona. Algunas personas se mudan a otro lugar, cambian de trabajo o iglesia, o se divorcian de su esposa o esposo.

04. *Cavamos un hoyo*—enterramos nuestro dolor tan profundamente que nunca hablamos ni pensamos en ello. Pensamos que esto lo resolverá. Esperamos que, de esta manera, el dolor causado por rechazo simplemente desaparecerá. Pero no es así.

05. *Lo negamos*—negamos que haya sucedido o que nos haya afectado. Lo cubrimos con una sonrisa, justificándolo al decir: "Pues, eso pasó hace muchísimo tiempo que lo he olvidado." O "He tratado ese tema en el pasado." Pero, la negación no es la solución al problema.

06. *Nos volvemos derrotados*—podemos negar el hecho de que nos haya afectado, pero comienza a aparecer en nuestras vidas. Nos volvemos un poco irritables, demasiado sensibles, tímidos, celosos, o desarrollamos un espíritu

criticón. Estos patrones carnales son indicadores claros de que no lo hemos resuelto. Seguimos llevando la carga y nos derriba.

07. *Nos volvemos desalentados*—esta es la etapa más crítica. En este punto algunos podemos buscar ayuda profesional, que podría darnos un final feliz. Desafortunadamente, muchos lo consideran demasiado difícil, demasiado doloroso hacer frente al problema. Y tratan de calmar su dolor con alcohol o medicamentos recetados. Los maridos dejan a sus esposas. Trágicamente, algunas personas terminan con sus propias vidas.

08. *Descubrimos la verdad*—por la ayuda de Dios o la ayuda de otra persona descubrimos la raíz de nuestra amargura. Esto requiere la intervención del Espíritu Santo. (2 Timoteo 2:24–26)

09. *Asumimos la responsabilidad*—alcanzamos la etapa en la que ya no echamos la culpa a otros. Asumimos la responsabilidad por nuestras propias acciones. Independientemente del costo, estamos listos para abrir nuestros corazones a Dios para que Él trate con nuestras heridas y el dolor emocional que hemos llevado interiormente durante tanto tiempo.

10. *Somos liberados*—Cuando estamos listos para tratar con el espíritu implacable, somos liberados. Sí, Dios está todavía en el trabajo de la liberación. Jesucristo prometió liberarnos. (Juan 8:31–32, 36)

¡No podemos jugar con el espíritu implacable! ¡Es muy peligroso! Lleva a una profunda raíz de amargura. Como creyentes, debemos practicar el perdón como un estilo de vida. Pedro preguntó, "Señor, ¿cuántas veces pecará mi hermano contra mí y yo le perdonaré? ¿Hasta siete veces?" (Mateo 18:21 RVA-2015). Los rabinos de entonces pensaron que la gente debía perdonar hasta tres veces. Pedro, queriendo lucir súper-espiritual mostró mucha generosidad. Tres por dos más uno.... ¡siete veces! ¡Superando las prácticas de aquel entonces! ¡La respuesta que recibió del Señor es alucinante! "Jesús le contestó: No te digo hasta siete veces, sino hasta setenta veces siete" (Mateo 18:22). Si queremos jugar con números, aunque esto no es lo que tenía Jesús en mente, sería 490 veces al día. Piense en esto. Significa que cada tres minutos alguien nos hace daño y se supone que debemos perdonarlo. Lo que Cristo quería comunicar es que el perdón es un estilo de vida. En otras palabras, no permitiremos que nadie ni nada nos ofenda.

Necesitamos entender el verdadero significado del perdón desde una perspectiva bíblica. Muchas veces es más fácil entender un concepto particular comprendiendo el concepto opuesto. Permítame explicar brevemente lo que *el perdón* no es.

a. *Perdonar no significa reconciliación*

La reconciliación es un paso más allá. El perdón es un cambio en nosotros mismos. La reconciliación implica un cambio en otra persona. El perdón es un paso unilateral hacia la reconciliación, pero la reconciliación debe ser bilateral y recíproca. En otras palabras: La reconciliación requiere que ambos lados estén de acuerdo en cuanto a los hechos, al dolor causado al otro, a la motivación, y que cada parte comprenda el punto de vista del otro. Requiere que ambas partes entiendan qué pasó y qué consecuencias trajo.

La reconciliación requiere empezar un diálogo amigable, descubriendo la verdad, y mostrando empatía. A cada parte se le debe permitir contar su historia para establecer la verdad. Reconciliar el dolor causado por la ofensa requiere asumir la responsabilidad personal para reestablecer o restaurar la confianza. En algunos casos, requiere un retorno de funciones y poder. Detectar el verdadero remordimiento es absolutamente esencial en este proceso. Entonces se ofrece una disculpa sincera para que una transformación significativa realmente se lleve a cabo en esta relación.

Considerando caso por caso, la reconciliación puede requerir que se pague una deuda para compensar la pérdida (o pérdidas) causadas a la víctima (o víctimas). La meta es prevenir la reaparición de la misma conducta dañina y para asegurar sanidad y promover una relación sana. La verdadera reconciliación, si se hace correctamente, conduce a un beneficio mutuo.[65]

b. *El perdón no significa tolerancia*

El perdón no significa que estamos de acuerdo con el abuso y el maltrato intencional. El abuso no se puede tolerar; debe prevenirse y debe detenerse. Pasar por alto una ofensa es ignorar la acción dañina sin protesta o desaprobación. El perdón no significa excusar un crimen o un acto ilegal. El perdón no significa aceptar lo inaceptable. Pero el perdón es absolutamente necesario para sanar y liberar nuestras propias emociones destructivas y nuestro doloroso pasado. Debemos tener en cuenta que: "La cruz hace que el perdón sea legal y moralmente correcto. Cristo murió una vez por nuestros pecados. Debemos perdonar como Cristo nos ha perdonado."[66] Tenemos el poder de perdonar a aquellos que nos han hecho daño sin que ellos nos hayan pedido perdón.

c. *El perdón no es olvidar*

No podemos olvidar el dolor del pasado. Al perdonar a los demás, permitimos que Cristo sane nuestras heridas. Dios no tiene amnesia en cuanto a nuestros pecados. Él decidió por Él mismo, que "Yo, yo soy el que borro tus transgresiones por amor a Mí mismo, y no recordaré tus pecados" (Isaías 43: 25). En otras palabras, no usa nuestro pasado en contra nuestra. "Olvidar es una consecuencia del perdón a largo plazo, pero nunca es un medio para llegar a él...no nos sanamos a nosotros mismos para perdonar; perdonamos con el fin de ser sanados."[67] Es muy probable que nunca olvidemos algunas de las heridas del pasado, pero por el perdón no vamos a ser esclavos a él.

d. *El perdón no es fácil*

El Doctor Tim Clinton escribe: "Perdonar no es fácil, pero es siempre necesario. Y solo se necesita uno para perdonar. Cuando se llega al meollo del asunto, nuestra capacidad de perdonar tiene su raíz en el hecho de que hemos sido perdonados por Cristo, en Dios"[68] (2 Corintios 5:18-20). De hecho, perdonar es tremendamente doloroso y emocionalmente difícil. ¿Por qué? En un sentido, perdonar es aceptar vivir con las consecuencias de los pecados de otros. Todos estamos en esta situación a causa de los pecados de Adán. Sin embargo, nunca olvidemos que Cristo pagó por todas las injusticias, del primer hombre hasta el último ser humano que nacerá en este planeta. Shakespeare escribió: "No es el arrepentimiento del malhechor lo que crea el perdón, sino el perdón de la víctima que causa el arrepentimiento."[69] Declaración poderosa, ¿cierto?

La Biblia claramente nos enseña, "Amados, nunca tomen venganza ustedes mismos, sino den lugar a la ira de Dios, porque escrito está: "Mía es la venganza, Yo pagaré", dice el Señor. Pero si tu enemigo tiene hambre dale de comer; y si tiene sed, dale de beber, porque haciendo esto, carbones encendidos amontonarás sobre su cabeza." (Romanos 12: 19-20)

e. *El perdón es para nuestro bien*

Agustín dijo: "El resentimiento es como tomar veneno y esperar que muera la otra persona."[70] Deténgase un momento. Deje que esta declaración penetre en su mente. Dese cuenta que perdonar es para nuestro propio bien* espiritual, emocional, y físico. El perdón no se trata principalmente del ofensor, se trata de nosotros. Somos los primeros beneficiarios del perdón.

En un artículo llamado, "El Perdón: Su Vida Depende de Ello", publicado por la revista *Family Therapy,* (Terapia Familiar), la psiquiatra Loren Olson señaló que, "se ha encontrado que los más inclinados a perdonar las transgresiones de otros tienen la presión arterial más baja, menos síntomas depresivos y, cuando llegan a la edad 40-55, tienen mejor salud mental y física que aquellos que no perdonan fácilmente."[71]

f. El perdón le da al pasado otro significado

Paul Boese dice: "El perdón no cambia el pasado, pero sí agranda el futuro." Por el perdón ganamos la libertad de nuestro pasado y de aquellos que nos han abusado. "Perdonar es liberar a un prisionero y descubrir que el prisionero era usted."[72] Más importante, no podemos cambiar los hechos del pasado, pero podemos cambiar el significado del pasado.

> **Perdonar es liberar a un prisionero y descubrir que el prisionero era usted.**

Después de muchos años de ser consejero, David A. Seamands se dio cuenta de que hay dos causas mayores para las condiciones psicológicas y los problemas emocionales que experimentan muchos cristianos evangélicos. Estas causas son: "la falta de comprender, de recibir y de vivir la gracia y el perdón incondicional de Dios. La incapacidad de dar ese amor, perdón y gracia incondicional a los demás."[73]

Vamos a ver, brevemente, estas dos causas:

1. La falta de comprensión, de recibir y de vivir la gracia y el perdón incondicional de Dios. El malentendido de lo que es la gracia incondicional de Dios y cómo funciona, da lugar a la inhabilidad de recibirlo completamente. Este malentendido lleva a muchos cristianos a una aceptación basada en el desempeño. Seamands escribe: "Muchos de nosotros somos así. Leemos y creemos en una buena teología de gracia. Pero no es así como vivimos. Creemos en la gracia con nuestras cabezas pero no en nuestros sentimientos profundos o en nuestras relaciones."[74] Por eso, un conocimiento experimental de la Trinidad es el aspecto más importante en nuestras vidas como discípulos de Cristo.

A.W. Tozer escribe:

Lo que entra en nuestras mentes, cuando pensamos en Dios es la cosa más importante de nosotros. Por esta razón, el tema más profundo ante la Iglesia es siempre Dios Mismo; y el hecho más portentoso para el hombre no es lo que haga en un momento dado, sino, cómo concibe a Dios, en lo profundo de su corazón.[75]

2. La incapacidad de dar amor, perdón y gracia incondicional, a los demás. Muchos de nosotros pensamos que podemos ganarnos la gracia y perdón de Dios. Esto es una mentira del fondo del infierno. Como resultado de esta idea equivocada, no aceptamos ni recibimos el amor de Dios, Su perdón y Su gracia maravillosa. Cuando fracasamos en esta área importante, no podemos dar gracia ni extender perdón a los demás. David Seamands escribe:

"Y esto resulta en una ruptura de nuestras relaciones interpersonales. Esto resulta en conflictos emocionales entre nosotros y otras personas. Las personas no perdonadas no dan perdón, y los que no perdonan completan el círculo vicioso porque ellos no pueden ser perdonados... El círculo vicioso se vuelve más vicioso. Los que no son aceptados son los que no aceptan. Los no perdonados son los que no perdonan. Las personas que no reciben misericordia son las personas que no la otorgan. De hecho, su comportamiento a veces es positivamente vergonzoso. Y los conflictos emocionales y relaciones rotas son el resultado de ello."[76]

Ahora, vamos a explorar lo que en verdad significa perdón.

1. Perdón de pecados

Aphesis, traducido "perdonar" según el Nuevo Testamento griego significa literalmente "despedir". Mire los ejemplos del Nuevo Testamento en Mateo 26:28 y Hechos 2:38 que están asociados con el perdón de los pecados.[77]

2. Mostrar bondad

Charizomai significa "dar favor" o "mostrar bondad" (vea Romanos 8:32). *Charizomai* se traduce "dará... gratuitamente."

3. Quitar, lavando, nuestros pecados

Apolouo significa "quitar lavando". Vea Hechos 22:16: "Y ahora, ¿por qué te detienes? Levántate y bautízate, y lava tus pecados, invocando Su nombre."

4. Liberar o redimir

Apolutrosis significa redención. La Biblia usa la palabra *redención* como equivalente para perdón. En Efesios 1:7 leemos, "En Él tenemos redención mediante Su sangre, el perdón de nuestros pecados según las riquezas de Su gracia." Además, Jesucristo empezó Su ministerio terrenal al declarar:

> El Espíritu del Señor está sobre Mí, Porque Me ha ungido para anunciar buenas nuevas a los pobres; Me ha enviado para proclamar libertad a los cautivos, y vista a los ciegos, para poner en libertad a los oprimidos, y para proclamar el año agradable del Señor. (Lucas 4:18–19 RVA-2015)

La definición del perdón

1. Definición teológica

El perdón bíblico es la acción y la actitud del Dios Santo y Justo según la riqueza de Su misericordia y la plenitud de Su gracia. Este tipo de perdón está basado en el sacrificio santo y sin mancha de Jesucristo sobre la Cruz del Calvario. Dios decidió pagar por todos los pecados de la humanidad, pasados, presentes y futuros, y dar vida eterna a todos que vienen a Él por fe en Jesucristo. Además, Él cubre a todos los santos perdonados con la justicia de Cristo y les concede el privilegio inconcebible de vivir en la presencia de Dios para la eternidad.

2. *El Perdón desde la perspectiva de Dios*

El perdón de Dios es una cobertura total y completa de nuestra deuda para siempre. Todos hemos escuchado la historia del perdón de Mateo 18:27; "y el señor de aquel siervo tuvo compasión, lo soltó y le perdonó la deuda." Me gusta como escribe Miqueas:

> ¿Qué Dios hay como Tú, que perdona la iniquidad y pasa por alto la rebeldía del remanente de su heredad? No persistirá en Su ira para siempre, porque se complace en la misericordia. Volverá a compadecerse de nosotros, eliminará nuestras iniquidades. Sí, arrojarás a las profundidades del mar todos nuestros pecados. (Miqueas 7:18–19)

¿Lo escuchó? ¡Dios echará todos nuestros pecados a las profundidades del mar! ¡Guau! Pablo también escribe:

> Y cuando ustedes estaban muertos en sus delitos y en la incircuncisión de su carne, Dios les dio vida juntamente con Cristo, habiéndonos perdonado todos los delitos, habiendo cancelado el documento de deuda que consistía en decretos contra nosotros y que nos era adverso, y lo ha quitado de en medio, clavándolo en la cruz. (Colosenses 2:13–14)

Corrie Ten Boom[78] dijo: "Cuando confesamos nuestros pecados... Dios los echa al océano más profundo, desaparecidos para siempre... Entonces Dios coloca un cartel que dice: '¡Prohibido Pescar!'"[79]

3. *Definición Secular*

1.*a*: Renunciar al resentimiento o el reclamo de desquite

por, (perdonar un insulto); para conceder el alivio del pago por, (perdonar una deuda) 2. *b.* Dejar de sentir resentimiento contra (un ofensor), (perdón- perdonar a los enemigos).[80]

David A. Seamands, recomienda que tomemos tres pruebas en referencia a perdonar a otros. La siguiente sección es mi adaptación basada en su libro: "Healing for Damaged Emotions" *(Sanidad para Emociones Dañadas)*.

1. La prueba del resentimiento

Tome en serio la enseñanza del perdón. Hágase a sí mismo una pregunta importante. "¿Hay alguien contra quien me siento molesto, alguien a quien nunca he perdonado?" Pida al Espíritu Santo que le traiga a la mente las personas a las que necesita perdonar.

2. La prueba de responsabilidad

¿Toma usted la responsabilidad por sus propias acciones? ¿O es más fácil continuar culpando a los demás por lo que está pasando? Mientras encontramos sanidad y libertad a través del perdón, necesitamos aprender y practicar extender perdón a los demás. Necesitamos asumir la responsabilidad por nuestras propias fallas y fracasos.

3. La prueba del recordatorio y la reacción

La pregunta en este caso suena así: "¿Reacciona usted en contra de una persona porque le recuerda a otra persona?" Si este es el caso, significa que en realidad no ha perdonado de corazón a esa persona.

Hace casi dos mil años, la mayor injusticia de todo el universo ocurrió, la crucifixión de Cristo en la Cruz de Calvario. En Su maravillosa sabiduría, compasión, misericordia y gracia, Dios tomó la acción más malvada y la convirtió en el regalo más sublime para la humanidad – la salvación.

Libertad a Través del Perdón[81]

Dios nos salvó. Nuestro Padre Celestial nos perdonó, no porque merecemos el perdón, sino porque Él está lleno de misericordia y Su misericordia perdura para siempre. El salmista declara, "Den gracias al Señor, porque Él es bueno; porque para siempre es Su misericordia" (Salmo107:1). Nos invita a imitar a nuestro Señor. Todos hemos sido heridos de una manera u otra, abandonados, rechazados, traicionados, humillados, y ofendidos. Sin embargo, somos llamados a ofrecer perdón a otros que no lo merecen. Si no lo hacemos, estamos en verdadero peligro de dar a Satanás una oportunidad. Pablo escribe: "Pero a quien perdonen algo, yo también lo perdono. Porque en verdad, lo que yo he perdonado, si algo he perdonado, lo hice por ustedes en presencia de Cristo, para que Satanás no tome ventaja sobre nosotros, pues no ignoramos sus planes" (2 Corintios 2:10–11).

Anderson recomienda que las personas que están dispuestas a procesar perdón se vuelvan a la oración. Le invito a hacer la siguiente oración:

Querido Padre celestial, Te doy gracias por las riquezas de Tu bondad y paciencia hacia mí, sabiendo que Tu bondad me ha llevado al arrepentimiento. Confieso que no he mostrado la misma bondad y paciencia hacia los que me han herido u ofendido (Romanos 2:4). En lugar de eso, he permanecido enojado, amargado y resentido hacia ellos. Por favor trae a mi mente todas las personas que necesito perdonar para que lo haga. Oro en el nombre de Jesús. Amen.

Vamos a continuar el proceso. Pida al Espíritu Santo que revele cualquier recuerdo doloroso que usted puede haber olvidado o enterrado. Haga una lista de todas las personas que le han lastimado y de todos los agravios que le han hecho. Espere, escuche, y complete la lista.

Desde Adán y Eva hacia adelante, todas las personas han

ofendido a otros. Nadie es inocente. Pablo escribe: "por cuanto todos pecaron y no alcanzan la gloria de Dios." Todos hemos sido concebidos en pecado y somos propensos al pecado. El Salmista clama, "Yo nací en iniquidad. Y en pecado me concibió mi madre." (Salmo 51:5). Así, según Anderson, "El perdón es aceptar vivir con las consecuencias del pecado de otra persona."[82] Tengamos en cuenta que solo la cruz hace que el perdón sea legal y moralmente correcto.

Quizás usted se critica a sí mismo. Necesita perdonarse a sí mismo también. Recuerde: Dios ya lo ha perdonado.

Quizás esté enojado con Dios. Levantó su puño hacia el cielo gritando: "Dios, ¿Dónde estás? ¿No ves lo que me está pasando?" Y está enojado y molesto con el Señor. Anote todos sus sentimientos negativos hacia Dios. Necesita liberar todos esos sentimientos para poder experimentar sanidad emocional y recibir paz completa de Dios.

Debemos iniciar perdón inmediatamente. No deberíamos esperar que el ofensor venga a pedirnos perdón. Puede que nunca suceda. En lugar de esto, deberíamos seguir los pasos de Cristo que perdonó a los que lo crucificaron sin esperar que ellos se lo pidieran. Lucas escribió, "Y Jesús decía: "Padre, perdónalos, porque no saben lo que hacen" (Lucas 23:34).

No debemos esperar hasta que nos sintamos listos para perdonar. Recuerde: El perdón es una opción. Por tanto, escoja perdonar. Empiece con la primera persona de su lista. Uno a uno, traiga a cada persona, cada herida, cada dolor, a la Cruz. Imagínese estar parado delante de Cristo. Asegúrese de que sea emocionalmente honesto. Exprese su ira, su dolor y sus heridas abiertamente a Dios por cada persona que necesita perdonar, hasta que haya tratado con todo el dolor y todas las heridas.

Al procesar el perdón, es importante hacerlo de corazón. ¿Recuerda la interpretación de Cristo en la parábola del siervo despiadado? Dijo: "Así también Mi Padre celestial hará con ustedes si no perdonan de corazón cada uno a su hermano" (Mateo 18:35). Si lo procesamos solo intelectualmente y no permitimos que el dolor emocional venga a la superficie, es casi imposible experimentar sanidad emocional. Invite a Cristo al lugar donde tiene el dolor, pregúntele donde estuvo cuando sucedió. Espere y visualice. Pida a Cristo sanar esta herida. Pida a Cristo que perdone a esta persona por su ofensa. Según el Dr. Anderson, "Si su perdón no toca el núcleo emocional de su vida, será incompleto."[83] Debemos ser intencionales en cuanto a perdonar de corazón. Debemos orar a Dios para que nos dé la fuerza emocional para afrontar el dolor, la ira, y la desilusión.

Rechace cualquier deseo de vengarse o hacer retribución. Ceda su derecho de desquitarse o de vengarse. No piense más en este asunto. Perdone a la persona entregándole la situación a Cristo. Pida compasión, misericordia y entendimiento para esta persona y la situación. Cambie su ira por el amor y misericordia de Dios. Bendiga a la persona en cada área en la que le hizo daño a usted.

Coopere con el Espíritu Santo. Él puede traer a la superficie muchos dolores y recuerdos dolorosos. Quédese ahí ante la Cruz hasta que la gracia, la misericordia, y el perdón invadan su corazón y su mente.

Cuando acabe con todas las personas de su lista, ore en voz alta la siguiente oración:

Señor Jesús, elijo perdonar (nombre a la persona) por (lo que le hizo o no hizo), porque me hizo sentir (comparta los sentimientos dolorosos, como ser: rechazado, sucio, sin valor, inferior, etc.)[84]

Tome una decisión consciente de soltar resentimientos. Luego, haga esta oración:

Señor Jesús, elijo no guardar resentimientos. Yo renuncio a mi derecho de buscar venganza y Te pido que sanes mis emociones dañadas. Gracias por liberarme del cautiverio de mi amargura. Ahora Te pido que bendigas a los que me han herido. Oro en el nombre de Jesús. Amén.[85]

Una Historia Poderosa de Perdón

Corrie Ten Boom, una mujer cristiana devota y una sobreviviente del Holocausto, cuenta su historia en un libro llamado *El Refugio Secreto*. Corrie y su hermana Betsy fueron metidas a la cárcel. Fueron puestas en un lugar horrible: un dormitorio en Ravensbrück. Este fue un lugar construido para 200 personas, pero había más de 1,200 mujeres allí. A pesar de esta situación terrible, ella recuerda que Dios las vio y las protegió de varias situaciones dañinas.

A causa de un error de oficina, Corrie fue liberada de la cárcel después de varios años. Al día siguiente que salió, todas las mujeres que quedaron de su edad fueron exterminadas. Llegó a casa y empezó a contar su historia. Hay una película con el mismo título de su libro. El testimonio de Corrie ten Boom es una historia de perdón y amor. El punto es que Dios puede llevarnos a través de cualquier situación.

Impulsada por el amor de Cristo, Corrie fue a una Alemania derrotada para compartir con las personas el mensaje de perdón y amor. Después de una de las reuniones, estaba allí también uno de los guardias más crueles de Ravensbrück. Betsy, la hermana de Corrie, sufrió mucho por causa de él antes de morir en el campo de concentración. Él dijo a Corrie que era un hijo de Dios, que había pedido a Cristo entrar en su corazón. Había pedido perdón a Dios por los pecados crueles que había cometido. Incluso había orado que Dios le diera la oportunidad de pedir perdón a al menos una de sus propias víctimas. Y aquí estaba la respuesta a su oración. Corrie ten Boom estaba delante de él. Por eso, dijo, "Señorita ten Boom, quiero ser perdonado." Quería estrechar la mano con ella. Pero en ese momento exacto ella se congeló; ella no podía hacerlo. La memoria de su hermana moribunda seguía viva en la mente.

En ese momento, tuvo que orar pidiendo la ayuda de Dios para vencer la ira y falta de perdón hacia este ex guardia del campo de concentración. Ella reclamó el amor de Dios como está prometido en Romanos 5:5. Entonces en ese mismo momento ella fue capaz de perdonarlo y llamarlo hermano. Sintió que el amor de Dios fluía a sus brazos. Entonces ella estrechó la mano con el ex criminal.

¿No es esta una historia poderosa de perdón?

Beneficios del perdón

Uno de los beneficios del perdón más importantes es la paz de Dios que recibimos cuando obedecemos a Cristo de corazón. El segundo es que no damos a Satanás una oportunidad de arruinar nuestras vidas. La conclusión es que cuando perdonamos de corazón, somos más como Cristo.

Además de los beneficios espirituales, hay beneficios físicos y psicológicos que vienen cuando perdonamos. Basado en los hallazgos del personal de la Clínica Mayo, "El abandonar rencores y amarguras puede ser el camino a la felicidad, la salud y la paz."[86]

En uno de sus artículos, enumeran varios beneficios:

– Relaciones más sanas
– Mejor bienestar – espiritual y psicológico
– Menos ansiedad, estrés y hostilidad
– Presión arterial más baja
– Menos síntomas de depresión
– Sistema inmunológico más fuerte
– Salud cardiaca mejorada
– Mejor autoestima

En el mismo artículo, enumeran algunos efectos negativos de no perdonar:

– Ira y amargura en cada relación y experiencia nueva
– Consumido por la ofensa del pasado al punto de no gozar del presente
– Depresión o ansiedad
– La vida carece de significado o propósito, o conflicto con las creencias espirituales
– Pérdida de conectividad valiosa y enriquecedora con

otros

Por otra parte, investigaciones recientes demuestran que las personas que hacen este cambio mental al perdón tienen otro beneficio tremendo: viven *más tiempo.*

La Profesora Susan Krauss Whitbourne, Ph.D. escribió un artículo, "Viva Más Tiempo Practicando el Perdón", publicado por *Psychology Today* en enero, 2013. Atestiguó que el beneficio de perdonar es vivir más tiempo y con mejor calidad de la vida. Su declaración es apoyada por el estudio llamado "Perdone Para Vivir", publicado en el *Journal of Behavioral Medicine.* El estudio fue conducido por el psicólogo Loren Toussaint y sus colegas del Luther College. Ellos investigaron la relación entre el perdón, la religiosidad, la espiritualidad, la salud, y la moralidad en una muestra nacional estadounidense de 1,500 adultos de edades 66 y mayores. Esta investigación está entre las primeras en atestiguar de los beneficios de perdonar y una larga vida.

Preguntas para Reflexionar

Por favor reflexione acerca de las siguientes preguntas.
Luego, comparta sus ideas con un amigo o con su grupo
pequeño.

1. ¿Qué habló el Espíritu Santo a su corazón cuando leía este
capítulo? ¿Qué parte le gustó más de este capítulo?

2. ¿Qué conceptos nuevos aprendió de este capítulo? ¿Qué
ideas se compromete a adoptar en su vida?

3. ¿Qué piensa acerca de las diez etapas que experimentan
las personas cuando desarrollan un espíritu implacable? Por
favor explique con detalle y comparta.

4. Después de leer la sección titulada Libertad a Través del
Perdón, por favor anote sus ideas. Por favor comparta sus
ideas con su grupo pequeño.

5. ¿Qué idea o concepto captó más su atención cuando leía
este capítulo?

Notas Finales

10. El Poder del Perdón

[63] Uno puede preguntar, ¿cuánto es un talento de oro? Un talento romano pesaba 32.3 kilogramos (71 lb). Consultado Febrero 28, 201). https://en.wikipedia.org/wiki/Talent(measurement. Entonces, 10,000 talentos es igual a 323,000 kilogramos de puro oro. Haga usted la conversión al dólar americano. Talvez 12,959,406,000 dólares americanos. Consultado febrero 28, 2017. http://goldprice.org/gold-price-per-kilo.html. La conclusión es que esta es una gran suma de dinero que el esclavo debía al rey. Representa nuestro pecado que no podemos pagar. Solo Dios fue capaz de manejar ese tipo de deuda con el sacrificio de Su Hijo unigénito en la Cruz del calvario.

[64] Uno puede preguntar, ¿cuánto es 100 denarios? Una pequeña moneda de plata. Consultado febrero 28, 2017. https://en.wikipedia.org/wiki/Denarius. Un denario era el salario de un día de trabajo en los tiempos de Jesús.) Si convertimos 100 denarios a dólares americanos, se estima que en el mercado actual sería $3650 dólares americanos. "Según la Oficina del Censo de EE. UU, el ingreso promedio por familia era $73,298 en 2014, el último año para el cual está disponible esta información completa. Sin embargo, esto no cuenta la historia completa. Dependiendo de la situación de su familia y dónde vive, el ingreso familiar promedio puede variar dramáticamente. Consultado Febrero 28, 2017. http://www.usatoday.com/story/money/personalfinance/2016/11/24/average-american-household-income/93002252/.

[65] Para procesar la reconciliación con alguien, busque ayuda de un consejero cristiano calificado.

[66] Neil T. Anderson, *The Bondage Breaker,* (Harvest House Publishers, Eugene, OR, 2000), 222.

[67] Neil. T. Anderson, *The Steps to Freedom in Christ,* (Gospel Light, Colorado Springs, CO, 2004), 11.

[68] Dr. Tim Clinton, *The Deep Oil of Forgiveness.* Consultado febrero 19, 2014. http://www.aacc.net/2014/02/18/the-deep-oil-of-forgiveness-4/.

[69] William Shakespeare, *El mercader de Venecia*, Acto 4, escena 1.

[70] Citas de San Agustín. http://www.sniblit.com/Saint-Augustine-Quotes.com. Consultado febrero 28, 2017. http://www.famousquotefrom.com/saint-augustine/.

[71] Olson, L. A., (2011, marzo/Abril). "Perdón: De Él Depende Tu Vida." *Family Therapy*, 10 (2), 28-31.

[72] Lewis_B_Smedes cotización. Consultado el 28 de febrero de 2017. https://www.brainyquote.com/authors/lewis_b_smedes.

[73] David A. Seamands y Beth Funk, *Healing for Damaged Emotions Workbook* (David Cook, Colorado Springs, CO, 2015), p. 45.

[74] Ibid, Seamands, p. 46.

[75] A.W. Tozer, *The Knowledge of the Holy, Chapter 1.* Consultado marzo 29, 2017. http://www.heavendwellers.com/hdt_chapter_1_koh.htm.

[76] Ibid, Seamands, 49.

[77] Greek/Hebrew Definitions. Aphesis: 1) Liberación de ataduras o encarcelamiento. 2) Perdón de pecados (dejarlos ir como si nunca se hubieran cometido), remisión de la penalización. www.bibletools.org. Consultado marzo 29, 2017. https://www.bibletools.org/index.cfm/fuseaction/Lexicon.show/ID/G859/aphesis.htm.

[78] Corrie ten Boom, una mujer cristiana devota y sobreviviente del holocausto, cuenta a su historia en un libro titulado *The Hiding Place*. Consultado el 28 de febrero de 2017. https://bible.org/seriespage/7-corrie-ten-boom-portrait-forgiveness.

[79] "¡No se Permite Pescar!" www.crosswalk.com. Consultado el 3 de marzo, 2017. https://www.crosswalk.com/faith/spiritual-life/inspiring-quotes/40-powerful-quotes-from-corrie-ten-boom.html.

[80] "Forgive" ("Perdón"). www.merriam-webster.com. Consultado el 27 de febrero, 2017. https://www.merriam-webster.com/dictionary/forgive.

[81] Adaptado del paso tres: *Bitterness vs. Forgiveness* ("Amargura versus Perdón"), Dr. Neil T. Anderson, *The STEPS to Freedom in Christ*, (Gospel Light, Colorado Springs, CO, 2004), 11-13.

[82] Anderson, *Breaker*, 223.

[83] Ibid, 224.

[84] Anderson, *Steps*, 12.

[85] Ibid.

[86] Personal de Mayo Clinic *Forgiveness: Letting go of grudges and bitterness*, November 2014. www.mayoclinic.org. Consultado el 27 febrero, 2017. https://www.mayoclinic.org/healthy-lifestyle/adult-health/in-depth/forgiveness/art-20047692?pg=1.

11

El Poder de la Renovación de la Mente

*En cuanto a la anterior manera de vivir, ustedes se despojen del
viejo hombre, que se corrompe según los deseos engañosos, y que
sean renovados en el espíritu de su mente.*
Efesios 4:22–23

Una mañana, hace algún tiempo, me desperté con el pasaje
de Efesios 4:20–32 al 5:1–2 vívido en mi mente.
Inmediatamente, algo profundo resonó en mi espíritu: "Los
creyentes deben arrepentirse." La renovación de la mente
(Gr. *Metanoia*[87]) es un proceso continuo. Miré más de cerca
ese texto en Efesios. Entonces, la profunda impresión
espiritual que tuve anteriormente adquirió aún más sentido,
especialmente en el contexto del capítulo 4 de esa epístola.
El contexto de todo este capítulo trata acerca del
crecimiento y la madurez espiritual. Escribí extensamente
de este tema en mis capítulos anteriores. Pablo explica este
aspecto en Efesios 4:11–16. Con este contexto en mente,
Pablo continúa enseñando a los creyentes, en los términos
más prácticos, lo que es realmente la vida cristiana.

¡Las cosas son increíblemente claras cuando se toman en
el contexto en el que fueron escritas! Pablo, bajo inspiración
divina, acaba de terminar su línea de pensamiento en lo
referente a la edificación del cuerpo de Cristo: "...conforme
al funcionamiento adecuado de cada miembro, produce el

crecimiento del cuerpo para su propia edificación en amor" (Efesios 4:16). Después de esta poderosa declaración, contrasta "la forma de vida cristiana" con "la vida de los gentiles." La frase clave que usa aquí es "caminar en la inutilidad de sus mentes." El contraste es muy obvio.

Escuche esto:

> Esto digo e insisto en el Señor: que no se conduzcan más como se conducen los gentiles en la vanidad de sus mentes, teniendo el entendimiento entenebrecido, alejados de la vida de Dios por la ignorancia que hay en ellos, debido a la dureza de su corazón. Una vez perdida toda sensibilidad, se entregaron a la sensualidad para cometer ávidamente toda clase de impurezas. (Efesios 4:17–19 RVA-2015)

Impresionante, ¿verdad? Pablo continúa con la conjunción "pero," lo que hace que el contraste sea aún más obvio. En el siguiente párrafo emplea otra frase clave, "renuévense en el espíritu de su mente."

> Pero ustedes no han aprendido así a Cristo, si en verdad le han oído y han sido enseñados en Él, así como la verdad está en Jesús. Con respecto a su antigua manera de vivir, despójense del viejo hombre que está viciado por los deseos engañosos; pero renuévense en el espíritu de su mente y vístanse del nuevo hombre que ha sido creado a semejanza de Dios en justicia y santidad de verdad. (Efesios 4:20–24 RVA-2015)

Brillante, ¿no es cierto?

En otras palabras, el proceso de crecimiento y madurez espiritual implica un arrepentimiento continuo—*que sean renovados en el espíritu de su mente.* ¡Vaya! Como creyentes nacidos de nuevo, en los que habita Cristo, nuestras mentes tienen una dimensión espiritual. Este aspecto es crucial en el proceso de la santificación progresiva. A través de una obediencia voluntaria, a nivel mental, ejercitamos la dimensión espiritual, y por la Palabra de Dios, renovamos nuestras mentes. Según Pablo, esto es parte del proceso continuo de formación espiritual. Y es aquí exactamente donde muchos cristianos tienen problemas reales en la vida—*se olvidan de continuar renovando sus mentes*.

Recuerdo la letra de un himno antiguo (basado en Gálatas 3:27) que cantaba la congregación cuando fui bautizado en agua, hace muchos, muchos años: "Todos ustedes que fueron bautizados en Cristo/Se han vestido con Cristo." En el núcleo mismo de nuestro nuevo nacimiento, desde el punto de vista espiritual, esto es absolutamente cierto. Pero, en Efesios 4:20–24, Pablo está hablando de la manifestación y la visibilidad de Cristo en nuestra vida diaria. En otras palabras, ya que es muy cierto que cuando nací de nuevo (y luego fui bautizado en agua), fui vestido con Cristo. También debería ser cierto que mi vida práctica muestra la naturaleza y el carácter de Cristo. Uno puede preguntarse: "¿Cómo se supone que debo lidiar con mi forma de vida anterior, con corrupción, lujuria y engaño?" La Palabra de Dios le ofrece el camino…por *la renovación de nuestras mentes*. No debemos permitir que el mundo nos forme y moldee de acuerdo con su pensamiento, sino que sea transformado. Pablo lo declara muy directamente: "No se conformen a este mundo; más bien, transfórmense por la renovación de su entendimiento (Romanos 12:2 RVA-2015). Es un proceso diario el despojarse del viejo hombre y vestirse del nuevo hombre "vístanse del nuevo hombre que ha sido creado a semejanza de Dios en justicia y santidad de verdad" (Efesios 4:24 RVA-2015).

Todo lo que Pablo escribe de Efesios 4:25 hasta el final de su carta a los Efesios, consiste en pasos prácticos que los creyentes deben tomar en todas las esferas de la vida: familia, negocios, iglesia, guerra espiritual, etc.

Me gustaría compartir algunos pasos prácticos para nuestra renovación de la mente, basados en la comprensión espiritual que recibí en esa mañana en particular.

1. Transparencia en nuestras relaciones cristianas

Pablo escribe: "Por tanto, dejando a un lado la falsedad, hablen verdad cada cual con su prójimo, porque somos miembros los unos con los otros" (Efesios 4:25).

A veces, como creyentes, si no tenemos cuidado, podemos ser atrapados en la telaraña tejida con tanto cuidado por el "dios de este mundo": para decirle a las personas lo que quieren escuchar, para que podamos ser amados y aceptados por ellos. Sé que esto suena políticamente correcto; Pero es incorrecto. En el contexto de la iglesia local, nos convertimos en personas complacientes, usando palabras de tal manera que podemos complacer a toda la congregación. Enmascaramos la realidad de nuestros corazones para poder protegernos de ser heridos. Muy pronto estamos tan atrapados en la telaraña a través de varias formas de mentira, que ya no vemos la realidad. Se nos exhorta a detener esto. Debemos invitar al Espíritu Santo al área profunda de nuestro dolor, que nos condicionó a ser personas complacientes con los demás, en lugar de complacer a Dios. Luego de ser adecuadamente sanados emocionalmente, podemos ser equipados por el Espíritu Santo para hablar la verdad en amor. No es de extrañar que Pablo exhorta a los siervos del Señor a discernir espiritualmente (vea 2 Timoteo 2:24–26). Debemos tener en cuenta que la transparencia espiritual es crucial en el proceso de transformación espiritual. Estoy cada vez más convencido de que la transformación espiritual (metamorfosis) es casi imposible sin transparencia (vea 2 Corintios 3:18).

2. Ejercitando el dominio propio

"Enójense, pero no pequen.; no se ponga el sol sobre su enojo, ni den oportunidad al diablo" (Efesios 4:26–27).

La ira es una emoción poderosa. Aristóteles escribe: "Cualquiera puede enojarse -- eso es fácil. Pero estar enojado con la persona correcta, en el grado correcto, en el momento correcto, con el propósito correcto y de la manera correcta-- eso no es fácil.[88] Una definición sencilla de enojo es esta: "un fuerte sentimiento de estar molesto o irritado por algo impropio o malo. Es el sentimiento que hace que alguien quiera lastimar a otras personas, gritar."[89] Aprecio lo que Andrew D. Lester, profesor de teología pastoral y asesoramiento pastoral en la Escuela de Divinidad Brite de la Universidad Cristiana de Texas, explica sobre la ira. Él afirma que "la ira tiene su origen en la creación, no en nuestro pecado... La ira está conectada con la encarnación y es un ingrediente base en el imago Dei, en realidad un regalo de Dios."[90]

Punto interesante ¿verdad? En otras palabras, nos enojamos porque Dios nos hizo así. El diseñador de automóviles y los fabricantes de automóviles equipan a los automóviles con varias luces de control del motor para advertir al conductor que algo anda mal debajo del capó. Del mismo modo, Dios nos hizo con la capacidad de enojarnos cuando nos sentimos amenazados o nos enfrentamos a injusticias. También me gusta cómo el pastor y autor Ed Chinn lo dijo: "La ira es una de las principales luces del tablero de mando en la vida."[91] Es normal enojarse si hay una amenaza real (es decir, peligro físico) o una amenaza imaginaria (es decir, percepción de una injusticia, opresión o humillación), o simplemente falta de control sobre situaciones o circunstancias adversas.

De hecho, Pablo nos dice que no reprimamos la ira. Sin embargo, nos alerta con respecto a esta fuerte emoción: *"Enójense, pero no pequen."* Si la ira se deja sin control, puede infectarse y abrir la puerta al enemigo para trabajar en nuestras vidas. De manera similar, Santiago nos advierte: "Esto lo saben, mis amados hermanos. Pero que cada uno sea pronto para oír, tardo para hablar, tardo para la ira; pues la ira del hombre no obra la justicia de Dios" (Santiago 1:19–20). Por supuesto, Santiago no sugiere fingir que no estamos enojados. Simplemente está diciendo que cuando actuamos bajo la influencia de esta emoción, no operamos de acuerdo con la justicia de Dios. Esto debería hacernos tomar una pausa y reflexionar profundamente al respecto.

Entonces, si reprimir nuestra ira no es la solución, ¿cuál es? Reconocemos nuestras emociones ante Dios y oramos buscando Su perspectiva en cada situación. Si estamos dispuestos a soltar nuestra ira, el Espíritu Santo está listo para ayudarnos a explorar emociones más profundas y dolorosas. En el tiempo de Dios, esto resultará en sanidad y transformación. La verdad es que la ira, ya sea oculta (ira encubierta) o en público (ira manifiesta), perturba muchas iglesias y destruye la comunión entre los creyentes. Además, hace que las familias se desmoronen.

No tiene que ser así para los hijos de Dios. Salomón, el hombre más sabio que caminó sobre esta tierra (además de Jesús), afirmó que la capacidad de manejar la ira adecuadamente es un rasgo de carácter muy importante; es mejor que "el que conquista una ciudad." Salomón escribe: "Es mejor el que tarda en airarse que el fuerte; y el que domina su espíritu que el que conquista una ciudad" (Proverbios 16:32 RVA-2015).

En el mismo artículo citado anteriormente, Lester reconoce que muchas veces la ira se convierte en una herramienta para el mal y, sin embargo, insiste en que la ira es un regalo de Dios, al menos de tres maneras:

Primero, la capacidad fisiológica y psicológica de enojarse prepara "nuestras mentes y cuerpos para acciones que contribuyen a nuestra supervivencia física y psicológica."

Segundo, la capacidad de "activar nuestra capacidad de ira" en situaciones apropiadas continúa protegiendo y preservando nuestra "salud física, mental y espiritual."

Tercero, un enojo apropiado, que refleja las respuestas de ira ocasionales de Jesús ante el mal, nos motiva a hablar y actuar cuando podemos estar tentados a permanecer en silencio y no responder a las vastas necesidades y problemas de un mundo infectado con pecado.

Afortunadamente, los rasgos positivos de carácter como "esperanza, valor, intimidad, autoconciencia y compasión" nacen a medida que ejercemos una ira perspicaz, santa y amorosa.

A medida que avanzamos en nuestra madurez cristiana, y experimentamos el poder transformador del Espíritu Santo, nos volvemos cada vez más en sintonía con nuestras emociones. Como resultado de la sanidad interior, somos más capaces de discernir y decidir qué nos hace enojar. Todos podemos estar de acuerdo en que el "manejo de la ira" no es la solución aquí. El único antídoto para una emoción tan poderosa es el dominio propio--que en realidad es fruto del Espíritu (vea Gálatas 5:22–23). El fruto del Espíritu no es un subproducto de guardar la ley—sin importar de qué ley estemos hablando, sino que es el resultado de ser transformado, y luego guiado por el Espíritu Santo.

3. Honestidad e integridad en los negocios

> El que roba, que no robe más, sino más bien que trabaje, haciendo con sus manos lo que es bueno, a fin de que tenga qué compartir con el que tiene necesidad (Efesios 4:28).

Vivimos en una sociedad cuyas dimensiones sociales están influenciadas por el dinero. El estatus se basa en el dinero. Incluso dentro de varias congregaciones, el estatus religioso depende a menudo de las finanzas. La popularidad, en gran medida está influenciada por el dinero. El Rey Salomón destaca este hecho: "El pobre se hace odioso a su prójimo, pero muchos son los que aprecian al rico" (Proverbios 14:20 RVA-2015). Todos sabemos que las posiciones políticas dependen del dinero. Desafortunadamente, las posiciones eclesiásticas también dependen de las finanzas. El punto es que, si no tenemos cuidado, el dinero, el estatus social, la popularidad, etc.

pueden conducir al favoritismo, incluso en la casa de Dios.

Santiago escribe:

> Hermanos míos, no tengan su fe en nuestro glorioso Señor Jesucristo con una actitud de favoritismo. Porque si en su congregación entra un hombre con anillo de oro y vestido de ropa lujosa, y también entra un pobre con ropa sucia, y dan atención especial al que lleva la ropa lujosa, y dicen: "Siéntese aquí, en un buen lugar"; y al pobre dicen: "Tú estate allí de pie, o siéntate junto a mi estrado"; ¿acaso no han hecho distinciones entre ustedes mismos, y han venido a ser jueces con malos pensamientos? (Santiago 2:1–4)

¿Qué se supone que debe hacer un creyente cristiano o un líder? Pablo tiene una respuesta para nosotros. Nos insta a conducirnos sin prejuicios. Nos advierte: "Te encargo solemnemente en la presencia de Dios y de Cristo Jesús y de Sus ángeles escogidos, que conserves estos principios sin prejuicios, no haciendo nada con espíritu de parcialidad" (1 Timoteo 5:21).

4. Edificando la comunicación

> No salga de la boca de ustedes ninguna palabra mala, sino solo la que sea buena para edificación, según la necesidad del momento, para que imparta gracia a los que escuchan. Y no entristezcan al Espíritu Santo de Dios, por el cual fueron sellados para el día de la redención. (Efesios 4:29–30)

Hay poder en la palabra hablada. Cuando hablamos entre nosotros podemos dañar, destruir, matar, o podemos consolar, sanar y edificarnos los unos a los otros. Que quede claro, las palabras tienen gran poder. Aquí hay un ejemplo de los tiempos del Antiguo Testamento. Jeremías tenía una palabra de profecía del Señor. No era agradable para los hombres de Judá y para los habitantes de Jerusalén. Se volvieron contra el hombre de Dios para matarlo, no con la espada sino con sus lenguas. "Entonces dijeron: 'Vengan y tramemos planes contra Jeremías. Ciertamente la ley no le faltará al sacerdote, ni el consejo al sabio, ni la palabra al profeta. Vengan, *vamos a herirlo con la lengua*, y no hagamos caso a ninguna de sus palabras'" (Jeremías 18:18). En este caso, el profeta dice que la lengua humana puede usarse como espada para herir a otras personas.

Tenemos que estar al tanto de estos hechos. Santiago nos advierte acerca del uso de nuestra lengua. Podemos bendecir o maldecir a otras personas con nuestra boca: "Con ella [la lengua] bendecimos a nuestro Señor y Padre, y con ella maldecimos a los hombres, que han sido hechos a la imagen de Dios" (Santiago 3:9).

Estamos llamados a edificarnos los unos a los otros, no a derribarnos los unos a los otros. Tenemos que usar nuestras palabras sabiamente. "Que su conversación sea siempre con gracia, sazonada como con sal, para que sepan cómo deben responder a cada persona" (Colosenses 4:6). Necesitamos sabiduría y discernimiento en nuestras conversaciones. Antes de abrir la boca, preguntémonos: "¿Edifico a otros con lo que voy a decir?" "¿Mi discurso lastimaría, derribaría o dañaría a alguien?" El sabio Solomon escribe: "Manzana de oro con adornos de plata es la palabra dicha oportunamente" (Proverbios 23:11 RVA-2015). ¡Guau! ¡Bien dicho, Salomón!

No olvidemos que en el día del juicio las personas darán cuenta de cada palabra que salió de sus bocas. "Pero yo les digo que en el día del juicio los hombres darán cuenta de toda palabra ociosa que hablen" (Mateo 12:36 RVA-2015). ¡Este aspecto debería significar mucho más que solo un pensamiento! Además, nos guste o no, lo que estamos cultivando en nuestros corazones, tarde o temprano, saldrá por nuestros labios. El Dr. Lucas escribe: "El hombre bueno, del buen tesoro de su corazón saca lo que es bueno; y el hombre malo, del mal tesoro saca lo que es malo; porque de la abundancia del corazón habla su boca" (Lucas 6:45). Debemos preguntarnos de vez en cuando: "¿Qué tengo en abundancia en mi corazón? ¿Qué llena mi corazón?"

Me gusta mucho lo que escribe el Dr. Neil T. Anderson en *Victoria Sobre las Tinieblas*:

Si no dijéramos nada para humillar a los demás, y solo para edificar a otros como manda Efesios 4:29, seríamos parte del equipo de construcción de Dios en la Iglesia, en lugar de miembros del equipo de demolición de Satanás.[92]

Que Dios nos ayude a ser constructores y no demoledores.

5. Resolviendo todos los problemas emocionales relacionados con el viejo hombre

Sea quitada de ustedes toda amargura, enojo ira, gritos, insultos, así como toda malicia (Efesios 4:31).

Las emociones en sí mismas son amorales. Pero nuestra manera de actuar o reaccionar, bajo la influencia de ciertas emociones, puede ser incorrecta, inmoral o pecaminosa. Por ejemplo, si te sientes deprimido, no es pecaminoso en sí mismo. Pero, si alguien se suicida porque está deprimido, esa persona comete un gran pecado. Si alguien en una situación particular siente que la ira se acumula en su interior y lo reconoce, pero se limita a una expresión responsable,[93] esa persona no comete pecado. Pero si bajo la ira hirviente uno dice algo ofensivo, golpea a alguien o hace algo malo, es pecado.

No importa de dónde venimos: Europa, Asia, África, América del Sur o América del Norte, criados por buenos padres o padres no tan buenos. Todos experimentamos algún grado de dolor en nuestras vidas. Todos acumulamos algo de antecedente emocional. Algunos somos extremadamente sensibles o propensos a la ira. Otros tienen miedo al rechazo o tienen alguna vergüenza oculta. Todos hemos heredado ciertas formas de vida de nuestros antepasados: terquedad, actitud crítica, predisposición a la rivalidad, o inclinados a la ira. Además, nacimos con diferentes tipos de personalidades y características que definen cómo pensamos, sentimos y nos comportamos.

Lo bueno es que llegamos a la fe salvadora. Aceptamos a Jesús en nuestros corazones. Nacimos de nuevo. Fuimos bautizados en agua. Comenzamos a asistir a la iglesia local. Más tarde comenzamos a predicar el Evangelio. Luego se nos pidió que sirvamos en varias maneras, tal vez incluso sirviendo en la Junta de Ancianos de una iglesia local. Realmente no importa. Nos convertimos, pero algunas características emocionales aún *no se han convertido.* Nos pesan, nos dan problemas. Todavía nos enojamos. Algunos de nosotros podemos, de vez en cuando, usar la lengua para derribar a nuestro hermano en lugar de edificarlo. Todavía elevamos nuestro tono de voz, señalamos con el dedo a nuestra hermana, juzgamos a los demás y menospreciamos a este o al otro, y así sucesivamente. ¿Qué se supone que debe hacer un discípulo de Cristo? ¿Deberíamos dejar estos asuntos desatendidos, dejar que estos comportamientos continúen así para siempre? Deberíamos continuar justificándonos: "Esto es lo que soy. Mi padre era de la misma manera. Desde que tengo memoria, hablo con este tono de voz. Me enojo tan fácilmente y con frecuencia ofende a los demás. Así soy yo." ¡No, jamás! Que nunca sea así. En el versículo citado anteriormente, Pablo escribe: "Sea quitada de ustedes toda amargura, enojo, ira gritos, insultos, así como toda malicia."

La Biblia, la gracia de Dios y el Espíritu Santo, nos llaman a resolver todos los problemas emocionales relacionados con el viejo hombre. ¡No podemos vivir así para siempre! No podemos dejar que esos patrones carnales arruinen nuestro testimonio cristiano. Debemos llegar al punto en que le digamos seriamente a Dios: "Señor, no puedo soportar esto en mí mismo. Me entrego completamente en tus manos. Deseo de todo corazón que todos los problemas (*confiese todos uno por uno*) se resuelvan definitivamente, y desaparezcan de mi vida."

Es nuestra responsabilidad procesar estos problemas entre nosotros y Dios. No solo eso, sino que debemos procesar muchos aspectos entre nosotros y otros miembros de la familia y miembros de la iglesia. La mayoría de las veces no podemos procesar esto solo por nosotros mismos. Necesitamos trabajar con un mentor espiritual capacitado y experimentado o con un buen consejero cristiano, o un instructor de vida espiritual, y procesar toda esta basura carnal. No podemos seguir así, año tras año: enojados, de corazón duro, obstinados, criticando, desgarrándonos a nosotros mismos y a otros.

> **No importa de dónde venimos. Todos experimentamos algún grado de dolor en nuestras vidas. Todos acumulamos algo de antecedente** emocional.

Debemos buscar sanidad emocional, lograr la transformación en todas esas áreas y comenzar a edificar a otros.

6. El perdón como estilo de vida

> Sean más bien amables unos con otros, misericordiosos, perdonándose unos a otros, así como también Dios los perdonó en Cristo. (Efesios 4:32)

Como creyentes estamos llamados a un perdón perpetuo. En otras palabras, el perdón debe ser nuestro estilo de vida. Leamos lenta y meditativamente la oración del Señor de Mateo 6:9–13:

> Ustedes, pues, oren de esta manera: "Padre nuestro que estás en los cielos, santificado sea Tu nombre. Venga Tu reino. Hágase Tu voluntad en la tierra como en el cielo. Danos hoy el pan nuestro de cada día. Y perdónanos nuestras deudas, como también nosotros hemos perdonado a nuestros deudores. Y no nos dejes caer en tentación, sino líbranos del mal. Porque Tuyo es el reino y el poder y la gloria para siempre. Amén."

El versículo once señala que mientras vivimos en esta

tierra, vamos a acumular deudas y tener personas que están en deuda con nosotros. Necesitamos el perdón de Dios. Y tenemos que perdonar a los demás. El Dr. Tim Clinton, presidente de la Asociación Americana de Consejeros Cristianos (AACC), escribe: "Cristo en realidad está diciendo que nuestra relación vertical con Dios está mucho más relacionada con nuestras relaciones horizontales con quienes nos rodean de lo que nos gustaría admitir."[94] Para asegurarse de que sus discípulos entienden la importancia del perdón, Cristo explica lo que quiere decir: "Porque si ustedes perdonan a los hombres sus transgresiones, también su Padre celestial les perdonará a ustedes. Pero si no perdonan a los hombres, tampoco su Padre les perdonará sus transgresiones" (Mateo 6:14–15).

Vivimos en una cultura infectada por el pecado. Nosotros venimos de varias subculturas, ciertas familias, antecedentes específicos de la iglesia y comunidades específicas. Seamos honestos. Somos personas imperfectas que viven entre personas imperfectas. Es imposible no encontrar obstáculos. Jesús les dijo a sus discípulos: "¡Es inevitable que vengan tropiezos, pero ¡ay de aquel por quien vienen!" (Lucas 17:1, vea también Mateo 18:7). A pesar de todo esto, nuestra actitud debe estar ya establecida: "No me dejaré ofender por esto. Perdonaré de inmediato. Para mí, practicar el perdón es un estilo de vida."

Muchas veces es mucho más fácil traer sacrificios al Señor en lugar de mostrar y practicar misericordia. Pero Dios nos dice claramente: "Misericordia quiero y no sacrificio" (Mateo 9:13). Incluso en el Antiguo Testamento podemos leer: "Él te ha declarado, oh hombre, lo que es bueno. ¿Y qué es lo que demanda el Señor de ti, sino solo practicar la justicia, amar la misericordia, y andar humildemente con tu Dios?" (Miqueas 6:8). Parece tan simple, pero es como que algo nos impulsa a no ser compasivos. Tal vez lo consideramos como un signo de debilidad. Pero es todo lo contrario. Jesús vino a nuestro mundo no porque lo merecíamos, sino porque tuvo compasión de nosotros. Dios nos amó tanto que no puede vernos sufrir en el infierno. Él sacrificó a su Hijo unigénito por nosotros para que podamos ser libres.

Como mencioné antes, ¡no podemos jugar con el espíritu de falta de perdón! ¡Punto final! ¡Es extremadamente peligroso! Conduce a una profunda raíz de amargura. Como creyentes, debemos practicar el perdón como estilo de vida.

7. Caminar en Amor

Sean, pues, imitadores de Dios como hijos amados; y anden en amor, así como también Cristo les amó y se dio a sí mismo por nosotros, ofrenda y sacrificio a Dios, como fragante aroma. (Efesios 5:1–2)

Pablo escribe que: "Pero el propósito de nuestra instrucción es el amor nacido de un corazón puro, de una buena conciencia y de una fe sincera" (1 Timoteo 1:5). Esto significa que en medio de un conflicto todavía tenemos la misma meta u objetivo—*amor.* ¡Lo sé! Esto es extremadamente difícil para nosotros los humanos. Pero, no olvidemos que, como creyentes nacidos de nuevo, en el centro mismo de nuestro ser tenemos la naturaleza de Dios dentro de nosotros. Debido a la vida zoe y al amor ágape dentro de nosotros, podemos vivir de manera diferente, no en función de nuestros propios recursos, sino en función del Espíritu Santo que obra en nosotros y a través de nosotros. Jesús dijo: "Este es Mi mandamiento: que se amen los unos a los otros, así como Yo los he amado" (Juan 15:12).

¡Por favor entienda! El amor del que habla la Biblia en estos pasajes no se refiere a un sentimiento de terciopelo que sentimos hacia otro ser humano o hacia un objeto. ¡Realmente no! Se refiere al amor ágape—el amor con el que Dios ama. Dios no nos ama porque merecemos ser amados. Él nos ama porque esa es su misma naturaleza— *Dios es amor* (vea 1 Juan 4:8).

Por lo tanto, dado que hemos experimentado el amor de Dios, podemos amar a los demás. "Amados, si Dios así nos amó, también nosotros debemos amarnos unos a otros" (1 Juan 4:11). De hecho, Dios no nos pide que hagamos algo sin antes darnos Su poder por el Espíritu Santo para hacerlo.

De otra manera, sería un intento de la carne, algo que Dios detesta. Dios derramó en nosotros amor ágape a través del Espíritu Santo. Pablo escribe: "Y la esperanza no desilusiona, porque el amor de Dios ha sido derramado en nuestros corazones por medio del Espíritu Santo que nos fue dado" (Romanos 5:5). Por lo tanto, podemos amar así. Caminar en amor significa que permitimos que la naturaleza y el carácter de Dios se manifiesten en nosotros y a través de nosotros.[95] No caminar en amor significa desobediencia y resistencia hacia el Dios del Amor o persistencia continua en un estado espiritual y emocionalmente inmaduro. De una forma u otra, es nuestra responsabilidad escuchar y obedecer, no resistir más a Dios. Es nuestro llamado a crecer en Cristo para madurar en todos los aspectos: emocional y espiritualmente, en Él, quien es la Cabeza del Cuerpo.

Dios nos ayude.

> **Debido a la vida zoe y al amor ágape dentro de nosotros, podemos vivir de manera diferente, no en función de nuestros propios recursos, sino en función del Espíritu Santo que obra en nosotros y a través de nosotros.**

Preguntas para Reflexionar

Por favor reflexione acerca de las siguientes preguntas. Luego, comparta sus ideas con un amigo o con su grupo pequeño.

1. ¿Qué habló el Espíritu Santo a su corazón cuando leía este capítulo? ¿Qué parte le gustó más de este capítulo?

2. ¿Qué conceptos nuevos aprendió de este capítulo? ¿Qué ideas se compromete a adoptar en su vida?

3. De las siete áreas de las que habló el autor en este capítulo, ¿qué aspecto hizo eco con más convicción en su corazón?

4. Después de leer la sección que trata de la "Resolución de todos los Problemas Emocionales relacionados con el Viejo Hombre," ¿qué conceptos se destacan para usted?

5. ¿Qué idea o concepto captó más su atención cuando leía este capítulo?

Notas Finales
11. El Poder de la Renovación de la Mente

[87] Metanoia: Cambiar de parecer. arrepentimiento. Palabra original: μετάνοια. www.biblehub.com. Concordancia Strong, número 3341. Definición breve: arrepentimiento, un cambio de opinión, cambio en el hombre interior. Consultado el 12 de octubre de 2016. http://biblehub.com/greek/3341.htm.

[88] Aristóteles, *The Nicomachean Ethics*. www.brainyquote.com. Consultado el 13 de octubre, 2016. http://www.brainyquote.com/quotes/authors/a/aristotle.html.

[89] "Anger" ("Ira") www.merriam-webster.com. Consultado el 12 de octubre, 2016. http://www.merriam-webster.com/dictionary/anger.

[90] Esta declaración aparece en *The Gift of Anger*. Este artículo apareció por primera vez en la edición (1 de enero de 2004) de *Christianity Today*. Usado con permiso de Christianity Today, Carol Stream, IL 60188.

[91] Ed Chinn, *Changing an Angry spirit*. www.focusonthefamily.com. Consultado el 13 de octubre. 2016. https://www.focusonthefamily.com/lifechallenges/emotional-health/changing-an-angry-spirit/changing-an-angry-spirit.

[92] Dr. Neil T. Anderson, *Victory over the Darkness*, (Regal Books, Ventura, CA, 2000), 69.

[93] Georgia Shaffer, *Taking Out Your Emotional Trash*, Harvest House Publishers, capítulo 5. Según Shafer: "El primer paso para expresar su ira de manera constructiva, es reconocer cuando está airado, y reconocer cómo acostumbra manejar esta emoción."

[94] Dr. Tim Clinton, *The Deep Oil of Forgiveness*. www.aacc.net. Consultado el 19 febrero, 2014. http://www.aacc.net/2014/02/18/the-deep-oil-of-forgiveness-4/.

[95] Nota del autor: Dado que el tema del amor es inagotable, dedicamos un capítulo entero a este importante tema.

12

El Poder de la Intimidad con Cristo

*Cuando dijiste: 'Busquen Mi rostro,' mi corazón te respondió: 'Tu
rostro, Señor, buscaré.'*
Salmo 27:8

Acérquense a Dios, y Él se acerará a ustedes.
Santiago 4:8 a

Convirtiéndose en un discípulo de Cristo maduro es el
patrimonio de cada creyente. Este proceso implica practicar
disciplinas espirituales personales. Escuchemos la
enseñanza de Pablo a su discípulo, Timoteo: "También el
que compite como atleta, no gana el premio si no compite
de acuerdo con las reglas" (2 Timoteo 2:5). Además, en la
primera carta a los Corintios Pablo también escribe: "¿No
saben que los que corren en el estadio, todos en verdad
corren, pero solo uno obtiene el premio? Corran de tal
modo que ganen" (1 Corintios 9: 24). ¿Está hablando Pablo
aquí de legalismo? Claro que no. Solo conecta el
discipulado genuino con las disciplinas espirituales. Los
discípulos de Cristo no están practicando disciplinas
espirituales para ser salvos, sino porque son Sus discípulos.
Discípulo y *disciplina* vienen de la misma raíz. En otras
palabras, no podemos conversar acerca del *discipulado* y
omitir las *disciplinas espirituales*.

Henry Nouwen explica la conexión entre *el discipulado* y
la *disciplina espiritual*:

Disciplina es el otro lado del discipulado.
Discipulado sin disciplina es como esperar correr la
maratón sin entrenar. La disciplina sin discipulado
es como siempre entrenar para la maratón, pero
nunca participar. Es importante, sin embargo,
entender que la disciplina en la vida espiritual no es
lo mismo que la disciplina en los deportes. La
disciplina en los deportes es el esfuerzo concentrado
para dominar el cuerpo para que obedezca a la
mente. Disciplina en la vida espiritual es el esfuerzo
concentrado en crear el espacio y el tiempo en el que
Dios puede convertirse en nuestro maestro y en el
que podemos responder libremente a la guía de
Dios.

Por lo tanto, la disciplina es la creación de límites
que mantienen el tiempo y el espacio abiertos para
Dios. La soledad requiere disciplina; la adoración
requiere disciplina, el cuidar de los demás requiere
disciplina. Todos estos nos piden mantener un
tiempo y un lugar en el que la presencia
misericordiosa de Dios puede ser reconocida y se
responda a ella.[96]

¿Qué es una Disciplina Espiritual? "Cualquier práctica
que nos ayuda a acercarnos a Dios."[97] Lynne M. Baab
explica que estas prácticas pueden ser: "estudio bíblico,
oración, servicio, ayuno, guardar el sábado y otras
disciplinas que se han practicado a lo largo de la historia de
la iglesia." La Biblia nos enseña: "Acérquense a Dios, y Él se
acercará a ustedes" (Santiago 4:8a). La palabra clave es—
acercarse. ¿Lo ve? Dios, que es omnipresente, pone en
nosotros la responsabilidad de acercarnos a Él.

Creo con todo el corazón que cada discípulo de Cristo,
en su viaje de formación espiritual, está llamado a practicar
las disciplinas espirituales. Me gusta como Eugene Peters
interpreta Mateo 11:28-30 en la versión *El Mensaje:*

¿Estás cansado? ¿Desgastado? ¿Agotado por la
religión? Ven a Mí. Pasa tiempo a solas conmigo y

recuperarás tu vida. Te enseñaré cómo descansar verdaderamente. Camina conmigo y trabaja conmigo. Mira cómo lo hago. Aprende los ritmos espontáneos de la gracia. No pondré nada pesado o de mal ajuste sobre ti. Acompáñame y aprenderás cómo vivir libre y con alegría.

¿No es esta una buena manera de expresarlo? Richard Foster, en su libro "Celebración de la Disciplina" (*Celebration of Discipline*), presenta doce disciplinas espirituales. Divide estas disciplinas en tres grupos. Grupo uno se refiere a las Disciplinas Internas. En este grupo están: la Meditación, la Oración, el Ayuno y el Estudio. El segundo grupo es: Las Disciplinas Externas. Este grupo contiene: la Simplicidad, la Soledad, la Sumisión, y el Servicio. Y el último grupo trata de: Las Disciplinas Corporativas: la Confesión, la Adoración, la Guía y la Celebración.

No es mi intención aquí ampliar cada de estas disciplinas espirituales. Si usted desea aprender más de esta área, por favor lea en su totalidad el libro de Foster. El punto que quiero enfatizar aquí es que, si usted sinceramente desea cultivar una intimidad genuina con Cristo, es importante ser intencional en cuanto a crear el espacio para el Espíritu Santo en su vida. Me gusta la manera en que John Ortberg explica la dinámica del discipulado y de la disciplina espiritual.

Escribe:

"Prácticas tales como leer las Escrituras, y orar son importantes, no porque prueban nuestra espiritualidad, sino porque Dios puede usarlos para llevarnos a la vida."[98]

Intimidad con Cristo

Después de asistir a reuniones en la iglesia, leer la Biblia una vez más, memorizar diez versículos más, y entonces ¿qué? Después de leer todos los libros cristianos en nuestra lista, de escuchar todos los sermones que nos fueron recomendados, de orar oraciones más fundamentales, de ir de misiones, de practicar disciplinas espirituales, y de hacer aún más buenas obras, entonces, ¿qué? ¿Cuál es el objetivo en y para nuestras vidas? ¿Qué busca Dios? ¿Qué quiere Cristo con nosotros y para nosotros? ¿Cuál es el Objetivo Principal de Cristo con nosotros? ¡Estoy tan feliz que me lo haya preguntado!

El Objetivo Principal

El Objetivo Principal de la Iglesia es un discípulo maduro que conoce a Dios íntima y personalmente (Juan 17:3), que aceptó el llamado al discipulado y carga su cruz a diario (Lucas 9:23, Gálatas 2:20), cuya mente y carácter se renuevan y son transformadas continuamente por el Espíritu y la Palabra de Dios (Romanos 12:2, 2 Corintios 3:18, Gálatas 5:22–23), que crece y madura a la plenitud de Cristo (Efesios 4:11-16, Hebreos 5:11–14, 6:1–3), y que, finalmente, multiplica discípulos según el modelo de discipulado de Cristo y los discípulos (Mateo 28:19-20, 2 Timoteo 2:2).

Animo a cada uno de ustedes a tomar el tiempo para leer todos estos versículos del párrafo anterior para que puedan lograr ver cómo es la dimensión espiritual completa del objetivo principal de Cristo con usted y conmigo. ¿Cómo podemos entregarnos a Dios para que este objetivo se pueda lograr en nuestras vidas? Debemos permitir al Espíritu de Dios satisfacer la sed de Dios que tenemos en nuestro interior. Necesitamos desarrollar una intimidad genuina con Cristo invirtiendo tiempo - de calidad y de cantidad— en nuestra relación con Dios. Necesitamos aceptar el llamado al discipulado. Necesitamos contar el costo y superar todas las dificultades. Necesitamos entender que Cristo no está buscando conversos que solo quieren ser cristianos promedios. Dios busca hombres y mujeres completamente dedicados a Él y a sus propósitos. La gracia de Dios ya suplió todos los recursos que necesitamos para la vida y la piedad.

El apóstol Pedro escribe con toda confianza:

Gracia y paz les sean multiplicadas a ustedes en el conocimiento de Dios y de Jesús nuestro Señor. Pues Su divino poder nos ha concedido todo cuanto concierne a la vida y a la piedad, mediante el verdadero conocimiento de Aquel que nos llamó por Su gloria y excelencia. Por ellas Él nos ha concedido Sus preciosas y maravillosas promesas, a fin de que ustedes lleguen a ser partícipes de la naturaleza divina, habiendo escapado de la corrupción que hay en el mundo por causa de los malos deseos. (2 Pedro 1:2–4)

Sed de Dios

¿Tiene sed de la Palabra de Dios? ¿Se siente como si no hubiera crecido espiritualmente por varios años? ¿Está preparado para pagar el precio y permitir que el Espíritu Santo le haga más y más a la semejanza de Cristo? ¿Quiere seguir los pasos de aquellos que siguieron a Cristo? ¿En verdad desea llegar a ser todo lo que Cristo desea para usted? ¿Le apasiona dejar que Cristo haga una diferencia en usted y a su alrededor? Si su respuesta es "sí" a una o más de estas preguntas, usted es el candidato perfecto, el perfecto *mathetes*.

Si este es el caso, como escribe Pierre de Caussade:

Debemos beber de la fuente para saciar nuestra sed; beber a sorbos solo nos provoca más sed. De igual manera, si queremos pensar, escribir y vivir como los profetas, los apóstoles y los santos, debemos entregarnos, como ellos, a los propósitos de Dios para nosotros.[99]

La Intimidad con Cristo requiere Tiempo

La intimidad con Cristo requiere no solo tiempo de calidad, sino también una cantidad de tiempo razonable.

Una vez yo estaba en un grupo pequeño y quería despertar su interés en el discipulado. Por eso, generé dialogo con los miembros del grupo haciéndoles algunas preguntas fuertes. Permítame enseñarle algunas de las preguntas: ¿Cuánto tiempo pasaban los primeros discípulos con Cristo cuando estaba en la tierra? La respuesta es fácil: "Tres años y medio". Calculamos que, si Cristo pasaba doce horas cada día con ellos durante tres años y medio, eso fue un total de 15.120 horas. Yo sé y estoy de acuerdo con usted que 15.120 horas suena como muchísimas horas. Sin embargo, no podemos ignorar los hechos.

Ahora, permítame preguntarle esto: ¿Cuántas horas a la semana son invertidos por un creyente promedio en su relación con Jesucristo? Vamos a asumir que él o ella pasa quince minutos cada mañana como devocional personal, más cuatro minutos de oración antes de comer. Si añadimos una hora y media el domingo, y, siendo generoso, otra hora para la reunión de mitad de semana. ¿Cuánto tiempo representa esto? Aproximadamente 300 minutos o cinco horas cada semana. A este paso, le tomaría a un creyente promedio 58 años acumular las mismas 15.120 horas de tiempo de calidad con Cristo.

El Poder de 10,000

Cuando hice el ejercicio con ese grupo pequeño en particular, no tenía ni idea del poder de 10,000. En el mundo secular, los científicos y sociólogos descubrieron que nadie podía ser profesional (experto) en nada sin practicar por lo menos 10,000 horas. "No puedes convertirte en un gran maestro de ajedrez a menos que practiques 10,000 horas. El prodigio del tenis que empieza a jugar a los seis años, está jugando en Wimbledon a los dieciséis o diecisiete años—como Boris Becker. El músico clásico que empieza a tocar el violín a los cuatro años está

> La intimidad con Cristo requiere no solo tiempo de calidad, sino también una cantidad de tiempo razonable.

debutando en Carnegie Hall a los quince años."[100] ¡Es, al menos, interesante materia de reflexión! "Un nuevo estudio realizado por científicos británicos reveló que le toma a una persona 10,000 horas de práctica para convertirse en un experto en cualquier disciplina. Se dice que los mejores músicos, deportistas y ajedrecistas fueron capaces de convertirse en maestros en su campo al lograr 10,000 horas de práctica.

Mi punto es simple, pero, por favor no lo tome en un sentido legalista. Para cultivar intimidad con Cristo, necesitamos sacrificar tiempo. Sé que hace unos años oímos que lo que es importante es tiempo de calidad, no cantidad. Pero estoy cortésmente en desacuerdo con esta afirmación. No podemos lograr *calidad* sin *cantidad.*

Quiero enfatizar que no sugiero que dejemos nuestros trabajos y nos inscribamos a tiempo completo en escuelas bíblicas, recibamos nuestra ordenación, y nos vayamos al campo misionero. No es mala idea si Dios le llama a hacerlo, pero estoy consciente de que esto no sería posible para todos. Lo que quiero expresar es que el discipulado, y el crecimiento y la madurez espirituales deben ser intencionales para cada uno de nosotros. Si vamos a rendirnos a Dios de manera seria para lograr *la intención principal,* debemos hacer que el discipulado sea nuestra máxima prioridad. Si no es ahora, entonces ¿cuándo? Si no es aquí, entonces ¿dónde? Si no es usted, entonces ¿quién? Usted decida por sí mismo.

Disciplinas Espirituales

Es interesante que *discípulo* y *disciplina* vienen de la misma raíz. Por eso, cuando hablamos del discipulado necesitamos considerar las disciplinas espirituales. ¿Por qué practicamos leer las Escrituras, estudiar la Biblia, orar, meditar, ayunar, tiempos a solas, adoración y servicio? Por supuesto, no practicamos estas cosas para probar cuán espirituales somos; esto solo nos llevaría al nivel de los fariseos modernos. Nos hará solo arrogantes y críticos de otros como el "*héroe*" de la historia del Evangelio de Lucas:

"El fariseo, de pie, oraba consigo mismo de esta manera: 'Dios, te doy gracias que no soy como los demás hombres: ladrones, injustos, adúlteros; ni aun como este publicano. Ayuno dos veces a la semana, doy diezmos de todo lo que poseo.'" (Lucas 18:11-12 RVA-2015)

Unos pueden argumentar: "Vivimos bajo la gracia, ¿Por qué deberíamos practicar disciplinas espirituales?" Practicamos estas disciplinas regularmente para crear espacio para Dios de manera intencional, y para crecer en intimidad más profunda con el Espíritu Santo.

Intimidad

El diccionario Merriam Webster define la intimidad como "el estado de ser íntimo." La palabra "intimidad" significa: (1) "hacer conocido especialmente de manera pública o formal" y, (2) "comunicar delicadamente." En otras palabras, para hacer más profunda nuestra intimidad con Dios es necesario conocerlo por revelación. Para tener una relación íntima con el Espíritu Santo, debemos comunicarnos con Él en oración y meditación. Personalmente, me gusta esta representación de la palabra *"intimidad"*: *ver-dentro-de-mí*.

El Espíritu Santo

El Espíritu Santo es una Persona. Es la tercera persona en la Trinidad. El Espíritu Santo es Dios. El Espíritu Santo es la Persona más gentil en el universo entero. El Espíritu Santo es muy celoso de nosotros y desea tener intimidad con cada uno y con todos los hijos de Dios. Santiago escribe: "¿O suponen que en vano dice la Escritura: "El Espíritu que Él hizo morar en nosotros nos anhela celosamente?" (Santiago 4: 5 RVA-2015). Sin embargo, esta persona gentil no puede imponer Su voluntad sobre nosotros. El Espíritu de Dios no puede imponer Su deseo de intimidad sobre nosotros. El Espíritu de Cristo solo agoniza en nuestro nombre para que eventualmente pasemos tiempo de calidad con Dios el Padre, Dios el Hijo, y Dios el Espíritu Santo. El apóstol

Pablo, captura esto muy hermosamente en el libro de Romanos:

> De la misma manera, también el Espíritu nos ayuda en nuestra debilidad. No sabemos orar como debiéramos, no lo sabemos, pero el Espíritu mismo intercede por nosotros con gemidos indecibles. Y Aquel que escudriña los corazones sabe cuál es el sentir del Espíritu, porque Él intercede por los santos conforme a la voluntad de Dios. (Romanos 8:26-27)

Tiempo A Solas con el Espíritu Santo

Piense en la temporada en la que se encuentra ahora. ¿Cómo le gusta pasar sus días? ¿Está pensando en reservar tiempo para cultivar intimidad con el Espíritu Santo? ¿Qué le parece reservar al menos quince o veinte minutos cada día con el mejor libro del mundo, la Biblia? ¿Y le gustaría pasar tiempo de calidad, intencionalmente, con la mejor Persona en el universo—el Espíritu Santo? ¡Le aseguro que sería excelente! Intentémoslo.

Por favor tenga a mano su Biblia favorita, un diario, y una pluma. Reserve, al menos, quince o veinte minutos para esta disciplina espiritual. Vaya a un lugar tranquilo en su casa o un lugar afuera. Si es posible, sería ideal un lugar solitario y quieto en un parque cercano. Por favor no haga de esto una ley. Si practicar disciplinas espirituales se convierte en legalismo, no será útil para su formación espiritual. Alguien dijo que es mucho mejor pasar quince minutos al día, consistentemente, que pasar una hora esporádicamente sintiendo culpa. Espero que, si empezamos con pasos pequeños, y continuamos incrementando hasta 30 minutos, luego a una hora, o aún más, podamos realmente empezar a experimentar una intimidad más profunda con Dios. ¿No es esto, como discípulos de Dios, lo que en verdad queremos? Entonces, empecemos:

1. Prepare su Mente para estar en la Presencia de Dios
(1 minuto)

Empiece con un minuto de silencio. Luego, puede orar
así:

Padre Dios, en verdad deseo pasar este tiempo en
Tu Presencia. Rindo mi mente con todos mis
pensamientos a Ti ahora mismo. Querido Dios, por
favor captura mi atención con Tu Presencia. Oro en
el nombre de Cristo.

2. Lea su Pasaje Bíblico seleccionado *(3–4 minutos)*

Por ejemplo, podría leer la oración de Pablo por los
Efesios en Efesios 1:15–23. Léalo despacio y con meditación
– al menos un par de veces. Si esta es su Biblia de diario,
siéntase libre de marcarlo como el Espíritu Santo ponga en
su corazón hacerlo.

3. Medite en el Pasaje *(3–5 minutos)*

Si no está familiarizado con Meditación Cristiana, en el
sentido bíblico, la meditación es el proceso de enfocarse, de
manera deliberada, en pensamientos específicos, como un
pasaje bíblico, una frase, o una palabra – y reflexionar en su
sentido en el contexto del amor de Dios. En otras palabras,
simplemente significa reflexionar o repetir en la mente ese
versículo, pensamiento o revelación. Por ejemplo, si yo
tuviera que meditar en el pasaje de Efesios 1:15–23, me
concentraría y meditaría en el versículo dieciocho (18), "Mi
oración es que los ojos de su corazón les sean iluminados,
para que sepan cuál es la esperanza de Su llamamiento,
cuáles son las riquezas de la gloria de Su herencia en los
santos." Yo solo repetiría ese versículo una y otra vez y
estaría maravillado con ello.

4. Registre Sus Percepciones *(3–5 minutos)*

Ahora es el momento de sacar su diario, si no lo ha hecho ya, y registre, en sus propias palabras, las percepciones que el Espíritu Santo le ha dado. Por ejemplo: "¡Guau! Dios me está llamando. ¿Me pregunto qué es ese llamado? Tal vez es _____."

5. Escriba su Oración o Aplicación *(1–2 minutos)*

Ahora, en su diario, escriba su propia oración. Basado en el pasaje, si yo fuera usted, escribiría algo así:

Padre Dios, por favor abre mis ojos para ver a Cristo con claridad, abre mis oídos para oír al Espíritu Santo con precisión, abre mi mente para comprender la Palabra con exactitud, abre mi corazón para aceptar Tu voluntad con alegría, y dame el deseo de rendirme totalmente a Tu plan y llamado en mi vida. En el nombre de Jesús yo oro, Amen.

6. Ore el Pasaje de vuelta a Dios *(1–2 minutos)*

En este punto, podría personalizar la oración de Pablo y orarla a Dios. O, simplemente ore una vez más a Dios la oración que escribió en el punto cinco.

7. Ore acerca de Otras Cosas que Necesita *(3–4 minutos)*

No es tan difícil, ¿verdad? Si cultivamos estos tiempos a solas con Dios y los practicamos regularmente, esto puede desarrollarse en un buen hábito. El fin es este: pasar tiempo con Dios es lo que nuestro ser interior realmente necesita para crecer y madurar a la semejanza de Cristo. Me gusta la letra de la canción cristiana: "Cuanto más Te busco/ Más Te encuentro/ Más Te encuentro/ Más Te amo."

Preguntas para Reflexionar

Por favor reflexione acerca de las siguientes preguntas. Luego, comparta sus ideas con un amigo o con su grupo pequeño.

1. ¿Qué habló el Espíritu Santo a su corazón cuando leía este capítulo? ¿Qué parte le gustó más de este capítulo?

2. ¿Qué conceptos nuevos aprendió de este capítulo? ¿Qué ideas se compromete a adoptar en su vida?

3. ¿Qué pensamientos pasaron por su mente cuando leyó la sección acerca de "El Objetivo Principal" y los versículos incluidos en esa sección? ¿Qué conceptos se destacaron para usted?

4. Después de leer las secciones: "Sed de Dios" y "La Intimidad con Cristo requiere Tiempo," ¿qué emociones experimentó y qué pensamientos pasaron por su mente?

5. ¿Qué idea o concepto captó más su atención cuando leía este capítulo?

Notas Finales
12. El Poder de la Intimidad con Cristo

[96] Henri Nouwen, *Leadership*, Vol. 2, no. 3.
[97] Lynne M. Baab, *I am Excited about Spiritual Disciplines*, (publicado en Spanz: Presbyterian Church of Aotearoa, New Zealand, Junio, 2008), 2. Consultado el 22 de julio, 2011. http://www.lynnebaab.com/articles/im-excited-about-spiritual-disciplines.
[98] John Ortberg, *The Life You've Always Wanted*, (Zondervan, Grand Rapids, MI, 1997-2202), 39.
[99] Jean-Pierre de Caussade, *The Sacrament of the Present Moment*, (New York: Harper One, 1989), 69.
[100] Malcolm Gladwell, *The 10,000-Hour Rule*. www.timesonline.co.uk. Consultado el 22 de julio, 2011. http://entertainment.timesonline.co.uk/.

13

Un Camino Más Excelente

Ustedes, por su parte, ambicionen los mejores dones. Ahora les voy a mostrar un camino más excelente.
1 Corintios 12:31

Hace algún tiempo, sentí profundamente en mi corazón releer la primera epístola de Pablo a Timoteo. Después de los primeros versos de introducción llegué al verso cinco, "Pero el propósito de nuestra instrucción es el amor nacido de un corazón puro, de una buena conciencia y de una fe sincera". ¿Cuántas veces he leído esta carta? ¿Cuántas veces he leído este verso? La realidad es que muchas veces he predicado de esta epístola y de este verso en particular. ¡Pero esta vez leí este versículo como si fuera la primera vez! ¡Qué experiencia tan maravillosa!'

A partir de este versículo, el Espíritu de Dios me llevó a través de las Escrituras para ver algo que no había visto antes, al menos no con esta intensidad. Por un tiempo, me sentí como los discípulos se sintieron en el camino a Emaús: "¿No ardía nuestro corazón dentro de nosotros mientras nos hablaba en el camino, cuando nos abría las Escrituras?" (Lucas 24:32). Mi corazón también comenzó a latir más rápido mientras el Espíritu me explicaba las Escrituras. Esta fue una de esas experiencias cuando se encendió el bombillo. En los siguientes párrafos, me gustaría compartir con ustedes algo de esa experiencia.

Leamos de nuevo: "Pero el propósito de nuestra instrucción es el amor." ¡Alto ahí! ¿El propósito? ¿Qué quiere decir con "el propósito"? ¡Señor, quiero entender! Según el Diccionario Merriam-Webster, "propósito" significa el fin hacia el cual está dirigido el esfuerzo. Los sinónimos son: objetivo, meta, ambición, aspiración, diseño, sueño, fin, ideal, intención, blanco, significado, plan, etc.

Aquí está la definición en la que pensé cuando estudié estos términos:

> El propósito es todo lo que aspiramos en la vida, cada sueño, ideal e intención, cada plan que hacemos, cada esfuerzo que aplicamos hacia algo, todo nuestro trabajo duro y creatividad, nuestro propósito completo y objetivo en el ministerio como hijos de Dios. En otras palabras, el propósito es la *intención fundamental* en la vida para nosotros como hijos e hijas de Dios.

Vamos un paso más allá. En el versículo cinco leemos acerca de la instrucción. Tenga en cuenta que es singular, no plural. ¿Cómo? Solo hay una *instrucción*. En otras palabras, solo *un mandamiento*. Sí, esto es lo que está escrito: *el propósito de nuestra instrucción*. Amamos tanto la Palabra de Dios que no podemos ignorar lo que está escrito en ella (vea 1 Corintios 4:6). La conclusión está clara: solo hay un mandamiento.

Esto me motivó a hacer una encuesta acerca de toda la Biblia, basada en la palabra: *mandamiento*. Veamos qué dice la Biblia acerca de esto. Al comienzo de la Biblia, el SEÑOR Dios le dio al hombre *un solo mandamiento*. "Le dio este mandato: "Y el SEÑOR Dios ordenó al hombre: "De todo árbol del huerto podrás comer, pero el árbol del conocimiento del bien y del mal no comerás, porque el día que de él comas, ciertamente morirás." (Génesis 2:16–17). Conocemos bien esta historia. Adán y Eva violaron el único mandamiento que el Creador les dio. En consecuencia, murieron, como dijo el Señor que sucedería. Como todos sabemos, con ellos también murió toda la raza humana.

Luego, después de que el Creador libró excepcionalmente a su pueblo elegido de la esclavitud egipcia, les dio los Diez Mandamientos (vea Éxodo 20). El primero de los Diez mandamientos es: "No tendrás otros dioses delante de Mí" (Éxodo 20:3). Sin embargo, Israel viola notoriamente los mandamientos de Dios. La violación fue dirigida hacia Dios mismo, hasta el punto de que hicieron un becerro de oro y lo adoraron como dios. Esto fue muy desagradable para Dios. El pueblo elegido desobedeció desafiantemente a Dios al romper el primero y más importante de los Diez Mandamientos. Su acto de desobediencia rompió el corazón de Dios. Sus hijos, recién liberados de la esclavitud, estaban adorando a un ternero. Y la persona responsable de proteger y defender el honor de Dios, Aaron (el sumo sacerdote) declaró: "Este es tu dios, Israel, que te ha sacado de la tierra de Egipto" (Éxodo 32:4b). ¡Qué lástima! ¡Qué humillante! Fue como un cuchillo afilado perforando el mismo corazón de Dios. Su acto enfureció incluso a Moisés, la persona más apacible y amable sobre la tierra.

A medida que avanzaba en mi investigación acerca de los mandamientos de Dios, descubrí que Moisés recibió 613 *mandamientos más* e instrucciones diseñadas para proteger, bendecir y mantener a los israelitas cerca a Dios. Estas instrucciones están escritas en la Torá, el Pentateuco, los cinco libros de Moisés. Los israelitas no pudieron guardar estas instrucciones. De hecho, nadie puede mantenerlos perfectamente, ni entonces ni ahora. Después de que la Iglesia fue establecida, el liderazgo se reunió para conversar acerca de la Ley del Antiguo Testamento. Después de debatir, concluyeron: "Ahora pues, ¿por qué tientan a Dios poniendo sobre el cuello de los discípulos un yugo que ni nuestros padres ni nosotros hemos podido llevar?" (Hechos 15:10). Por favor tenga en cuenta que admitieron que la Ley era un yugo insoportable.

Avancemos rápidamente con nuestra encuesta a través del Antiguo Testamento hasta los días de Salomón, el hombre más sabio que ha vivido sobre la tierra, excepto, por supuesto, el Señor Jesús. En el libro de Proverbios, compilado por este gran rey, encontramos escrito que el Señor aborrece siete cosas.

Salomón escribe:

> Seis cosas aborrece el Señor, y aun siete abomina su alma: los ojos altivos, la lengua mentirosa, las manos que derraman sangre inocente, el corazón que maquina pensamientos inicuos, los pies que se apresuran a correr al mal, el testigo falso que respira calumnias, y el que provoca discordia entre los hermanos. (Proverbios 6:16–19 RVA-2015)

Me gustaría que se fije que todos estos pecados no se refieren a violaciones de alguna actividad relacionada al Tabernáculo de Reunión o el Templo de Dios. ¡No! Estas violaciones están estrictamente relacionadas con el corazón humano. Asombroso, ¿verdad? Más tarde, el Señor Jesús confirmó que el problema de la humanidad es un problema del corazón.

Marcos escribe:

> Jesús les respondió: "Bien profetizó Isaías de ustedes, hipócritas, como está escrito: "Este pueblo con los labios me honra, pero su corazón está muy lejos de mí" ... "¿También ustedes son tan faltos de entendimiento?", les dijo. "¿No comprenden que todo lo que de afuera entra al hombre no lo puede contaminar, porque no entra en su corazón, sino en el estómago, y se elimina? Jesús declaró así limpios todos los alimentos." ... "Porque de adentro, del corazón de los hombres, salen los malos pensamientos, fornicaciones, robos, homicidios, adulterios, avaricias, maldades, engaños, sensualidad, envidia, calumnia, orgullo e insensatez. Todas estas maldades de adentro salen, y contaminan al hombre. (Marcos 7:6, 18–19, 21–23)

Durante el tiempo de los Profetas Menores, el profeta Miqueas abordó algo absolutamente revolucionario para esos días. Dios le pide al pueblo solo *tres* cosas: justicia, misericordia y humildad.

Miqueas escribe:

> Él te ha declarado, oh hombre, lo que es bueno. ¿Y qué es lo que demanda el Señor de ti, sino solo practicar la justicia, amar la misericordia, y andar humildemente ante tu Dios? (Miqueas 6:8)

Finalmente, llegamos al período del Nuevo Testamento. Durante el tiempo de Jesús, los fariseos, los saduceos, los escribas y los ancianos intentaron deliberadamente atrapar al Señor Jesús en un error. El evangelio de Marcos relata una conversación interesante entre Jesús y uno de los escribas acerca del principal de todos los mandamientos.

Jesús respondió:

> El más importante es: "Escucha, Israel; el Señor nuestro Dios, el Señor uno es; y amarás al Señor tu Dios con todo tu corazón, y con toda tu alma, y con toda tu mente, y con toda tu fuerza." El segundo es este: "Amarás a tu prójimo como a ti mismo." No hay otro mandamiento mayor que estos. (Marcos 12:29–31)

Este aspecto es tan importante que otro evangelista, Mateo, a este respecto escribe: "De estos dos mandamientos dependen toda la ley y los profetas" (Mateo 22:40). Con su respuesta, Cristo cerró las bocas de los eruditos. La Biblia dice: "Y nadie le pudo contestar ni una palabra, ni ninguno desde ese día se atrevió a hacer más preguntas a Jesús" (v46). En ese punto, la discusión alcanzó el clímax. Me imagino que apareció algún aroma místico que llenaba el aire. No, no era humo del incienso ni de las ofrendas quemadas; era un dulce aroma de amor a Dios y amor al prójimo.

En resumen:

– De *un mandamiento* (Génesis 2:16–17), a
– *Diez Mandamientos* (Éxodo 20), para

- *613 Mandamientos* en la Torá, para
- *Siete cosas* (Proverbios 6:16–19), para
- *Tres aspectos* (Miqueas 6:8), para
- *Dos mandamientos* (Marcos 12:28–34)

¡Guau! ¡Qué gran progresión espiritual!

Pero, como mencioné al principio de este capítulo, en 1 Timoteo 1:5, la Palabra nos dice que: "El propósito de nuestra instrucción es el amor." Habla de *un solo mandamiento*. Hicimos un círculo completo, desde un mandamiento restrictivo hasta un mandamiento eterno—el amor, no se trata de cualquier tipo de amor, sino *ágape*, la naturaleza misma de Dios. El amor ágape es la forma más alta y más pura de amor, una que supera todos los otros tipos de afectos. Representa el amor divino, incondicional, sacrificado, activo, voluntario y reflexivo. En el idioma griego hay más palabras que describen varias dimensiones para el amor. En 1 Timoteo 1:5, Pablo no habla acerca de *philos*—amistad, lealtad a amigos, familiares y comunidad. Aunque requiere virtud, igualdad y familiaridad, ni siquiera se acerca al ágape. Pablo no usó *storge*—afecto, que se refiere a los afectos naturales, como el que sienten los padres por sus hijos. La palabra para amor en este pasaje claramente no es *eros*: amor apasionado, con deseo sensual e intenso. La palabra griega, usada por Pablo aquí, es *ágape*—la dimensión más alta del amor. Cristo dio a sus discípulos un solo mandamiento: amar. *Este tipo de amor describe la meta del cristianismo y la espiritualidad*. Ni más, ni menos. Nada más.

> **La palabra griega ágape: la dimensión más alta del amor. Este tipo de amor describe la meta del cristianismo y de la espiritualidad.**

Cuando llegué a este punto, mi corazón comenzó a latir con aún más intensidad. Sentí que una corriente eléctrica viajaba a través de mi cuerpo. Mis ojos estaban húmedos. ¡Con absoluto asombro, lloré lágrimas de alegría! ¡Guau! ¡Qué momento tan especial!

Ahora examinemos el Nuevo Testamento para validar los parámetros y validar nuestros hallazgos. Esto es lo que encontré.

Un nuevo mandamiento

Antes de su crucifixión, Jesús les dice a sus discípulos:

Un mandamiento nuevo les doy: "que se amen los unos a los otros"; que como Yo los he amado, así también se amen los unos a los otros. En esto conocerán todos que son Mis discípulos, si se tienen amor los unos a los otros. (Juan 13:34–35)

Por favor observe que Jesús les dio *un nuevo mandamiento*. Él es muy específico—ámense los unos a los otros, como Yo los he amado. ¿Qué palabra se usa aquí para describir amor? Es *ágape*. Cristo nos amó con amor ágape. Él nos manda que hagamos lo mismo—"que se amen los unos a los otros, como Yo los he amado."

El distintivo del discipulado no es la religión del discípulo, su teología, su posición de liderazgo en la iglesia, su título de ministerio o educación, etc. Absolutamente no. El distintivo del discípulo es el *amor ágape*—"En esto conocerán todos que son Mis discípulos, si se tienen amor los unos a los otros." Solo un nuevo mandamiento. ¡Eso es todo! No compliquemos más las cosas.

Continuemos nuestro viaje a través de las epístolas para ver cómo fueron instruidos los primeros seguidores de Jesús. Todos los escritores del Nuevo Testamento, de una manera u otra, escribieron acerca del amor ágape.

1. Amor—El Cumplimiento de la Ley

En Romanos 13:9–10, Pablo escribe:

Porque esto: "No cometerás adulterio, No matarás, No hurtarás, No codiciarás, y cualquier otro mandamiento, en estas palabras se resume: "Amarás a tu prójimo como a ti mismo." El amor no hace mal al prójimo. Por tanto, el amor es el cumplimiento de la ley.

En su carta a los Corintios, Pablo dedica un capítulo entero al amor ágape (1 Corintios 13.) Volveremos a este capítulo más tarde. En Gálatas 5:13–15 leemos:

Porque ustedes, hermanos, a libertad fueron llamados; solo que no usen la libertad como pretexto para la carne, sino sírvanse por amor los unos a los otros. Porque toda la ley en una palabra se cumple en el precepto: "Amarás a tu prójimo como a ti mismo". Pero si ustedes se muerden y se devoran unos a otros, tengan cuidado, no sea que se consuman unos a otros.

2. Solo a Través del Amor—Podemos Alcanzar la Plenitud de Dios declarada en la Palabra de Dios

Si leemos cuidadosamente la epístola de Pablo a Efesios, es imposible no quedar asombrado por la oración de Pablo justo en medio de ella:

Por esta causa, pues, doblo mis rodillas ante el Padre de nuestro Señor Jesucristo, de quien recibe nombre toda familia en el cielo y en la tierra. Le ruego que Él les conceda a ustedes, conforme a las riquezas de Su gloria, el ser fortalecido con poder por Su Espíritu en el hombre interior; de manera que Cristo habite por la fe en sus corazones. También ruego que arraigados y cimentados en amor, ustedes sean capaces de comprender con todos los santos cuál es la anchura, la longitud, la altura y la profundidad, y de conocer el amor de Cristo que sobrepasa el conocimiento, para que sean llenos hasta la medida de toda la plenitud de Dios. (Efesios 3:14–19)

Por favor observe que Pablo está orando para que la Iglesia obtenga un conocimiento de experiencia en cuanto al amor ágape. Él afirma que solo de esta manera podemos alcanzar la plenitud de Dios

3. La Humildad del Amor Ágape

En Filipenses 2:1–4, Pablo escribe:

Por tanto, si hay algún estímulo en Cristo, si hay algún consuelo de amor, si hay alguna comunión del Espíritu, si algún afecto y compasión, hagan completo mi gozo, siendo del mismo sentir, conservando el mismo amor, unidos en espíritu, dedicados a un mismo propósito. No hagan nada por egoísmo o por vanagloria, sino que con actitud humilde cada uno de ustedes considere al otro como más importante que a sí mismo, no buscando cada uno sus propios intereses, sino más bien los intereses de los demás.

¿Ve lo que yo veo? Solo aquellos que realmente aman, con amor ágape, pueden humillarse ante los demás y sinceramente servir los unos a los otros. No existe otra manera.

4. Amor ágape: El Vínculo Perfecto de Unidad

En Colosenses 3:14 encontramos: "Sobre todas estas cosas, vístanse de amor, que es el vínculo perfecto de la unidad". No es de extrañar que el enemigo nos ataque más en esta área. ¿Por qué? Porque si dejamos de amarnos, el proceso de formación espiritual se retrasa o incluso se detiene.

Encontré este tema en casi todos los escritos del Nuevo Testamento. Veamos algunos de ellos:

- 1 Tesalonicenses 4:9: "Pero en cuanto al amor fraternal, no tienen necesidad de que *nadie* les escriba, porque ustedes mismos han sido enseñados por Dios a amarse unos a otros."

– 2 Tesalonicenses 3:5: "Que el Señor dirija sus corazones hacia el amor de Dios y hacia la perseverancia de Cristo."

– 1 Timoteo 1:5: "Pero el propósito de nuestra instrucción es el amor nacido de un corazón puro, de una buena conciencia y de una fe sincera." (Este es el versículo que originó toda esta encuesta).

– Tito 2:4: "para que puedan instruir a las jóvenes a que amen a sus maridos, a que amen a sus hijos."

¿Qué diremos de la Epístola a Filemón? ¡Está absolutamente empapado de amor! Pablo escribe: "Doy gracias a mi Dios siempre, haciendo mención de ti en mis oraciones, porque oigo de tu amor y de la fe que tienes hacia el Señor Jesús y hacia todos los santos" (Filemón 1:4-5).

5. Fue el Amor lo que llevó a Jesús a Sufrir la Cruz

Nuestra investigación llega a la carta a los Hebreos. De hecho, si pensamos profundamente, toda la carta está dedicada al amor de Dios por nosotros a través de Jesucristo. "Puestos los ojos en Jesús, el autor y consumador de la fe, quien por el gozo puesto delante de él soportó la cruz, despreciando la vergüenza, y se ha sentado a la diestra del trono de Dios" (Hebreos 12:2).

6. Un Amor Ferviente que Cubre una Multitud de Pecados

El apóstol Pedro en su simplicidad, pero con profundidad espiritual, dice: "Sobre todo, sean fervientes en su amor los unos por los otros, pues el amor cubre multitud de pecados" (1 Pedro 4:8).

En 2 Pedro 1:5–7 está escrito: "Por esta razón también, obrando con toda diligencia, añadan a su fe, virtud, y a la virtud, conocimiento; al conocimiento, dominio propio, al dominio propio, perseverancia, y a la perseverancia, piedad, a la piedad, fraternidad y a la fraternidad, amor." Según Pedro, el amor ágape es el nivel más alto de nuestro llamado. No hay otro

> **Santiago afirma que el amor ágape demuestra la fe genuina.**

objetivo al que apuntar, solo: amar a todos. Estamos llamados a ejercer la *amabilidad fraternal* y al hacerlo, eventualmente expresamos la naturaleza de nuestro Padre—*amor por todos.* ¿No es asombroso?

Encontramos instrucciones similares acerca del amor ágape en otras cartas. Santiago afirma que *el amor ágape demuestra la fe genuina.*

Él escribe:

> ¿De qué sirve, hermanos míos, si alguien dice que tiene fe, pero no tiene obras? ¿Acaso puede esa fe salvarlo? Si un hermano o una hermana no tienen ropa y carecen del sustento diario y uno de ustedes les dice: "Vayan en paz, caliéntense y sáciense", pero no les dan lo necesario para su cuerpo, ¿de qué sirve? (Santiago 2:14–17)

No podemos ser más prácticos que esto, ¿verdad?

7. El Nivel Más Alto: Dios es Amor

¿Qué diremos cuando lleguemos a las epístolas del apóstol Juan? Después de todo, él es el apóstol del amor. En 1 Juan 4:8, leemos: "El que no ama no conoce a Dios, porque Dios es amor." Como dije antes, la insignia de un discípulo genuino de Jesucristo es el amor ágape. Dios es amor. Significa

> **Amar es expresar la naturaleza y el carácter de Dios en, y a través de usted.**

mucho más que el hecho de que Dios nos ama. *El amor ágape*

es la esencia, la naturaleza misma de Dios. No creo que aquí en esta tierra tengamos el vocabulario correcto para explicar el significado completo del amor ágape. *Amar es expresar la naturaleza y el carácter de Dios en, y a través de usted.* Por eso, permanecer en amor es la única prueba de que Dios vive en nosotros. Por favor dedique más tiempo a 1 Juan 4. Le prometo que no se arrepentirá. Para asegurarse de que todos los hermanos entiendan esta verdad, el apóstol del amor repite el concepto en el versículo 16:

> Y nosotros hemos llegado a saber y creer que Dios nos ama. Dios es amor. El que permanece en amor permanece en Dios, y Dios en él. (1Juan 4:16)

¿Lo ve? Hemos llegado a conocer, a experimentarlo. ¡Maravilloso! En otras palabras, el amor de Dios es el fundamento de nuestra bondad fraternal. Creo que Juan se encuentra entre un grupo de personas que escribieron la Biblia, que comprendieron el aspecto más esencial del cristianismo: *el amor ágape.* Así es como escribe:

> Nosotros amamos porque Él nos amó primero. Si alguien dice: "Yo amo a Dios", pero aborrece a su hermano, es un mentiroso. Porque el que no ama a su hermano, a quien ha visto, no puede amar a Dios a quien no ha visto. Y este mandamiento tenemos de Él: que el que ama a Dios, ame también a su hermano. (1 Juan 4:19–21)

Es tan simple como eso. Podemos adorar a Dios el domingo por la mañana, y el lunes ignoramos a nuestro hermano. Si ese es el caso, solo somos un montón de mentirosos. ¡Esta es la prueba! Tenga en cuenta que Juan se refiere solo a un mandamiento: *amémonos unos a otros.* Inicialmente escribió acerca de esto en Juan 13:34. También encontramos la misma enseñanza en las cartas de Juan 2 y 3.

Judas también escribe:

Pero ustedes, amados, edificándose en su santísima fe, orando en el Espíritu Santo, consérvense en el amor de Dios, esperando ansiosamente la misericordia de nuestro Señor Jesucristo para vida eterna. (Judas 1:20–21)

En otras palabras, cuando oramos en el Espíritu Santo, el aspecto más importante que buscamos es permanecer cada vez más en el amor de Dios.En el libro de Apocalipsis leemos lo que Jesús dijo a la Iglesia en Éfeso. Esta iglesia estaba a punto de perder su candelabro porque había dejado su primer amor. ¡Esto es monumental!

Juan escribe:

Yo conozco tus obras, tu fatiga y tu perseverancia, y que no puedes soportar a los malos, y has sometido a prueba a los que se dicen ser apóstoles y no lo son, y los has hallado mentirosos. Tienes perseverancia, y has sufrido por Mi nombre y no has desmayado. Pero tengo esto contra ti: que has dejado tu primer amor. Recuerda, por tanto, de dónde has caído y arrepiéntete, y haz las obras que hiciste al principio. Si no, vendré a ti y quitaré tu candelabro de su lugar, si no te arrepientes. (Apocalipsis 2:2–5)

De manera que el último libro de la Biblia también habla del amor ágape. ¿No es esto asombroso? Oro y espero que todos pensemos más profundamente acerca del amor y lo tomemos en serio en nuestro caminar como discípulos de Cristo.

Amor versus Amantes de Uno Mismo

Las personas que no aman son egoístas. Elie Wiesel[101], escritora, profesora de la Universidad de Boston, activista política, ganadora del Premio Nobel, y sobreviviente del Holocausto, escribe:

Lo opuesto al amor no es el odio, es la indiferencia.

Lo opuesto a la belleza no es la fealdad; es la indiferencia. Lo opuesto a la fe no es la herejía; es la indiferencia. Y lo opuesto a la vida no es la muerte, sino, es la indiferencia entre la vida y la muerte.[102]

Hay tanta verdad en esa declaración. ¿Cuáles son algunas de las características de los amantes de sí mismos? ¿Cuál es la imagen? Vayamos a la Palabra de Dios para descubrirlo. En 2 Timoteo 3:1-5, Pablo describe el panorama de los amantes de sí mismos.

Él escribe:

Pero debes sabes esto: que en los últimos días vendrán tiempos difíciles. Porque los hombres serán amadores de sí mismos, avaros, jactanciosos, soberbios, blasfemos, desobedientes a los padres, ingratos, irreverentes, sin amor, implacables, calumniadores, desenfrenados, salvajes, aborrecedores de lo bueno, traidores, impetuosos, envanecidos, amadores de los placeres en vez de amadores de Dios; teniendo apariencia de piedad, pero habiendo negado su poder. A los tales evita.

Por favor ponga atención en el hecho de que todo gira en torno a *uno mismo*. Piénselo. Los amantes de sí mismos están actualmente en profunda idolatría—*la adoración de uno mismo*. En otras palabras, si no prestamos atención, corremos el peligro de adorar a un tipo diferente de trinidad, con una "t" minúscula: El Yo, el Yo mismo y el Mi. Desagradable, ¿no es así? Seamos honestos. El pasaje que cité anteriormente describe con gran fidelidad la cultura en la que vivimos hoy, ¿verdad?

La Prueba de 1 Corintios 13

Ahora, me gustaría cambiar un poco las cosas y, como se prometió anteriormente, volver al Capítulo del Amor. Estoy muy impresionado con la manera en que Pablo escribe a los Corintios. Primera Corintios 12 está dedicado a los dones espirituales. Pablo termina este capítulo con un imperativo muy interesante: "Pero deseen ardientemente los mejores dones. Y aun yo les muestro un camino más excelente" (1 Corintios 12:31). Asombroso, ¿no es así? Usted ya adivinó que *el camino más excelente* es el amor. Luego, Pablo escribe el capítulo 13. Este está dedicado exclusivamente a la naturaleza y el carácter del amor ágape. Este capítulo es la descripción de nuestro Señor Jesucristo.

Primera Corintios 12 habla acerca del don del Espíritu Santo. Primera Corintios 14 habla acerca de la administración de los dones espirituales. ¡Esto me pareció increíble! Justamente entre esos dos capítulos, Pablo, inspirado por Dios, escribe acerca del amor ágape. Con toda practicidad, en este capítulo, Pablo describe la naturaleza y el carácter de Dios. Con todas estas cosas frescas en nuestra mente, tomemos una prueba.

Pablo claramente nos dice: "Examínense a ustedes mismos para ver si están firmes en la fe; pruébense a ustedes mismos. ¿O no conocen en cuanto a ustedes mismos que Jesucristo está en ustedes, a menos que ya estén reprobados?" (2 Corintios 13:5 RVA-2015). La prueba es simple, pero al mismo tiempo es profunda. Lo llamo: la Prueba de Primera Corintios 13. Sócrates escribe: "No vale la pena vivir una vida no examinada" (Apología 38a). A lo largo de la historia de la iglesia, el pueblo de Dios practicó esta disciplina de examen personal. Se llama "La Oración del Examen."

Oremos primero por sabiduría, humildad y discernimiento. Luego, léalo lenta y meditativamente, y a medida que lo hacemos, reemplace la palabra "amor" con nuestro nombre. Donde vayamos a encontrar un desajuste, escríbalo en un diario. Estos aspectos son las deficiencias que vemos cuando permitimos que el espíritu de Dios se acerque a nuestras vidas. Estos son los lugares exactos donde Dios desea transformarnos, cada vez más, en la imagen de Su Hijo, Jesús. Necesitamos trabajar con el Espíritu de Dios y en un arrepentimiento sincero rendirnos a la rueda del Alfarero. Cuando nos presentamos a Dios, le pedimos sinceramente:

Aquí estoy, oh Señor, moldéame y dame forma según Tus planes y propósitos. Realmente deseo ser una expresión precisa de Tu naturaleza y Tu carácter.

Este es un proceso. Este tipo de transformación profunda no ocurre de la noche a la mañana. Tenemos que seguir adelante. Tenemos que hacerlo de manera concienzuda y consistente.

Busquemos un lugar tranquilo y pacífico, y leamos lenta y meditativamente el capítulo del amor. Prestemos atención a la Palabra de Dios y al Espíritu de Dios, mientras lo leemos:

El amor tiene paciencia y es bondadoso. El amor no es celoso; el amor no es ostentoso, ni (el amor) se hace arrogante. (El amor) No es indecoroso; ni (el amor) busca lo suyo propio. (El amor) no se irrita, ni (el amor) lleva cuentas del mal. (El amor) no se goza de la injusticia, sino que (el amor) se regocija con la verdad. (El amor) todo lo sufre, (el amor) todo lo cree, (el amor) todo lo espera, (el amor) todo lo soporta.

Que comience la prueba:

– ¿Es Valy *paciente*? ¿Sí o no? Si la respuesta es no, ¿por qué no? ¿Cuáles son los problemas específicos que ocasionan que no tenga paciencia? ¿Cuál es la solución de Dios? (Vea Santiago 1:2–4; Romanos 5:3–4).
– ¿Es Valy *bondadoso*? ¿Sí o no? Si no, ¿por qué no? ¿Cuáles son los problemas concretos que hacen que Valy no sea amable? ¿Cuál es la solución de Dios? ¿Quizás sea un tema de falta de perdón? ¿Tal vez sea una raíz de amargura? (Vea Efesios 4:32; Colosenses 3:13)
– ¿Es Valy *humilde*? ¿Sí o no? Si no, ¿por qué no? ¿Cuáles son los problemas específicos que hacen que Valy sea jactancioso? ¿Quizás sea un dolor más

profundo o un trauma infantil? ¿Un sentir de ser poco apreciado? ¿Es un sentir de confusión interna o inseguridad? ¿O tal vez él no conoce su verdadera identidad espiritual en Cristo? ¿Cuál es la solución de Dios? (Vea Filipenses 3:3; Romanos 7:18; Juan 15:5).

– ¿Valy *soporta todas las cosas?* ¿Sí o no? Si no, ¿por qué no? ¿Cuáles son los problemas específicos que hacen que Valy evite el sufrimiento? ¿Es autoprotección? ¿Es incredulidad en lo referente a la protección de Dios? ¿Será que busca venganza? ¿Cuál es la solución de Dios? (Vea 1 Pedro 2:20–21, 3:17)

Cuando estamos listos para sufrir de todo—cualquier injusticia, cualquier cosa injusta o poco ética, cualquier pérdida, incluso la pérdida de vidas—nos acercamos a la naturaleza y el carácter de Dios. En otras palabras, crecemos, maduramos. Esta es la verdadera prueba de crecimiento espiritual. Mis queridos hermanos y hermanas, todos tenemos la naturaleza de Dios, el amor ágape, en nosotros, pero está en forma comprimida, como una semilla. Por lo tanto, es absolutamente necesario permanecer en Cristo (Juan 15:5), presentarnos a Dios (Romanos 12:1) y pedirle a Su Espíritu Santo que tome esa semilla, que representa el ADN de nuestro Padre, y desarrolle la imagen de Cristo en cada uno de nosotros (2 Corintios 3:18). De esta manera realmente crecemos y maduramos a la plenitud de Su Hijo (Efesios 4:13). Tenga en cuenta que el crecimiento espiritual no es más que la manifestación de la naturaleza y el carácter de Cristo en cada uno de nosotros individualmente.

Les insto, por favor no olviden: "Pero el propósito de nuestra instrucción es el amor nacido de un corazón puro, de una buena conciencia y de una fe sincera" (1 Timoteo 1:5). Amor es la naturaleza misma de Dios. Como hijos de Dios, el amor es también nuestra misma naturaleza.

Nuestro llamado es expresarlo para que todos vean y reconozcan a los discípulos de Cristo (Juan 15:31).

Mis queridos hermanos, ¿han notado que, desde el

Antiguo Testamento hasta ahora, las cosas se han simplificado enormemente? Solo tenemos un mandamiento: amarnos los unos a los otros como Jesús nos amó. No hay otra meta que debamos esforzarnos por alcanzar. No hay otro objetivo hacia el cual apuntar. La buena noticia es que "Su divino poder nos ha concedido todo cuanto concierne a la vida y a la piedad" (2 Pedro 1:3a). Además, la naturaleza misma de Dios está plantada en lo más profundo de nosotros. Pablo escribe: "Y la esperanza no desilusiona, porque el amor de Dios ha sido derramado en nuestros corazones por medio del Espíritu Santo que nos fue dado" (Romanos 5:5).

La *intención fundamental* es el amor ágape, *expresando la naturaleza y el carácter de Dios en y a través de usted.* Este es el único camino hacia la Plenitud de Cristo. Sellemos estos pensamientos con la promesa de Dios mismo: "Fiel es Aquel que los llama, el cual también lo hará" (1 Tesalonicenses 5:24).

Preguntas para Reflexionar

Por favor reflexione acerca de las siguientes preguntas. Luego, comparta sus ideas con un amigo o con su grupo pequeño.

1. ¿Qué habló el Espíritu Santo a su corazón cuando leía este capítulo? ¿Qué parte le gustó más de este capítulo?

2. ¿Qué conceptos nuevos aprendió de este capítulo? ¿Qué ideas se compromete a adoptar en su vida?

3. ¿Qué pensamientos pasaron por su mente cuando leyó acerca de la progresión: De un Mandamiento en Génesis 2:16–17, a Diez Mandamientos en Éxodo 20, a 613 Mandamientos en la Torá, a Siete Cosas en Proverbios 6:16–19, a Tres Aspectos en Miqueas 6:8, a Dos Mandamientos en Marcos 12:28–34 y finalmente a Un Nuevo Mandamiento en Juan 13:34? Por favor explique con detalle.

4. Recordando las siete dimensiones del amor ágape, ¿qué dimensiones hablaron a su corazón? Escriba sus ideas.

5. ¿Qué idea o concepto captó más su atención cuando leía este capítulo?

Notas Finales
13. Un Camino Más Excelente

[101] Elie Wiesel nació el 30 de septiembre de 1928.
[102] US News & World Report, 27 de octubre de 1986.

Apéndice

Los Peligros de la Inmadurez Espiritual

Así que yo, hermanos, no pude hablarles como a espirituales, sino como a carnales, como a niños en Cristo.
1 Corintios 3:1

Por tanto, dejando las enseñanzas elementales acerca de Cristo, avancemos hacia la madurez, no echando otra vez el fundamento del arrepentimiento de obras muertas y de la fe en Dios.
Hebreos 6:1

A mediados de los años 90, fui guiado por el Espíritu Santo al campo del crecimiento y la madurez espiritual. En aquel entonces tenía una pequeña "oficina" en el sótano de nuestra casa. Después del trabajo y luego de algunos quehaceres, me arrastraba a esa oficina. Muchas veces, pasaba muchas horas escudriñando las Escrituras para aprender más acerca de este campo maravilloso. Por eso, los pensamientos e ideas que compartiré aquí han estado surgiendo de Efesios 4:11-16, un pasaje que se ha vuelto muy importante para mí al pasar de los años. Yo usualmente empleo esta porción de las escrituras para explicar la importancia del crecimiento y la madurez espiritual. Sin embargo, durante una misión a India e Italia hace varios años, me sentí muy persuadido de empezar a enseñar y escribir acerca de los peligros de la inmadurez espiritual.

Mientras yo estaba en esas tierras extranjeras, era un nuevo mensaje para mí también. Nunca había predicado acerca de este pasaje de esta manera. El mensaje vino libremente de lo profundo del corazón sin ninguna preparación previa. Aun antes de leer el capítulo, le sugiero que usted se detenga y ore unos minutos:

Padre Dios, por favor abre mis ojos para verte, abre mis oídos para escuchar la voz del Espíritu, abre mi corazón y llénalo con el amor de Cristo, abre mi mente para comprender las Escrituras, y dame la voluntad de entregar mi vida cien por ciento a Tus propósitos divinos. Oro en el nombre maravilloso de Jesucristo. ¡Amen!

He estado orando por ustedes, mis lectores, y por esa razón espero que un profundo entendimiento venga de lo alto a sus almas.

En Efesios 4:11–16, Pablo habla del ministerio de cinco partes de la iglesia. Me gusta llamarla la "*mano*" de Dios. Contiene los siguientes "*dedos*":

– Apóstoles
– Profetas
– Evangelistas
– Pastores y
– Maestros

Esta "*mano especial*" es dada para la edificación general del Cuerpo de Cristo. Todos estos *dedos especiales* son llamados para un objetivo específico de tres puntos:

– Para equipar a los santos,
– Para la obra de servicio,
– Para la edificación del cuerpo de Cristo.

Este objetivo no fue terminado durante la generación apostólica de la Iglesia en los primeros siglos. Continúa hoy. Creo firmemente que este gran objetivo debe ser logrado antes del retorno de Cristo. En este pasaje, Pablo está diciendo que el proceso de lograr este objetivo triple, tres aspectos importantes deben ser prioridades:

– Alcanzar la unidad de la fe, y del conocimiento del Hijo de Dios
– Lograr la estatura de un hombre maduro, y
– Alcanzar la plenitud de Cristo (Efesios 4:13).

Yo creo que alcanzar la plenitud de Cristo es la intención final de Dios para Su Iglesia.

La *intención fundamental* de la iglesia es un discípulo maduro que conoce a Dios íntima y personalmente (Juan 17:3), que aceptó el llamado al discipulado y lleva diariamente la cruz (Lucas 9:23; Gálatas 2:20), cuya mente y carácter se renuevan y transforman continuamente por el Espíritu y la Palabra de Dios (Romanos 12:2; 2 Corintios 3:18; Gálatas 5:22–23), que crece y madura a la plenitud de Cristo (Efesios 4:11–16; Hebreos 5:11–14, 6: 1–3), y que multiplica discípulos según el modelo de discipulado de Cristo y los apóstoles (Mateo 28:19-20; 2 Timoteo 2:2).[103]

Este fue el caso para la iglesia del primer siglo y todavía está en vigor para la iglesia de los últimos días antes de Su glorioso retorno.

Esa es la razón que me apasiona para escribir acerca del tema de los *peligros de la inmadurez espiritual.* Estoy muy convencido que estos dos aspectos ¡son sumamente importantes y sumamente urgentes! Si los creyentes siguen permaneciendo en un estado de inmadurez espiritual, están en peligro de perder el propósito de Dios para sus vidas. Lucas escribe: "Pero los fariseos y los intérpretes de la ley rechazaron los propósitos de Dios para con ellos, al no ser bautizados por Juan" (Lucas 7:30). En otras palabras, podemos decir: "Pero unos cristianos rechazaron el propósito de Dios por no cuidar su crecimiento y madurez espiritual; por eso perdieron la intención fundamental de

Dios para ellos". En esta porción de las escrituras (Efesios 4:11–16), Pablo no habla de la salvación. Escudriñando este pasaje, yo tampoco hablo de la salvación. Hablo del gran peligro de no alcanzar el potencial pleno que desea nuestro Padre para cada uno de nosotros, sus hijos amados.

Es triste ver que muchos cristianos hoy están contentos con el e*statu quo.* Tantas personas que van a la iglesia creen, falsamente, que la madurez espiritual es hecha de alguna manera en *piloto automático.* Creen que "hacer las cosas que uno debe hacer" resultará finalmente en crecimiento, desarrollo, y madurez espiritual. Eso es exactamente lo que al enemigo de nuestras almas le gustaría que pensemos. Pero, esto no lleva a la madurez. De hecho, Cristo nos advirtió en la parábola del Sembrador. "La semilla que cayó entre los espinos, son los que han oído, y al continuar su camino son ahogados por las preocupaciones, las riquezas y los placeres de la vida, y su fruto no madura" (Lucas 8:14). A pesar de que la plenitud de Cristo es lo que Dios quiere para todos nosotros, no sucederá automáticamente. Pertenecer a una iglesia local no lo hará tampoco. El crecimiento y la madurez espiritual es el resultado de la transformación espiritual dirigida por el Espíritu Santo. Como resultado, Dios muestra la vida y el carácter de Cristo a través del creyente. El discipulado tiene en cuenta nuestras *intenciones* y *decisiones,* y es expresado por nuestra *fe en acción.* No sucederá por sí solo. Creo que esto es exactamente lo que el Espíritu Santo está hablando a las iglesias hoy: "Creyentes, si tienen oído para oír, la voluntad del Padre es, una vez más, traer la cruz de Cristo al primer plano de la Iglesia."

Como el Espíritu Santo habló a mi corazón, percibí que hay cinco peligros principales de la inmadurez espiritual.

1. Carnalidad

La carnalidad es un gran peligro de la inmadurez. En su primera epístola a los Corintios, Pablo escribe: Así que yo, hermanos, no pude hablarles como a espirituales, sino como a carnales, como a niños en Cristo. Les di a beber leche, no alimento sólido, porque todavía no podían recibirlo. En verdad, ni aun ahora pueden, porque todavía son carnales. Pues habiendo celos y discusiones entre ustedes, ¿no son carnales, y andan como hombres del mundo? (1 Corintios 3:1–3).

En la sección "Notas Finales"[104], por favor vea varias representaciones de estos versículos procedentes de varias traducciones bíblicas. Primero, 1 Corintios 3:1–3 es un pasaje de la Escritura muy interesante. Pablo emplea varias palabras para describir el estado de inmadurez espiritual de los creyentes en Corinto. Estas palabras son:

- Hombres espirituales
- Hombres carnales
- Como bebés en Cristo
- Leche para beber
- Alimentos sólidos
- Carnal
- Celos
- Lucha
- Meros hombres

Es sumamente importante tener una comprensión clara del significado de estas palabras. La primera expresión usada en este pasaje es *hombres espirituales.*

El término "espiritual", como es usado en el Nuevo Testamento, muestra a una persona que ha sido regenerada, en la que habita Cristo, iluminada por Dios, revestida y empoderada por el Espíritu Santo. Él o ella es conformado a la voluntad de Dios, teniendo la mente de Cristo, viviendo una vida guiada por el Espíritu de Dios. La conclusión es que una persona espiritual es una nueva creación nacida de lo Alto (Romanos 8:6; 1 Corintios 2:15, 14:37; Colosenses 1:9; 1 Pedro 2:5). Hombres y mujeres espirituales son seguidores comprometidos con Cristo, en quienes mora Cristo. Y cuando se llega a cierto nivel de madurez espiritual, estos individuos muestran la Vida y el Carácter de Cristo.

Este tipo de persona respondió al mensaje del Evangelio

(Romanos 10:17) en fe (Efesios 2:8–9) y con un corazón arrepentido (Hechos 2:38), aceptando a Cristo (Romanos 10:9–10) como su Señor y Salvador personal (Judas 1:25). A causa de la obra redentora (Romanos 3:25) que hizo Jesús en el Calvario (Colosenses 1:20), a través de Su sangre (I Pedro 1:18-19), el Espíritu Santo regeneró a esta persona (Juan 3:3, 5–6), y la trajo a una vida espiritual (Efesios 2:4–5). Esta persona fue hecha una nueva criatura en Cristo (2 Corintios 5:17), en consecuencia, una persona *espiritual.*

Esta maravillosa obra de gracia no es para súpercristianos. Según Gálatas 3:28, es para todos, independiente de género, raza, estatus social, educación, color de piel, etc. Por favor tenga en cuenta que este es solo el comienzo. La obra de gracia no se detiene en el evento de nacimiento espiritual. La persona espiritual continúa en gracia (2 Pedro 3:18). Los hombres y mujeres espirituales, en algún momento en su caminar con Cristo, aceptaron el llamado al discipulado (Mateo 16:24). Por el Espíritu Santo, comprendieron y experimentaron su co-crucifixión con Cristo (Gálatas 2:20). Entendieron su identidad en la muerte (Romanos 6:3), sepultura (Romanos 6:4a), resurrección (Efesios 2:6a), y ascensión (Efesios 2:6b) con Cristo. Ahora, debido a estas verdades activas que obran en nuestras vidas, llevan con gusto su cruz diariamente (Lucas 9:23) y de buena gana presentan sus vidas en el altar de Dios como un acto de adoración genuina (Romanos 12:1). No hacen estas cosas para ganarse o guardar su salvación. La salvación es el don gratuito de Dios (2 Timoteo 1:9). Dios es el único que puede preservarles. Ya que están en Cristo, nadie puede arrebatarlos de la mano de Cristo (Juan 10:28––29). Los hombres y mujeres espirituales hacen estas cosas para el bien del Reino (Mateo 6:33), motivados por el amor de Dios (Juan 14:15) y por reverencia a Cristo (Hebreos 12:28). Los hombres y mujeres espirituales son parte activa del crecimiento espiritual (2 Pedro 1:5–7) y del trabajo de Dios (Efesios 2:10), para el beneficio de los demás (2 Corintios 12:15).

Por favor permítame ser un poco técnico aquí y proveer algunas definiciones.

Según el "Diccionario Expositivo Completo de las Palabras del Antiguo y Nuevo Testamento de Vine" (*Vine's Expository Dictionary of the Old and New Testament Words*), la palabra griega usada en 1 Corintios 3:1-3 es "pneumatikos". Corresponde a la definición de Strong (#4152 de Strong). Pneumatikos "siempre conlleva la idea de invisibilidad y de poder." No ocurre en la Septuaginta ni en los Evangelios. De hecho, es una palabra que surge después de Pentecostés. Según el Léxico Griego de Thayer (*Thayer's Greek Lexicon*), el Nuevo Testamento de Strong (#4152 de Strong), la palabra "pneumatikos" tiene los siguientes significados:

1. Relacionado con el espíritu humano, o alma racional, como la parte del hombre que es semejante a Dios y sirve como su instrumento u órgano.

2. Perteneciendo al espíritu, o siendo mayor que el hombre, pero inferior a Dios, es decir, espíritus malignos, Efesios 6:12.

3. Perteneciendo al Espíritu Divino;

a. con respecto a cosas; emanando del Espíritu Divino, o mostrando sus efectos y así su carácter.

b. con respecto a personas, alguien que está lleno con, y gobernado por el espíritu de Dios (1 Corintios 2:15)[105]. Según Gálatas 5:16-25), el hombre espiritual es el que camina por el Espíritu y manifiesta los frutos del Espíritu en su caminar.

Por otra parte:

Según las Escrituras, el estado *espiritual* del alma es normal para el creyente, pero no todos los creyentes alcanzan este estado; y cuando se obtiene, no siempre se mantiene. Por tanto, el Apóstol, en 1 Corintios 3:1–3 sugiere el contraste entre este estado espiritual y el de un bebé en Cristo, es decir, del hombre que debido a la inmadurez e inexperiencia todavía no ha alcanzado la espiritualidad; y sugiere también el del hombre que, al permitir los celos, y la lucha a lo que los celos siempre conducen, ha perdido la cabeza. El estado espiritual se alcanza con diligencia en la Palabra de Dios y oración; se mantiene por obediencia y juzgarse a uno mismo.[106]

La segunda frase empleada aquí es *hombres carnales*. De manera sencilla, hombres carnales significa personas que son controladas por su naturaleza humana, en vez de por el Espíritu Santo. Según el Diccionario Expositivo Completo de las Palabras del Antiguo y Nuevo Testamento de Vine, la palabra griega usada aquí es "sarkikos". Corresponde a #4559 de Strong. Deriva de *sarx* que significa *carne*.
Sarkikos significa:

a. "tener la naturaleza carnal," tener su ubicación en la naturaleza animal, o emocionado por ella, como en 2 Pedro 2:11. "Carnalmente" o como el equivalente de "humano", con la idea extra de debilidad. También comunica la idea de des-espiritualidad, de sabiduría humana, "carnalmente" como en 2 Corintios 1:12.

Sarkikos también significa:

b. "que pertenece a la carne" (es decir, el cuerpo), como en Romanos 15:27 y 1 Corintios 9:11.[107]

Además, la palabra griega *sarkinos* (carnalmente) corresponde a #4560 de Strong.
Sarkinos denota:

"De la carne, carnalmente" como en 2 Corintios 3:3 en la versión Reina Valera 1960: "sino en tablas de carne del corazón". El adjetivo *"carnal"* y el adverbio *"carnalmente"* se contrastan con cualidades espirituales en Romanos 7:14; 1 Corintios 3: 1,3,4; 2 Corintios 1:12; Colosenses 2:18. Hablando ampliamente, *carnal* denota el elemento pecaminoso en la naturaleza humana, debido a la caída de Adán. Por otro lado, *espiritual* es lo que

viene por la obra regeneradora del Espíritu Santo.[108]

La palabra *carnal* aquí, "sarkinois", no es la misma palabra que se usa en 1 Corintios 2:14 que se traduce "natural", "psuchikos". Eso se refiere a alguien que no ha sido renovado, y que está completamente bajo la influencia de su naturaleza sensual o animal, y no se aplica de ninguna manera a los cristianos."[109]

"El estado carnal es un estado de continuo pecado y fracaso."[110] "Los cristianos carnales son personas bajo la influencia de apetitos carnales; codiciando y viviendo para las cosas de esta vida."[111] Lamentablemente, la mayoría de los creyentes en Corinto estaban en un estado carnal.

Según "La Exposición de la Biblia Completa de Gill" (*Gill's Exposition of the Entire Bible*), los cristianos carnales no son como hombres degenerados; sino que tenían concepciones carnales de las cosas, estaban en un estado carnal del alma, y caminaban en una conversación carnal unos con otros; aunque no estaban en la carne naturalmente, sin embargo, carne estaba en ellos. No solo tenían lujuria contra el Espíritu, sino que lo carnal era muy predominante en ellos. Los llevaba cautivos, de modo que son dominados por ello.[112]

Andrew Murray, en "La Morada del Maestro" (*The Master´s Indwelling*) escribe: "En estos corintios carnales, había poco del Espíritu de Dios, pero predominaba la carne"[113]. El Pastor J.B. Hall, en el sermón "El Cristiano Carnal", publicado en sermoncentral.com, explica:

El cristiano carnal, entonces, como la persona que no conoce al Señor, elige oponerse a la obra de Dios en la iglesia. Tiene su propio programa y es completamente insensible, y no responde a la obra espiritual que Dios trata de lograr en Su iglesia.[114]

Durante mis investigaciones en línea, cuando escribí la pegunta, "¿Qué es un cristiano carnal?", recibí esta respuesta:

La clave que hay que entender es que, aunque un cristiano puede ser, por un tiempo, carnal, un cristiano verdadero no permanecerá carnal durante toda su vida.[115]

Me gusta la perspectiva de Andrew Murray acerca de este tema:

Le diremos a Él, "*Esto debe ser cambiado. Ten misericordia de nosotros.*" Pero, ¡ah! esa oración y ese cambio no pueden venir hasta que hayamos comenzado a ver que hay una raíz carnal dominando a los creyentes; viven más en la carne que en el Espíritu. Son todavía cristianos carnales.[116]

¡Esta perspectiva es aún más interesante! Según Andrew Murray, es imposible que los cristianos crezcan de un estado carnal a un estado espiritual. Lo considera decepción. Escribe:

Hay cristianos que piensan que se les va a pasar este estado carnal y llegarán a un estado espiritual. Uno nunca puede hacerlo.[117]

Entonces, ¿Cuá es la solución? El continúa:

¿Qué podría ayudar a esos corintios carnales? Darles leche no iba a ayudarles, porque la leche era una prueba de que estaban en un estado incorrecto. Darles carne no les ayudaría, porque no eran capaces de comerla. Lo que necesitaban era el cuchillo del cirujano. Pablo dice que la vida carnal debe ser eliminada. "*Pues los que son de Cristo han crucificado la carne con sus pasiones y deseos*" (Gálatas 5:24). Cuando un hombre entiende lo que significa esto, y lo acepta en fe por lo que Cristo puede hacer, entonces solo un paso puede traerlo de lo carnal hasta lo espiritual. Un simple acto de fe en el poder de la muerte de Cristo, un acto de rendición a compartir de la muerte de Cristo, y el Espíritu Santo puede hacer que sea nuestro, hará que sea nuestro, traerá liberación del poder de los esfuerzos suyos.[118]

Además, Andrew Murray escribe:

Así, en la vida espiritual, usted puede ir de maestro en maestro, y decir, '*Cuénteme acerca de la vida espiritual, del bautismo en el Espíritu Santo y de la santidad*', y sin embargo, puede que permanezca ahí donde está. A muchos de nosotros nos encantaría que se nos quitara el pecado. ¿A quién le gusta tener mal carácter? ¿A quién le gusta tener disposición orgullosa? ¿A quién le gusta tener un corazón mundano? A nadie. Acudimos a Cristo para removerlo, y Él no lo hace; y preguntamos, "¿Por qué no lo hará? He orado con todo el corazón." ¿Es porque usted quería que se llevara los frutos feos dejando la raíz venenosa dentro de usted? Usted no le pidió que su carne sea clavada a Su cruz, y que, de ahora en adelante, usted se rendirá por completo al poder del Espíritu Santo.[119]

La clave es confiar y rendirlo a Dios.

Es solo a través del Espíritu Santo morando en su vida que puede darse lugar a un hombre espiritual. Entonces venga, y póstrese a los pies de Dios con solo este pensamiento, 'Señor, me entrego como una vasija vacía para ser llenada con Tu Espíritu.[120]

La buena noticia es que oraciones como esta reciben una respuesta rápida del Padre.

O, amado Padre, vengo ante Ti con mi vasija vacía,

limpiada por la Sangre del Santo Cordero. '¡Mi Dios cumplirá Su promesa!' Afirmo de Él que me llenará con Su Espíritu Santo para hacer de mí, en lugar de carnal, un cristiano espiritual.[121]

Todas estas cosas suenan bien en el papel, ¿verdad? Pero cuando se trata de la vida real, las cosas parecen diferentes. La pregunta es: "¿Existe una vida espiritual verdadera? ¿Es una cosa así posible para personas ordinarias como usted y yo? Si lo es: ¿Cómo *podemos usted y yo entrar a una vida así?* Pues, ¡me alegra que haya preguntado! Permítame ver si puedo explicarlo en términos sencillos:

- *Primero,* Dios nos lo pide y Él promete este tipo de vida. La Biblia enseña, "`Sean, pues, ustedes perfectos, como Su Padre que está en los cielos es perfecto" (Mateo 5:48 RVA-2015). Jesús nos dice, "Yo he venido para que tengan vida, y para que la tengan en abundancia" (Juan 10:10b).
- *Segundo,* basado en estos dos pasajes, está claro que vivir este tipo de vida es imposible cuando los creyentes tratan de vivir independientemente de Dios. Solamente Cristo, a través del Espíritu Santo obrando en nosotros, puede vivir este tipo de vida. Después de todo, es Su vida.

Entonces, ¿Qué debemos hacer? Algunas cosas son de vital importancia.

- Debemos ser llenos del Espíritu Santo (Efesios 5:18),
- Debemos ser guiados por el Espíritu Santo (Romanos 8:14), y
- Debemos caminar por el Espíritu (Gálatas 5:25).

Si no vemos estos aspectos claramente, debemos arrepentirnos. En otras palabras, debemos cambiar de opinión acerca de la carnalidad de cualquier tipo, y verlo tal como es: incompatible con la naturaleza de Dios de la cual somos participantes (2 Pedro 1:4). Debe establecerse, de una vez por todas, que, para un verdadero creyente en Cristo, estos brotes de carnalidad deberían ser una excepción, no la regla.

- *Tercero,* el creyente debe estar convencido de la bancarrota de su carne. Debemos ver que hay algo terriblemente mal con nuestro estado carnal como creyentes, y debemos agonizar ante Dios para que seamos liberados de él. Pablo escribe, "¡Miserable de mí! ¿Quién me librará de este cuerpo de muerte?" (Romanos 7:24). Sin esta convicción profunda, nunca podemos llegar a ser verdaderos hombres espirituales. La transición del estado carnal al estado espiritual está a un paso. En este punto vemos Gálatas 2:20 con nuevos ojos. Declaramos, "y ya no vivo yo, más vive Cristo en mí.". Debe haber una ruptura legal con la carne. Y tenga por seguro que la cruz ya lo hizo (tiempo pasado). Este es el lugar donde Cristo desea que sus hermanos y hermanas vivan y obren, por Él y a través de Él. Esto requiere una rendición total (Romanos 12:1), no solo una vez, sino una rendición diaria, levantando y llevando la cruz cada día.

La vida espiritual y la vida abundante es un caminar. Es una vida dinámica, no estática. Solo en una posición de rendición total puede la Palabra de Dios renovar la mente del creyente. Solo con *la renovación de la mente* (Romanos 12:2) y *la transformación del carácter* (2 Corintios 3:18), puede el creyente reflejar cada vez más la vida y carácter de Cristo, y así ser cada vez menos carnal. Este proceso, como otros lo explican, es conocido como *santificación progresiva.*

Si el Espíritu Santo le ha dado convicción sobre su propio estado espiritual, le animo a declarar ante Dios tres cosas positivas:

– Padre Dios, deseo comer alimentos sólidos. Por favor ayúdame a crecer.

– Amado Señor, estoy tan decepcionado por lo carnal que soy porque todavía me aferro a mi carne. Me doy cuenta ahora que "en mí, es decir, en mi carne, no mora el bien" (Romanos 7:18). Toma tu "cuchillo" y quítalo.

– Amado Espíritu Santo, ayúdame y guíame en el proceso de crecimiento y madurez espiritual.

Ahora que ha hecho estas declaraciones poderosas, vamos a orar para sellarlas en el corazón. Yo sugiero esta oración:

O, Abba Padre, yo sé que me amas. Presento delante de Ti mi vasija vacía, limpiada por la sangre pura de Tu Hijo Cristo. Yo sé que quien venga a Ti no será avergonzado. Afirmo la llenura del Espíritu Santo para que yo sea un cristiano espiritual y no uno carnal. Oro en el nombre maravilloso de Cristo.

2. Inestabilidad

Probablemente, uno de los peligros más visibles de la inmadurez espiritual es *la inestabilidad*. Pablo escribe: "Entonces, ya no seremos niños, sacudidos por las olas y llevados de aquí para allá por todo viento de doctrina, por la astucia de los hombres, por las artimañas engañosas del error" (Efesios 4:14). Según el "Diccionario de Merriam Webster", "echar" significa "lanzar" (algo) con un movimiento rápido y ligero, mover o levantar (algo) rápidamente o de repente, mover (algo) de un lado para otro o de arriba a abajo."[122]

Pablo usa cuatro palabras para advertirles a los creyentes acerca del peligro de la inmadurez espiritual:

– Mañas
– Astucia
– Engañoso, y

– Artimaña.

La palabra *engañoso* en este versículo se refiere a lo opuesto de ser honesto, veraz, franco y receptivo. La palabra *astucia*, según el *Diccionario de Merriam Webster*, es: "la habilidad de lograr los fines de uno por medios indirectos, sutiles o solapados."[123] *Engañoso* significa" hacer algo basado en, o usando métodos deshonestos para adquirir algo de valor." La cuarta palabra usada por Pablo es *artimaña,* que significa "siendo ingenioso para lograr los objetivos de uno por medios indirectos y muchas veces falsos." Pablo no está usando esta combinación de palabras para impresionar a los creyentes en Éfeso con su elevado vocabulario griego. Por la inspiración del Espíritu Santo, Pablo quería enfatizar el peligro de la inestabilidad cuando los creyentes permanecen en un estado como de niño. En otras palabras, si no queremos ser llevados por todo viento de doctrina, debemos crecer en el conocimiento y la gracia de Cristo.

Los creyentes inmaduros no tienen una posición teológica estable. Si un pastor dice algo, el creyente se mueve en esa dirección. Si viene otro maestro y predica otra cosa, él o ella se mueve en esa dirección. Sin madurez espiritual, los creyentes están en peligro de ser llevados *por artimañas de hombres.* Los hombres engañosos controlan a las personas que son engañadas fácilmente. Estos hombres tienen algún tipo de *carisma* falso para ganarse la simpatía de su audiencia. En conclusión, la inmadurez, el estado como de niño, es peligroso a causa de su inestabilidad.

Si esto le describe a usted, entonces, por favor, reconozca este peligro en su vida. Le pido que declare tres cosas positivas:

– Dios, necesito estabilidad.
– Señor Jesús, he decidido crecer.
– Espíritu Santo, por favor, hazme estable y consistente en mi fe y en mi caminar contigo.

Después de hacer estas declaraciones importantes, le

animo a arrodillarse delante de Dios y orar así:

Padre Dios, quiero ser estable. He decidido abrazar el proceso de crecimiento y madurez espiritual. Querido Señor Jesús, me doy cuenta de que crecer y madurar en conocer de Ti y tu gracia es la única manera en que puedo ser estable. Querido Espíritu Santo, por favor obra en de mí, transfórmame y hazme madurar según los planes y propósitos de Dios. Mi único deseo es mostrar la vida y el carácter de Cristo. Oro en el nombre de Cristo. Amen.

3. Repulsión hacia los Alimentos Sólidos

Hablando espiritualmente, *leche* representa "enseñanzas elementales acerca de Cristo". Según Hebreos 6:1-2, *la dieta de leche* incluye enseñanzas acerca de "arrepentimiento de obras muertas"; enseñanzas acerca de "la fe en Dios"; enseñanzas acerca de Sacramentos de la Iglesia; "la resurrección de los muertos y del juicio eterno." ¡La leche es buena! No hay duda alguna. Pero la leche es el alimento primario para los bebés, no para los adultos. Como un buen padre, nuestro Padre Celestial no quiere que sus hijos continúen indefinidamente con una dieta de leche. Dios desea que nosotros "crezcamos para salvación" como dice Pedro muy bien en 1 Pedro 2:1–3. Para que esto suceda debemos "avanzar hacia la madurez" (Hebreos 6:1), que requiere una decisión voluntaria. Perseverar no es una tarea fácil; implica superar la resistencia; requiere una voluntad y determinación fuertes. Además, perseverar requiere avance, una dirección, ganar ventaja y progresar. Como puede ver, todas estas palabras sugieren algo dinámico, no estático.

El alimento sólido representa enseñanza avanzada con respecto a la justicia de Dios y discernimiento espiritual. Según 2 Pedro 3:18, alimento sólido se refiere a la enseñanza madura acerca de la gracia y el conocimiento de Cristo. Según la oración de Pablo en Efesios 1:15–23 y 3:14–20, alimento sólido significa entendimiento iluminado acerca de nuestra identidad en Cristo, y una comprensión profunda del amor ágape y sus dimensiones espirituales. Basado en la enseñanza de Pablo en Romanos 8:14 y Gálatas 5:16-26, alimento sólido representa un entendimiento correcto de lo que en verdad significa ser guiado por el Espíritu Santo. Además, el alimento sólido implica un conocimiento profundo de lo que significa ser transformado a la imagen de Cristo. (2 Corintios 3:18: 1 Corintios 5:2–3)

Los creyentes inmaduros tienen una tendencia *natural* a no gustar del alimento sólido. La repulsión es una sensación de fuerte aversión hacia algo.

D.A. Carson escribe:

> Pero hay cristianos que son vomitadores de tipo proyectil de categoría internacional, hablando espiritualmente, después de muchos años de vida. Simplemente no pueden digerir lo que Pablo llama 'alimento sólido'. Hay que darles leche, porque no están listos para nada más. Si uno intenta darles algo más que leche, vomitan y ensucian a todos y todo lo que les rodea. En algún momento el número de años que ellos han sido cristianos le lleva a usted a esperar algún comportamiento maduro de su parte, pero nos decepcionan. Todavía son bebés y muestran su miserable inmadurez, incluso en la manera en que se quejan si se les da otra cosa que no sea leche. No es para ellos el conocimiento sólido de las Escrituras; no es para ellos el pensamiento teológico maduro; y tampoco es para ellos el crecer y el pensamiento cristiano perceptivo. No quieren nada más que otra ronda de coros y un 'mensaje sencillo' – algo que no les desafiará a pensar, a examinar sus vidas, a tomar decisiones, y a crecer en su conocimiento y adoración del Dios vivo. Por tanto, los corintios son, entonces, creyentes miserablemente inmaduros.[124]

En mis viajes por el mundo enseñando del tema de crecimiento y madurez espiritual, he oído tantas excusas (incluso de los líderes cristianos) con respecto al crecimiento espiritual. Permítame compartir solo algunas de ellas:

- ¡Es tan difícil! Incluso la Biblia, en Eclesiastés 12:12, nos dice que demasiada enseñanza es cansancio al cuerpo.
- No quiero adquirir demasiado conocimiento porque entonces Dios esperará mucho de mí (Vea Lucas 12:48).
- No necesito estudiar la Biblia antes de predicar o hacer un plan o un esquema de sermón, porque el Espíritu Santo me dará las palabras exactas que necesito hablar (Vea Marcos 13:11).
- Está escrito no tener demasiados maestros (Vea Santiago 3:1).

Si mira las referencias bíblicas que he provisto, todas estas Escrituras están tomadas fuera de contexto, comprobando aún más el peligro de inmadurez espiritual. Obviamente, un bebé biológico no puede hacer la transición de *la leche* a los *alimentos sólidos* en una noche. Sería una tontería tener una expectativa tan poco realista. Es un proceso gradual. Él o ella debe ser destetado primero. Las papilas gustativas de un bebé deben ser cultivadas para que *les guste los* alimentos sólidos. De la misma manera, nuestras "papilas gustativas espirituales" deben ser cultivadas para desear alimentos sólidos durante un cierto periodo de tiempo. Pero, de ninguna manera debe el periodo de destete tomar cuarenta años; pueden ser tres o cuatro, pero no más.

Charles R. Swindoll escribe:

Puede ver que para que un cristiano pueda digerir alimentos sólidos, necesita tener un sistema digestivo adulto y maduro. Necesita dientes. Necesita tener un apetito que se cultiva por un periodo de tiempo para las cosas profundas, para las cosas sólidas de Dios. Los bebés espirituales deben crecer. Algunas de las personas más difíciles con quienes se convive en la iglesia de Jesucristo son aquellas que han envejecido en el Señor, pero no han crecido en Él.[125]

Mientras más demoremos nuestra exposición a los alimentos sólidos, más tardaremos en desarrollar un gusto por ellos. Se requiere una decisión profunda para trasladarse de la leche a los alimentos sólidos. De lo contrario, nos quedaremos "tardos para oír". El autor de Hebreos lo expresa así: "Pero el alimento sólido es para los adultos, los cuales por la práctica tienen los sentidos ejercitados para discernir el bien y el mal" (Hebreos 5:14).

Probablemente usted ya se ha dado cuenta de esto, pero no es fácil medir la madurez espiritual. Muchos creyentes asumen erróneamente que con el paso del tiempo ellos automáticamente madurarán espiritualmente. A diferencia de la madurez física, que es principalmente una función de tiempo, la madurez espiritual no lo es. El factor de tiempo es obvio cuando se trata de madurez física. Fácilmente podemos diferenciar entre un niño de tres años y un hombre de treinta años. En el reino espiritual, el crecimiento y la madurez no son una función de tiempo, sino una función de nuestra dieta espiritual. Por ejemplo, puede haber unos cristianos que han asistido a la iglesia local por treinta años y siguen en un nivel de niño pequeño, comportándose como un cristiano de tres años. Con un discipulado adecuado, es posible que un cristiano que recibió a Cristo hace tres años sea espiritualmente maduro, mostrando la vida y el carácter de Cristo (Gálatas 5:22–23; Juan 15:8).

La inmadurez espiritual afecta nuestro discurso, nuestro pensamiento y nuestras decisiones. Pablo escribe: "Cuando yo era niño, hablaba como niño, pensaba como niño, razonaba como niño" (1 Corintios 13:11a). Por lo tanto, es imperativo participar inmediatamente en el proceso de crecimiento y madurez espiritual para que podamos deshacernos de las cosas de niños. Pablo continúa: "pero cuando llegué a ser hombre, dejé las cosas de niño" (1 Corintios 13:11b).

Lo opuesto de inmadurez, por supuesto, es madurez

espiritual. La madurez es el alto llamamiento de Dios para cada hijo de Dios, y se evidencia principalmente por nuestras prioridades. ¿Continuamos persiguiendo *cosas* y *éxitos* del mundo? ¿O buscamos la meta que Dios ha puesto delante de nosotros? ¿Cristo mismo? Pablo escribe: "prosigo hacia la meta para obtener el premio del supremo llamamiento de Dios en Cristo Jesús" (Filipenses 3:14). Si el gran apóstol Pablo sintió la necesidad de "seguir adelante", cuánto más usted y yo necesitamos hacerlo. Pablo amonesta a los cristianos dedicados al proceso de perfección con estas palabras: "Así que todos los que somos perfectos, tengamos esta misma actitud; y si en algo tienen una actitud distinta, eso también se lo revelará Dios" (Filipenses 3:15). La madurez cristiana no significa perfección sin pecado. No significa que aquellos que son maduros son de un nivel más alto que los individuos que no pueden humillarse para vivir en unidad con los demás. ¡De ninguna manera!

La palabra griega para *perfección*—teleios[126] usada por Pablo en Filipenses 3:15 significa "edad completa, edad adulta, crecido completamente; se trata de personas, con una mente y un entendimiento adultos (1 Corintios 14:20): con conocimiento de la verdad (1 Corintios 2:6; Filipenses 3:15; Hebreos 5:14); en la fe cristiana y la virtud (Efesios 4:13).[127] Pablo explica, "Sin embargo, continuemos viviendo según la misma norma que hemos alcanzado" (Filipenses 3:16). Como dijo Peter Meiderlin[128] en una ocasión: "En unidad esencial, en libertad no esencial, caridad en todas las cosas."[129]

La madurez espiritual no es una competencia entre aquellos que pueden recitar más hechos teológicos. Más bien, la madurez espiritual se demuestra por amor, amor ágape. La Biblia nos enseña, "Pero el propósito de nuestra instrucción es el amor nacido de un corazón puro, de una buena conciencia y de una fe sincera" (1 Timoteo 1:5). La madurez espiritual genuina se caracteriza por mostrar un amor ágape genuino, que es la naturaleza misma de Dios.

Créame, no fue placentero escribir esta sección, y estoy seguro que tampoco fue placentero para usted leerla. Por favor hágase un gran favor, declare delante de Dios tres cosas positivas:

- – Dios, tengo hambre de alimento sólido.
- – Espíritu Santo, deseo comer como cristiano maduro.
- – Querido Señor Cristo, estoy en búsqueda de crecimiento espiritual. Mi deseo profundo es ser un cristiano maduro. Te invito a mostrar la vida y el carácter de Cristo en mí.

Ahora que ha hecho estas declaraciones importantes, por favor séllelas en una oración como esta:

Querido Dios, por favor siembra en mí un profundo deseo de tu Palabra. Por favor desarrolla mis papilas gustativas para los alimentos sólidos. O Señor Jesús, por favor, llévame en Tus brazos y condúceme a pastos verdes para que pueda crecer más y más en la gracia y en mi conocimiento de Ti. Ayúdame, Dios. ¡Amen!

4. Desconocimiento de la Identidad Espiritual

Que tragedia ser hijo de Dios y todavía ignorar su identidad espiritual. Si los cristianos solo se ven como *pecadores salvados por gracia*, tienen un punto de vista que es extremadamente perjudicial para su verdadera identidad. Los creyentes inmaduros no pueden comprender quiénes son en Cristo. No entienden que ya son justos a los ojos de Dios. Como hijos de Dios, tenemos acceso a todo lo que tiene Dios. Debido a la inmadurez, hablando prácticamente, no podemos poseer Sus riquezas todavía.

Permítame intentar ilustrar este punto. Mientras todavía eran esclavos en Egipto, Dios prometió a los judíos un país que fluía leche y miel: la Tierra Prometida. Dios dijo a Moisés:

Así que he descendido para librarlos de mano de los egipcios, y para sacarlos de aquella tierra a una tierra buena y espaciosa, a una tierra que mana leche y miel, al lugar de los cananeos, de los hititas, de los amorreos, de los ferezeos, de los heveos y de los jebuseos. (Éxodo 3:8)

Al menos 600,000 judíos varones adultos recibieron esta promesa de Dios. Esta era una oferta gloriosa. Como todos sabemos, Dios no puede mentir (Hebreos 6:18). Aun así, debido a su incredulidad, que, de acuerdo con Hebreos 3:17-19, conduce a la desobediencia, solo dos de ellos realmente entraron en la "tierra que fluye leche y miel." Esto representa solo el 0.00033% de los judíos que recibieron la promesa. Creo que esto le parte el corazón al Padre celestial.

La inmadurez espiritual es peligrosa y costosa. Pablo escribe: "Digo, además, que entre tanto que el heredero es *niño* (Gr. népios[130]) en nada difiere del *esclavo*[131] aunque es señor de todo" (Gálatas 4:1 RVA-2015). La persona que carece de madurez no puede hablar pensamientos espirituales usando palabras espirituales porque él o ella es analfabeto e ignorante (1 Corintios 2:13–14). Por tanto, él o ella no puede manejar la herencia espiritual de Dios. Como resultado, el Padre no puede confiarle nada de importancia.

Como hijos de Dios, "Él nos sentó en los lugares celestiales en Cristo Jesús" (Efesios 2:6). Por nuestro nacimiento espiritual, esta es nuestra posición legítima. Sin embargo, sin desarrollar "alas" a través de nuestra madurez espiritual, no podemos volar como las águilas; en lugar de eso, seguimos engullendo las mismas palabras como pavos dando vueltas alrededor del mismo viejo granero. Para recibir y manejar responsabilidades espirituales, es necesario que los hijos de Dios crezcan y maduren en "la gracia y el conocimiento de nuestro Señor y Salvador Jesucristo" (Pedro 3:18). Para que podamos salir de la pobreza espiritual del viejo "granero" necesitamos crecer alas como las águilas y volar más alto en el cielo.

El autor de Hebreos escribe tan audazmente sobre esto: "Porque todo el que toma solo leche, no está acostumbrado a la palabra de justicia, porque es niño" (Hebreos 5:13). Por eso, cuando se trata de identidad espiritual, la doctrina de la justicia del creyente es crucial. La justicia[132] es el estado de perfección moral requerido por Dios para entrar al cielo. Dikaiosuné, que significa justicia, "es la conformidad con los reclamos de autoridad superior, y se opone a la anomia (número 458 de Strong). anarquía"[133]. Según el *Diccionario Merriam-Webster*, ser justo significa: "Actuar según la ley divina o moral; libre de culpa o pecado."[134] Los sinónimos de "justo" son: equidad, bondad, honor, justicia, rectitud, virtud.[135]

Toda la Ley del Antiguo Testamento, incluyendo los Diez Mandamientos y la Ley "moral" que, según algunos expertos del Antiguo Testamento, asciende a aproximadamente 613 leyes, que representan el carácter moral de Dios. "La ley es santa, y el mandamiento es santo, justo y bueno" (Romanos 7:12). Pero cuando se trata de concedernos justicia, debido a la carne, la ley es impotente (Romanos 8:4). La enseñanza del Nuevo Testamento es clara en que "el hombre no es justificado por las obras de la ley" (Gálatas 2:16).

Para asegurarme de que no estoy hablando fuera de contexto, me gustaría decir muy brevemente algunas cosas acerca de la Ley:

- Primero: el rol de la Ley era mostrar cuán horrible es el pecado. Pablo explica, "para que por medio del mandamiento (Ley) el pecado llegue a ser en extremo pecaminoso" (Romanos 7:13).
- Segundo: la Ley debía ser un tutor para nosotros, para dirigirnos a Cristo. La Biblia nos dice: "De manera que la ley ha venido a ser nuestro guía para conducirnos a Cristo, a fin de que seamos justificados por la fe" (Gálatas 3:24).

La Escritura deja en claro que cuando Cristo vino, ya no es necesario permanecer bajo este "tutor." "Pero ahora que ha venido la fe, ya no estamos bajo el guía" (Gálatas 3:25). Cuando se trata del tema de la justicia, Pablo deja las cosas en claro. Él enseña que uno puede "ser hallado en Él, no teniendo mi propia justicia derivada de la ley, sino la que es por fe en Cristo, la justicia que procede de Dios sobre la base de la fe" (Filipenses 3:9). Según el Nuevo Testamento, el fundamento para nuestra justicia como creyentes del Nuevo Pacto se basa únicamente en la obra terminada de Cristo en la Cruz del Calvario--Su muerte, resurrección y Su ascensión.

Un creyente del Nuevo Testamento es considerado justo por la fe en Jesucristo (vea Romanos 4 y 5). En un sentido más profundo, la justicia es más que estar bien con Dios. La Biblia enseña que nuestra justicia está en Cristo Jesús mismo que habita en nuestros corazones (vea Filipenses 1:20–21, Romanos 8:10, 1 Corintios 1:30, Gálatas 2:20, Efesios 3:17, Colosenses 3:4). Además, en sus escritos proféticos, Jeremías habla del Mesías como "un Retoño justo" (Jeremías 23:5), y que Él será llamado "El Señor, justicia nuestra" (Jeremías 23:6b). ¡Esto fue profetizado varios cientos de años antes de la crucifixión de Cristo! No es de extrañar que Pablo escriba con tanta confianza que Jesucristo es nuestra justicia. "Pero por obra Suya están ustedes en Cristo Jesús, el cual se hizo para nosotros sabiduría de Dios, y justificación, santificación y redención" (1 Corintios 1:30). Cuando se trata de justicia, 1 Corintios 1:30 es uno de mis versos favoritos de todos los tiempos. También 2 Corintios 5:21 lo explica muy claramente. "Al que no conoció pecado, lo hizo pecado por nosotros, para que fuéramos hechos justicia de Dios en Él." Según este versículo, como hijos de Dios tenemos una justicia tan valiosa y preciosa como la justicia del mismo Cristo. ¿Por qué? Porque Él es nuestra justicia.

La base de nuestra salvación y la única esperanza de justicia se mantienen firmes en:

– a. La sangre de Cristo en el Calvario (vea Romanos 3:24, 4:25, 5:9, 8:3–4, 1 Corintios 15:3, Gálatas 2:20, Efesios 1:7, Hebreos 9:14, 1 Pedro 1:18-19, 1 Juan 4:10), y
– b. Su vida resucitada en nuestros corazones (vea

Romanos 4:25, 5:9–10, 8:10–11, Gálatas 2:20, Colosenses 3:1–3).

Pablo es el experto en la doctrina de la justicia. Él argumenta y demuestra este importante tema desde múltiples ángulos. La primera parte de Romanos está dedicada a recibir la justicia por fe. Escribe: "Porque en el evangelio la justicia de Dios se revela por fe y para fe, como está escrito: "Mas el justo por la fe vivirá" (Romanos 1:17). En Romanos 3:21-22, leemos: "Pero ahora, aparte de la ley, la justicia de Dios ha sido manifestada, confirmada por la ley y los profetas. Esta justicia de Dios por medio de la fe en Jesucristo es para todos los que creen. Porque no hay distinción."

Es tan importante entender que Pablo no dice en ningún lugar del Nuevo Testamento que la justicia se obtiene al observar la Ley del Antiguo Testamento. Pablo escribe: "Porque por las obras de la ley ningún ser humano será justificado delante de Él; pues por medio de la ley viene el conocimiento del pecado" (Romanos 3:20). Incluso la justicia que recibió Abraham, la recibió por fe. Pablo escribe: "Porque ¿qué dice la Escritura? "Y creyó Abraham a Dios, y le fue contado por justicia". "Pero al que no trabaja, pero cree en Aquel que justifica al impío, su fe se le cuenta por justicia" (Romanos 4:3,5). De otra manera, se basaría en el mérito y la promesa quedaría invalidada. "Porque si los que son de la ley son herederos, vana resulta la fe y anulada la promesa" (Romanos 4:14).

Algunos pueden preguntar: "Hermano Valy, ¿está sugiriendo que, dado que tenemos la justicia de Cristo, entonces ya no importa cómo conduzcamos nuestras vidas?"

¡De ninguna manera! Este es un gran malentendido. Pablo también fue mal interpretado. ¿Recuerda cómo respondió a este tipo de preguntas? "¿Qué diremos, entonces? ¿Continuaremos en pecado para que la gracia abunde?" (Romanos 6:1). Respondió a su propia pregunta retórica: "¡De ningún modo! Nosotros, que hemos muerto al pecado, ¿cómo viviremos aun en él?" (Romanos 6:2). *Ser justo en el núcleo interno de nuestro ser, y continuar en pecado es incompatible.* Es como ir en contra de nuestra propia naturaleza.

Déjeme intentar ilustrarlo para usted. Un león es un carnívoro. Está en su naturaleza comer carne. Una vaca es un herbívoro. Está en su naturaleza comer hierba. Para un león comer hierba estaría en contra de su propia naturaleza. Para una vaca comer carne sería contrario a su propia naturaleza. Para un cristiano continuar en pecado sería incompatible con su propia naturaleza: un santo y participante de la naturaleza misma de Dios.

¿Significa todo esto que Dios no está interesado en nuestro comportamiento moral o en el desarrollo de nuestro carácter porque tenemos la justicia de Cristo? Por supuesto que no. Este es un engaño que viene de lo profundo del infierno. Dios está muy interesado en nuestro comportamiento, pero no nos otorga Su justicia basada en nuestro comportamiento cambiado. Esto significaría reinstituir la Ley del Antiguo Testamento.

Entonces, ¿cómo llegó Dios a esto? En Cristo, Dios nos mató y luego nos resucitó en Él, haciéndonos tan justos como Cristo. Dios nos ha situado en Cristo. Y cuando Cristo murió en la cruz, nosotros morimos con Él (Romanos 6:3–4). Cuando resucitó de entre los muertos, fuimos resucitados con Él (Colosenses 2:12). Cuando ascendió a la diestra del Padre, fuimos (tiempo pasado) también sentados con Él a la diestra del Padre, en Cristo (Efesios 1:12, 2:6). ¡Bastante impresionante!

Ahora, debido a la posición que tenemos en Cristo, y al hecho de que Él está en nosotros (Colosenses 1:27), el pecado ya no tiene dominio sobre nosotros, de manera que podemos vivir libremente para Dios. Parece sencillo, pero no es simple. La Biblia nos enseña: "ni presenten los miembros de su cuerpo al pecado como instrumentos de iniquidad, sino preséntense ustedes mismos a Dios como vivos de entre los muertos, y sus miembros a Dios como instrumentos de justicia" (Romanos 6:13). Como no estamos bajo la ley sino bajo la gracia (Romanos 6:14), continuamos siendo salvos por la vida de Cristo. Pablo escribe: "Porque si cuando éramos enemigos fuimos reconciliados con Dios por la muerte de su Hijo, mucho más, habiendo sido reconciliados, seremos salvos por Su vida" (Romanos 5:10). El secreto de vivir una vida victoriosa y plena es *la vida de Cristo*. Debido a que Cristo habita en nosotros, podemos presentarnos nosotros y nuestros miembros a Dios, en obediencia. Como resultado, disfrutamos de una justicia práctica. La Biblia nos dice: "¿No saben ustedes que cuando se presentan como esclavos a alguien para obedecerle, son esclavos de aquel a quien obedecen, ya sea del pecado para muerte, o de la obediencia para justicia?" (Romanos 6:16). Ahora, debido a la posición especial que tenemos *en Cristo*, nos convertimos en esclavos de justicia (Romanos 6:18).

¿Está interesado Dios en la santidad? Claro que sí. Sus estándares de santidad no han cambiado, ni siquiera por un micrón.[136] Más aún, Dios está buscando una santidad genuina. ¿Cómo pueden los cristianos obtenerla? Solo de una manera: presentándonos y a nuestros miembros como esclavos de justicia. Esto resultará en santificación. Tome nota y manténgala a mano: *Esta es la única forma en que los cristianos pueden llegar a una santidad genuina*. Sí, (vea Mateo 22:11-12), se requiere que los cristianos sean personas santas. Pero asegúrese de leer esto en el contexto de Apocalipsis 19:7-8. ¿Significa esto que la salvación es por fe y la santificación es por obras? ¡Por supuesto que no! Esta es la trampa del enemigo para hacernos actuar independientemente de Dios. Esto es vivir y andar en la carne. Pablo reprende fuertemente esta forma de pensar y de comportarse. Escribe: "¿Tan insensatos son? Habiendo comenzado por el Espíritu, ¿van a terminar ahora por la carne?" (Gálatas 3:3).

Ahora, algunos pueden preguntar: "Hermano Valy, ¡estoy confundido! ¿Quiere decir que me cruzo de brazos y no hago nada? ¿Estoy siendo perfeccionado por algún tipo de piloto automático?"

¡No, de ninguna manera! La Biblia nos enseña que tenemos un rol activo en el proceso de santificación práctica. "Así que, amados míos, tal como siempre han obedecido, no solo en mi presencia, sino ahora mucho más en mi ausencia, ocúpense en su salvación con temor y temblor" (Filipenses 2:12).

Algunos dirán: "Bueno ... eso me suena a "trabajo". Puede sonar así, pero no lo es. En la economía de Dios, la fuente de poder y motivación marca toda la diferencia. El siguiente verso lo explica, "Porque Dios es el que produce en ustedes tanto el querer como el hacer para cumplir su buena voluntad" (Filipenses 2:13 RVA-2015). Al final lo que cuenta es que la vida de Cristo sea manifestada dentro y a través de nosotros. Pablo escribe: "Y cuando se manifieste Cristo, la vida de ustedes, se manifestará, entonces también ustedes serán manifestados con él en gloria" (Colosenses 3:4). Por eso, saber quiénes somos en Cristo es la clave para la victoria espiritual.

Cuando se trata del tema de la identidad espiritual, debemos ser honestos con nosotros mismos, de lo contrario nos costará caro. Ahora, con una comprensión mucho más completa, declaremos delante de Dios tres cosas positivas:

– Dios, soy tan ignorante de quién soy realmente.
– Querido Señor Jesús, quiero crecer en la posición que me corresponde como hijo maduro (huios) y prosperar en la casa de Dios.
– Espíritu Santo, por favor revélame mi identidad espiritual.

Ahora postrémonos ante Dios en oración con estas palabras:

Padre Dios, te agradezco por situarme en Cristo, de manera que cuando Él murió en la cruz, yo morí con Él. Creo que cuando resucitaste a Jesús de entre los muertos, también me justificaste y me hiciste justo en Él. No tengo palabras para agradecerte por la gloriosa posición de estar sentado con Cristo a tu diestra en el cielo.

Esta es mi identidad; este es mi destino; esta es mi nueva vida ahora. Yo soy la justicia de Dios en Cristo. Oro en el maravilloso nombre de Jesús, quien es mi vida, mi todo. Amén.

5. Incapacidad de Hacer una Contribución Significativa al Cuerpo Espiritual de Cristo.

Pablo escribe: "Más bien, al hablar la verdad en amor, creceremos en todos los aspectos en Aquel que es la cabeza, es decir, Cristo, de quien todo el cuerpo, estando *bien ajustado* y *unido* por la cohesión que *las coyunturas* proveen, conforme al funcionamiento adecuado de cada miembro, produce el crecimiento del cuerpo para su propia edificación en amor" (Efesios 4:15–16).

Es de vital importancia entender que Dios está mirando tanto el crecimiento y la madurez espiritual del individuo como también el crecimiento de todo el cuerpo.

- *Primero:* "Debemos crecer en todos los aspectos en Aquel."
- *Segundo:* "Todo el cuerpo...conforme al funcionamiento adecuado de cada miembro, produce el crecimiento del cuerpo."

¿Ve esta dinámica espiritual? ¡Espero que sí! La conclusión es clara. La inmadurez en miembros individuales de la Iglesia produce estancamiento del crecimiento espiritual de todo el cuerpo. Y este es probablemente el mayor peligro de la inmadurez espiritual.

Creo que hay cinco aspectos extremadamente importantes que se derivan de Efesios 4:16.

Son los siguientes:

1. El cuerpo entero, estando bien ajustado,
2. El cuerpo entero, unido,
3. Por la cohesión que las coyunturas proveen,
4. Cada miembro produce el crecimiento y la madurez espiritual de todo el cuerpo, y
5. El cuerpo, la Iglesia, debe ser edificada en amor.

Permítame decir algunas cosas acerca de cada uno de

estos cinco aspectos.

1. *El cuerpo entero, estando bien ajustado*

Esto suena bien en papel, pero la pregunta es: ¿qué puede lograr la unión del Cuerpo de Cristo?

Creo que estará de acuerdo que es el amor lo que une al Cuerpo. En su carta a los Colosenses, Pablo indica que la compasión, la bondad, la humildad, la gentileza, la paciencia y el perdón son importantes para la salud espiritual y emocional general de la iglesia local. Luego escribe: "Sobre todas estas cosas, vístanse de amor, que es el vínculo de la unidad" (Colosenses 3:14). ¿Ve? *El amor es el vínculo perfecto de la unidad.*

Solo podemos llegar a este profundo punto de comprensión a través de una experiencia personal de la muerte y resurrección de Cristo.

La Biblia nos enseña:

Pues el amor de Cristo nos apremia, habiendo llegado a esta conclusión: que Uno murió por todos, y por consiguiente, todos murieron. Y por todos murió, para que los que viven, ya no vivan para sí, sino para Aquel que murió y resucitó por ellos. (2 Corintios 5:14–15)

Solo cuando entendemos nuestra identificación en la muerte y resurrección de Cristo podemos vivir para Él y no para nosotros mismos. No hay otra cura para nuestro egocentrismo que la cruz de Cristo.

Si vamos a "crecer en todos los aspectos en Él," debemos practicar hablar la verdad en amor. En otras palabras, en nuestra comunión los unos con los otros, debemos ejercer la suficiente transparencia y aceptación para decir la verdad, no de manera apresurada, sino en amor. Juan escribe tan tiernamente: "Hijos, no amemos de palabra ni de lengua, sino de hecho y en *verdad*" (1 Juan 3:18). Al comienzo de su segunda carta, Juan escribe: "La gracia, la misericordia, y la paz estarán con nosotros, de Dios el Padre y de Jesucristo,

Hijo del Padre, *en verdad y amor*" (2 Juan 1:3). De manera similar, en la tercera carta, Juan escribe: "El anciano, a Gayo, el amado, a quien *amo en la verdad* (3 Juan vs. 1). *El amor ágape no puede existir sin la verdad; y la verdad no puede existir sin amor ágape.* Estos dos van de la mano y contribuyen a nuestro crecimiento espiritual.

2. *El cuerpo entero, unido*

¡Esto habla de una profunda unidad orgánica! Pero la pregunta es, ¿qué mantiene (o sostiene) unido al Cuerpo de Cristo?

Creo que lo único que puede lograr esto es *la verdad.* La verdad es la única *fuerza* que mantiene unida a la Iglesia cristiana. Solo la Persona de Verdad, *Cristo mismo,* nos mantiene unidos. Aquí hay una poderosa Escritura: "Él antecede a todas las cosas, y en él todas las cosas subsisten" (Colosenses 1:17 RVA-2015). Cristo, en un sentido, es ese *cinturón de verdad* que nos envuelve. Pablo escribe: "Estén, pues, firmes, ceñida su cintura con la verdad, revestidos con la coraza de justicia" (Efesios 6:14). "Tener la cintura ceñida con la verdad" significa "rodear con un cinturón o banda" y "prepararse (uno mismo) para acción."

En el Antiguo Testamento está escrito:

> Estas palabras que yo te mando hoy, estarán sobre tu corazón. Las enseñarás diligentemente a tus hijos, y hablarás de ellas cuando te sientes en tu casa y cuando andes por el camino, cuando te acuestes y cuando te levantes. Las atarás como una señal a tu mano, y serán por insignias entre tus ojos. (Deuteronomio 6:6–8)

Al comentar acerca de este versículo, John Wesley escribe: "Las atarás; darás toda la diligencia y usarás todos los medios para mantenerlas en el recuerdo, ya que los hombres a menudo atan algo en sus manos o lo ponen delante de sus ojos para evitar olvidar algo que desean mucho recordar."[137] En otras palabras, debemos contemplar al Señor Jesús y siempre tener en cuenta Sus palabras. El sabio rey del Antiguo Testamento escribe: "Átalos a tus dedos, escríbelos en la tabla de tu corazón"(Proverbios 7:3).

3. *Por la cohesión que las coyunturas proveen*

Todos estamos de acuerdo que Cristo tiene una sola Iglesia. Él va a volver por una sola novia, no por 41,000[138] *novias pequeñas.* ¡El Cuerpo de Cristo no es un miembro en sí mismo, sino muchos miembros en unidad! Aun así, hablando prácticamente, el pueblo de Dios vivía en mucha desunión. Pablo entendió muy bien el principio de la unidad orgánica. Él escribe: "Porque el cuerpo no es un solo miembro, sino muchos" (1 Corintios 12:14).

Te reto a que tengas en cuenta el siguiente principio: "Lo que hace que el cuerpo físico sea poderoso no son los miembros individuales separados los unos de los otros, sino las coyunturas que se juntan en unidad." Lo mismo es cierto en el campo espiritual. Cuando los creyentes están estrechamente vinculados con Dios y los unos con los otros, al obedecer Sus mandamientos pueden luchar para avanzar en Su reino, en lugar de pelear entre sí. La Biblia promete: "¿Cómo es que uno puede perseguir a mil, y dos hacer huir a diez mil?" (Deuteronomio 32:30b).

Permítame ilustrar. Miremos el hombro. El hombro humano está formado por tres huesos: la clavícula, la escápula (omóplato) y el húmero (hueso de la parte superior del brazo), así como los músculos, ligamentos y tendones asociados. Si alguno de estos tres huesos se separara de otro, no podrían hacer nada. Lo que hace que el hombro sea poderoso es el hecho de que todas estas partes entre los huesos del hombro se unen para formar las coyunturas del hombro.

Déjeme darle otro ejemplo: el codo. La articulación del codo humano es la coyuntura de la bisagra sinovial entre el húmero en la parte superior del brazo y el radio y el cúbito en el antebrazo, lo que permite mover la mano hacia y desde el cuerpo. Es obvio que estos componentes (el húmero, la parte superior del brazo, el radio y el cúbito) por sí solos no pueden realizar (si están separados entre sí) lo que el codo (como una coyuntura) puede hacer.

¿Necesito explicar más? ¿Debo explicar cómo funciona la cadera? La unión de la cadera, conocida científicamente como la articulación acetábulo-femoral, es la articulación entre el fémur y el acetábulo de la pelvis. Su función primordial es soportar el peso del cuerpo en posturas estáticas (de pie) y dinámicas (caminando o corriendo). Las articulaciones de la cadera son la parte más importante para mantener el equilibrio. El ángulo de inclinación pélvica, que es el elemento único más importante de la postura del cuerpo humano, es ajustado en las caderas. Es la unión del fémur y el acetábulo lo que forma esta importante articulación. Estos elementos por sí solos no pueden hacer nada, pero juntos, la articulación de la cadera ayuda a todo el cuerpo cuando está de pie o corriendo. ¿No es esto asombroso? Podríamos seguir con estos ejemplos del cuerpo humano.

Si esto es cierto para el cuerpo humano, es lo mismo para el Cuerpo espiritual: *la Iglesia*. Pablo escribe: "Porque, así como el cuerpo es uno, y tiene muchos miembros, pero, todos los miembros del cuerpo, aunque son muchos, constituyen un solo cuerpo, así también es Cristo" (1 Corintios 12:12). ¡Piense en un cuerpo decapitado! ¿Puede ese cuerpo hacer algo? ¡Por supuesto que no! No funciona. Está muerto. Del mismo modo, el cuerpo espiritual, *la Iglesia*, no puede funcionar. *La Iglesia está muerta sin su perfecta unión con Cristo.* Es por eso que el Señor Jesús dice claramente a sus discípulos: "Yo soy la vid, ustedes las ramas. El que permanece en mí, y yo en él, este lleva mucho fruto. Pero separados de mí nada pueden hacer" (Juan 15:5). Espero que entendamos esto más pronto que tarde.

4. *Cada miembro produce el crecimiento y la madurez espiritual de todo el cuerpo.*

Ahora, hemos llegado a la hora de la verdad. De la misma manera en que los tres huesos, la clavícula, la escápula y el húmero se unen para formar la articulación de los hombros, así debe hacerse en el cuerpo de Cristo. El profeta Isaías anunció acerca de la venida del Niño dado a nosotros. Él afirmó, "...la soberanía reposará sobre Sus hombros" (Isaías 9:6b). No creo que sea estirar demasiado decir que los "hombros" de Cristo en la tierra somos nosotros, la Iglesia, viniendo en unidad para servir los propósitos de Dios. ¡Me gusta esta conexión! ¡Espero que a usted también le guste!

El principio de Pareto,[139] la ley de lo esencial, también conocida como la Regla 20/80, establece que, para muchos eventos, aproximadamente el 80% de los efectos proviene del 20% de las causas. Este principio parece afectar también a las iglesias. Si somos sinceros debemos atestiguar estos hechos:

– 20% de los cristianos completan el 80% de los ministerios de la iglesia local.
– 80% de las contribuciones financieras son donadas por el 20% de los simpatizantes.

Interesante, ¿verdad? "Según los investigadores, Scott Thumma y Warren Bird, la mayoría de las iglesias (grandes y pequeñas, blancas y negras) en realidad son administradas por el 20 por ciento de la congregación. El otro 80 por ciento, dicen, tienden a actuar como espectadores: están mínimamente involucrados y asisten con poca o ninguna frecuencia."[140] ¡Esto es asombroso! Sin embargo, Dios no quiere que la Regla 20/80 esté vigente en Su Iglesia. Dios quiere que la Regla 100/100 entre en vigencia dentro del Cuerpo de Cristo. La Biblia nos dice: "de quien todo el cuerpo, estando bien ajustado y unido por la cohesión que las coyunturas proveen, conforme al funcionamiento adecuado de cada miembro, produce el crecimiento del cuerpo para su propia edificación en amor" (Efesios 4:16). En otras palabras, no debe haber inactividad en el cuerpo de Cristo. Ningún miembro individual debe estar "desempleado," sino que todos deben estar involucrados en algo bueno para Dios y para los demás. Pablo escribe:

"Ahora bien, ustedes son el cuerpo de Cristo, y cada uno individualmente un miembro de él" (1 Corintios 12:27). Esto ha sido escrito para desalentar toda forma de división dentro del Cuerpo de Cristo, "a fin de que en el cuerpo no haya división, sino que los miembros tengan el mismo cuidado unos por otros" (1 Corintios 12:25).

5. El cuerpo, la Iglesia, debe ser edificada en amor

Esto, en cierto sentido, es el clímax en los escritos de Pablo. Escribe: "...en quien todo el edificio, bien ajustado, va creciendo para ser un templo santo en el Señor. En Cristo también ustedes son edificados para morada de Dios en el Espíritu" (Efesios 2:21–22). "...de quien todo el cuerpo, estando bien ajustado y unido por la cohesión que las coyunturas proveen, conforme al funcionamiento adecuado de cada miembro, produce al crecimiento del cuerpo para su propia edificación en amor" (Efesios 4:16). Creo con todo mi corazón que, si cada cristiano fuera consciente de este principio, que el cuerpo de Cristo está edificado en amor, traería un avivamiento tremendo. Esta sería una revolución de amor con cada miembro de la iglesia declarando: "*No yo, sino Él. ¡No nosotros, sino el Reino de Dios!*"

Sin importar qué, Dios será consistente con Su propia naturaleza (*amor ágape*) y todos Sus principios. Pablo nos advierte: "Ahora bien, si sobre este fundamento alguien edifica con oro, plata, piedras preciosas, madera, heno, paja, la obra de cada uno se hará evidente; porque el día la dará a conocer, pues con fuego será revelada. El fuego mismo probará la calidad de la obra de cada uno" (1 Corintios 3:12–13).

Cuanto más analizo el vasto tema del crecimiento y la madurez espiritual, más me convenzo de que a medida que los miembros individuales de cualquier iglesia local experimenten crecimiento espiritual, son formadas *coyunturas espirituales* por el Espíritu Santo dentro del Cuerpo Universal. El Cuerpo de Cristo llega a un punto de "ser bien ajustado y unido." Esto se hace mediante la formación de coyunturas. Obviamente, la formación de las articulaciones depende del "funcionamiento adecuado de cada miembro." ¿Ve la cadena de eventos? Si Satanás puede mantener a la mayoría de los miembros individuales de una iglesia local desinteresada en la madurez espiritual, en cierto sentido, puede evitar la madurez espiritual en todo el cuerpo local. Tengo la sospecha de que esta es exactamente la estrategia que usa el enemigo.

Por eso que la Escritura está llena de expresiones como "unos a otros" y "el uno al otro." Antes de su crucifixión, en el ambiente más íntimo (la Santa Comunión), Cristo dijo: "Un mandamiento nuevo les doy: "que se amen los unos a los otros"; que como Yo los he amado, así también se amen los unos a los otros. En esto conocerán todos que son Mis discípulos, si se tienen amor los unos a los otros" (Juan 13:34–35).

Como creyentes, estamos llamados a:

- Ser afectuosos unos con otros con amor fraternal (Romanos 12:10)
- Tener el mismo sentir unos con otros (Romanos 12:16)
- No nos juzguemos los unos a los otros (Romanos 14:13)
- Edificarnos el uno al otro (Romanos 14:19; 1 Tesalonicenses 5:11)
- Aceptarnos los unos a los otros (Romanos 15:7)
- Amonestarnos los unos a los otros (Romanos 15:14; Colosenses 3:16)
- Saludarnos los unos a los otros con amor fraternal (Romanos 16:16; 1 Pedro 5:14)
- Tener el mismo cuidado unos por otros (1 Corintios 12:25)
- Ser amables unos con otros (Efesios 4:32)
- Misericordiosos, perdonándonos unos a otros (Efesios 4:32)
- Hablar vida el uno al otro (Efesios 5:19)
- Estar sujetos el uno al otro (Efesios 5:21)
- Servirnos por amor los unos a los otros (Gálatas 5:13)

- Llevar los unos las cargas de los otros (Gálatas 6:2; Colosenses 3:13)
- Soportándonos unos a otros en amor (Efesios 4:2)
- Considerar al otro como más importante que uno mismo (Filipenses 2:3)
- Abundar en amor unos para con otros (1 Tesalonicenses 3:12, 4-9; 2 Tesalonicenses 1:3; 1 Pedro 1:22, 4:8; 1 Juan 3:11, 4: 7, 4:11, 4:12; 2 Juan 1:5)
- Confortarnos unos a otros (1 Tesalonicenses 4:18)
- Edificarnos el uno al otro (1 Tesalonicenses 5:11, Hebreos 3:13, 10:25)
- Vivir en paz los unos con los otros (1 Tesalonicenses 5:13)
- Procuren siempre lo bueno los unos para con los otros (1 Tesalonicenses 5:15, Hebreos 10:24)
- No hablar mal los unos de los otros (Santiago 4:11)
- No quejarnos unos contra otros (Santiago 5:9; 1 Pedro 4:9)
- Confesar nuestros pecados unos a otros (Santiago 5:16)
- Orar unos por otros (Santiago 5:16)
- Ser hospitalarios los unos para con los otros (1 Pedro 4:9)
- Servirnos los unos a los otros (1 Pedro 4:10)
- Revestirnos de humildad en nuestro trato mutuo (1 Pedro 5:5)

Estas son solo algunas referencias basadas en las epístolas del Nuevo Testamento. Imagine cuán larga sería la lista si incluyéramos la Biblia completa.

Ahora es el mejor momento para declarar delante de Dios tres cosas positivas.

- Dios, Me doy cuenta de que hasta ahora solo he sido un consumidor en el Cuerpo de Cristo.
- Querido Señor Jesús, por favor hazme y moldéame de tal manera que pueda cumplir mi rol y destino

en Tu Cuerpo Espiritual.

– Espíritu Santo, por favor revélame el lugar, la función y el talento que tengo, y, más importantemente, dónde pertenezco en el Cuerpo de Cristo. Hazme parte de esa coyuntura especial para la cual fui creado.

Hagamos esta oración:

Padre Dios, gracias por el regalo que tengo en Cristo. Ahora soy parte de Tu Familia Eterna. Deseo ser productivo en el lugar que me ordenaste estar. El deseo de mi corazón es ser efectivo en la función que me has dado. Señor Jesús, quiero estar orgánicamente conectado contigo para producir mucho fruto para la gloria de Dios. Espíritu Santo, fórmame y moldéame para ser la coyuntura espiritual para la cual me has diseñado. Mi mayor deseo es que, juntos, con el resto de los miembros de la Iglesia, podamos trabajar en unidad para una sola causa. Ese es el Cuerpo de Cristo. Que brille para que el universo entero vea Tu gran obra. Oro en el maravilloso nombre de Jesús. ¡Amén!

Preguntas para Reflexionar

Por favor reflexione acerca de las siguientes preguntas.
Luego, comparta sus ideas con un amigo o con su
grupo pequeño.

1. ¿Qué habló el Espíritu Santo a su corazón cuando leía
este capítulo? ¿Qué parte le gustó más de este capítulo?

2. ¿Qué conceptos nuevos aprendió de este capítulo?
¿Qué ideas se compromete a adoptar en su vida?

3. De los cinco peligros de los que habló el autor en el
Apéndice, ¿cuál peligro considera usted que es el más
letal? Por favor explique con detalle.

4. Después de hacer un estudio cuidadoso de los cinco
peligros, por favor escriba un resumen corto de cada uno
de ellos. Si es necesario por favor utilice más espacio.

4.1. *Carnalidad.* ¿Qué aspectos hicieron eco en su
corazón? ¿En qué áreas percibió la convicción del
Espíritu Santo?

4.2. *Inestabilidad.* ¿Qué aspectos hicieron eco en su corazón? ¿En qué áreas percibió la convicción del Espíritu Santo?

4.3. *Repulsión hacia los Alimentos Sólidos.* ¿Qué aspectos hicieron eco en su corazón? ¿En qué áreas percibió la convicción del Espíritu Santo?

4.4. *Desconocimiento de la Identidad Espiritual.* ¿Qué aspectos hicieron eco en su corazón? ¿En qué áreas percibió la convicción del Espíritu Santo?

4.5. *Incapacidad de Hacer una Contribución Significativa al Cuerpo Espiritual de Cristo.* ¿Qué aspectos hicieron eco en su corazón? ¿En qué áreas percibió la convicción del Espíritu Santo?

5. ¿Qué idea o concepto captó más su atención cuando leía este capítulo?

Notas Finales
Apéndice
Los Peligros de la Inmadurez Espiritual

[103] Valy Vaduva, *Entrenamiento de Discipulado Avanzado (ADT-Advanced Discipleshp Training)*, Manual de Registro. (Liv274onia, MI, Upper Room Fellowship Ministry, 2010), 7.

[104] Versos paralelos de varias traducciones, en inglés, de la Biblia:

Nueva Versión Internacional: Hermanos y hermanas, no podría dirigirme a ustedes como personas que viven por el Espíritu, sino como a personas que aún son mundanas, simples bebés en Cristo.

Nueva Traducción Viva: Queridos hermanos y hermanas, cuando estaba con ustedes no podía hablar con ustedes como lo haría con personas espirituales. Tuve que hablar como si pertenecieran a este mundo o como si fueran infantes en la vida cristiana.

Versión Estándar en inglés: Pero yo, hermanos, no podría dirigirme a ustedes como a personas espirituales, sino como a personas en la carne, como a niños en Cristo.

Nueva Biblia Estándar Americana: Y yo, hermanos, no podría hablarles como hombres espirituales, sino como hombres de carne, como infantes en Cristo.

Biblia el Rey Santiago: De manera que yo, hermanos, no pude hablarles como a espirituales, sino como a carnales, como a niños en Cristo.

Biblia Estándar Cristiana de Holman: Hermanos, no pude hablar con ustedes como personas espirituales sino como personas de la carne, como bebés en Cristo.

Versión Estándar Internacional: Hermanos, no pude hablarles como a personas espirituales, sino como a personas en la carne, como a simples bebés en el Mesías.

Nueva Traducción Al inglés: Hermanos y hermanas, no pude hablarles como a personas espirituales, sino como a personas en la carne, como a infantes en Cristo.

Biblia Aramea en Inglés Sencillo: Y yo, mis hermanos, no he podido hablar con ustedes como con espirituales, sino como con carnales y bebés en El Mesías.

Traducción de la PALABRA DE DIOS ®: Hermanos y hermanas, no pude hablarles como a personas espirituales, sino como a personas influenciadas por su naturaleza corrupta. Eran niños en su fe en Cristo.

Biblia del Jubileo 2000: Y yo, hermanos, no he podido hablarles a ustedes como a espirituales, sino como a carnales, incluso como a bebés en Cristo.

Biblia King James 2000: Y Yo, hermanos míos, no podía hablarles como a espirituales, sino como a carnales, incluso como a bebés en Cristo.

Versión Americana King James: Y yo, hermanos, no podríamos hablarles acerca de lo espiritual, sino de lo carnal, incluso de los niños en Cristo.

Versión Estándar Americana: Y Yo, hermanos, no pude hablarles como a espirituales, sino como a carnales, como a bebés en Cristo.

Biblia Douay-Rheims: Y Yo, hermanos míos, no podía hablarles a ustedes como a espirituales, sino como a carnales. Como a pequeños en Cristo.

Traducción de la Biblia de Darby: Y *Yo*, hermanos, no he podido hablarles a ustedes como a personas espirituales, sino como a personas carnales; como a niños en Cristo.

Versión Revisada en inglés: Y yo, hermanos, no podía hablarles como a espirituales, sino como a carnales, como a bebés en Cristo.

Traducción de la Biblia de Webster: Y yo, hermanos, no he podido hablarles como a espirituales, sino como a carnales, incluso como a bebés en Cristo.

Nuevo Testamento Weymouth: Y en cuanto a Mí, hermanos, me resultó imposible hablarles como a hombres espirituales. Tuve que adaptarme para mundanos, simples bebés en Cristo.

Biblia inglesa Mundial: Hermanos, no pude hablarles como a espirituales, sino como a carnales, a bebés en Cristo.

Traducción Literal de Young: Y yo, hermanos, no pude hablarles a ustedes como a espirituales, sino como a carnales, como a bebés en Cristo.

[105] Pneumatikos, www.biblehub.com. Consultado mayo 1, 2018. http://biblehub.com/greek/4152.htm.

[106] W.E. Vine, Merrill F. Unger, William Whote, Jr., *Vine's Complete Expository Dictionary of the Old and New Testament Words,* (Nashville, TN, Tomas Nelson Publishers, 1996), 594–95.

[107] "Sarkikos", www.studylight.org. Consultado el 10 de Junio, 2014. http://www.studylight.org/dictionary/ved/view.cgi?n=411.

[108] W.E. Vine, Merrill F. Unger, William Whote, Jr., *Vine's Complete Expository Dictionary of the Old and New Testament Words,* (Nashville, TN, Tomas Nelson Publishers, 1996), 243.

[109] "Sarkinois", www.studylight.org. Consultado el 30 de mayo, 2014. http://www.studylight.org/commentaries/bnb/view.cgi?bk=45&ch=3.

[110] Andrew Murray, *The Master's Indwelling,* 4. www.ccel.org. Consultado el 12 de junio, 2014. http://www.ccel.org/ccel/murray/indwelling.html .

[111] "cristianos carnales," Comentario de Adam Clarke de 1 Corintios 3:1–3. www.studylight.org. Consultado el 30 de mayo, 2014. http://www.studylight.org/commentaries/acc/view.cgi?book=1co&chapter=003.

[112] "Carnal state Christians," *Gill's Exposition of the Entire Bible,* www.biblestudytools.com. Consultado el 30 de mayo, 2014. http://www.biblestudytools.com/commentaries/gills-exposition-of-the-bible/1-corinthians-3-1.html.

[113] Murray, *Indwelling,* 5. www.ccel.org. Consultado el 12 de junio, 2014. http://www.ccel.org/ccel/murray/indwelling.html.

[114] J B Hall, *Carnal Christian,* 5, Mayo 30, 2008. www.sermoncentral.com. Consultado el 10 de junio 2014. http://www.sermoncentral.com/sermons/carnal-christian-j-b-hall-sermon-on-growth-in-christ-120681.asp?Page=1.

[115] "Qué es un cristiano carnal?" www.gotquestions.org. Consultado el

30 de mayo 2014. http://www.gotquestions.org/carnal-Christian.html.

[116] Murray, *Indwelling*, 6.

[117] Ibid, 8.

[118] Ibid, 9.

[119] Ibid, 9.

[120] Ibid, 10.

[121] Ibid, 10.

[122] "To toss" ("echar"), www.merriam-webster.com. Consultado el 23 de abril, 2014. http://www.merriam-webster.com/dictionary/tossed.

[123] "Craftiness", www.merriam-webster.com. Consultado el 29 de mayo 2014. http://www.merriam-webster.com/thesaurus/craftiness.

[124] D. A. Carson, *The Cross and Christian Ministry*, (Grand Rapids, MI, Baker Books, 2004), 72.

[125] Charles R. Swindoll, *The Tale of the Tardy Oxcart*, (Nashville, TN, Word Publishing, 1998), 80.

[126] τέλειος, (teleios): Definición breve: perfecto, adulto, perfecto, (a) completo en todas sus partes, (b) adulto, o de edad adulta, (c) especialmente referente a la integridad del carácter cristiano. biblehub.com. Consultado el 11 de agosto, 2014. http://biblehub.com/greek/5046.htm.

[127] Spiros Zodiathes, *The Complete Word Study Dictionary: New Testament*, (AMG International, Chattanooga, TN, 37422, 1993), 1372.

[128] Rupertus Meldenius, alias Peter Meiderlin (a. 1582- d. 1651) Lutheran theologian. Consultado agosto 11, 2014. http://en.wikipedia.org/wiki/Peter_Meiderlin.

[129] Frase en latín: "*In necessariis unitas, in dubiis libertas, in omnibus caritas.*"

[130] Spiros Zodiathes, *The Complete Word Study Dictionary: New Testament*, (AMG International, Chattanooga, TN, 37422), 1993.

νήπιος, népios – Concordancia Strong No. 3516: Uno que no puede hablar, por lo tanto, un bebé, infante, bebé sin ninguna limitación definitiva de edad. Por implicación, un menor, uno aún no mayor de edad (como en Gálatas 4: 1). Generalmente en la Septuaginta, es usado como de un niño jugando en las calles (como en Jeremías 6:11; 9:21); pidiendo pan (como en Lamentaciones 4:4). Metafóricamente, un bebé, un ignorante, no iluminado, sencillo, inocente (como en Mateo 11:25, Lucas 10:21, Romanos 2:20). Implicando censura (como en 1 Corintios 3:1; Gálatas 4:3; Efesios 4:14; Hebreos 5:13). Sinónimos: teknon— Concordancia Strong No. 5043; niño recién nacido, infante. Antónimos: huios—Concordancia Strong No. 5207: un hijo o una hija madura.

[131] δοῦλος, doúlos—Concordancia Strong No.1401: Alguien que pertenece a otro; un siervo, sin ningún derecho de propiedad personal. www.biblehub.com. Consultado el 11 de agosto de 2014. http://biblehub.com/greek/1401.htm.

[132] δικαιοσύνη, dikaiosuné—Concordancia Strong No. 1343: justicia: "aprobación divina." La "aprobación judicial de Dios" "considerado justo por el Señor (después de que Él lo examine)," "lo que es aprobado a Sus ojos." biblehub.com/greek. Consultado mayo 1, 2018. http://biblehub.com/greek/1343.htm.

[133] Spiros Zodiathes, *The Complete Word Study Dictionary: New Testament,* (AMG International, Chattanooga, TN, 1993).

[134] Justo. www.merriam-webster.com. Consultado el 24 de enero, 2013. http://www.merriam-webster.com/dictionary/righteous.

[135] Justo. www.thesaurus.com. Consultado el 24 de enero. 2013. http://thesaurus.com/browse/righteousness.

[136] Una micra es una millonésima parte de un metro: hay 25400 micras en una pulgada. El ojo puede ver partículas de hasta 40 micras. www.engineeringtoolbox.com . Consultado el 12 de agosto de 2014. http://www.engineeringtoolbox.com/particle-sizes-d_934.html.

[137] *John Wesley's Explanatory Notes,* Deuteronomio 6:6–8. www.christianity.com. Consultado el 1 de mayo, 2018. https://www.christianity.com/bible/commentary.php?com=wes&b=5&c=6.

[138] Según el Centro para el Estudio de Cristianismo Global (Center for the Study of Global Christianity) en el Seminario Teológico Gordon-Conwell, hay aproximadamente 41,000 denominaciones y organizaciones cristianas en el mundo. Esta estadística toma en consideración distinciones culturales de las denominaciones en diferentes países, para que no se sobrepongan muchas denominaciones. Actualizado por Mary Fairchild, el 19 de diciembre de 2017. www.thoughtco.com. Consultado el 1 de mayo de 2018. https://www.thoughtco.com/christianity-statistics-700533.

[139] El principio de Pareto. en.wikipedia.org. Consultado el 12 de Agosto, 2014. http://en.wikipedia.org/wiki/Pareto_principle.

[140] Stephanie Samuel, *Dilema de las Iglesias: el 80 Por Ciento del Rebaño Esta Inactivo,* publicado el 26 de junio de 2011. www.christianpost.com. Consultado el 11 de abril de 2013. https://www.christianpost.com/news/authors-pastors-must-go-after-lost-sheep-to-increase-church-participation-51581/.

Ministerio de Comunión del Aposento Alto

En 1996, en respuesta al llamado de Dios y por la guía del Espíritu Santo, se formó el Ministerio de Comunión del Aposento Alto (MCAA)/Upper Room Fellowship Ministry (URFM) para servir al cuerpo de Cristo. URFM es una organización cristiana sin fines de lucro y sin denominación.

UPPER ROOM
FELLOWSHIP MINISTRY

VISIÓN

Plenamente vivo a través de la renovación de la mente y la transformación espiritual para la gloria de Dios.

MISIÓN

Nuestro deseo en MCAA/URFM es ayudar a los creyentes a experimentar sanidad del corazón herido, restauración del alma y crecimiento espiritual en Cristo. Nuestra oración y profundo deseo es que a través del Espíritu Santo experimente a Jesucristo como su verdadera fuente de vida.

A través de reuniones individuales o de grupos pequeños y retiros, MCAA/URFM se compromete a crear un entorno en el que se pueda experimentar sanidad, restauración y libertad espiritual. Bajo la guía del Espíritu Santo, MCAA/URFM está haciendo discípulos y equipándolos para el Reino de Dios. El ministerio de MCAA/URFM es para el crecimiento espiritual de todos los creyentes.

El objetivo es que cada miembro del Cuerpo de Cristo alcance la Intención Suprema: *La plenitud de Cristo.*

A la mayoría de los cristianos se les ha enseñado que Jesucristo murió por sus pecados. Algunos aceptaron a Cristo como su Señor. Solo a unos pocos se les ha enseñado la verdad de que han muerto con Él y experimentan a Cristo como su Vida. En consecuencia, aún menos personas encuentran la victoria en sus vidas. Aunque han sido liberadas de sus pecados, no han sido liberadas de sí mismas.

Nuestro deseo y oración ferviente por todos los discípulos de Jesucristo es que lleguen a ser todo lo que Dios desea para ellos, en otras palabras—la *plenitud de Cristo.*

Conozca al Autor

Valy Vaduva nació en Rumania, un hermoso país en Europa del Este. Rumania era, en ese momento, un país comunista. El gobierno estaba en contra de la Biblia y el cristianismo bíblico. Sus padres eran cristianos ortodoxos, pero no eran creyentes nacidos de nuevo en ese momento, por lo tanto, no creció yendo a la escuela dominical, y no le leyeron historias de la Biblia durante su infancia. Cuando tenía doce años, durante sus vacaciones de verano, su hermanastro llevó a Valy a su departamento en Bucarest por un par de semanas. Uno de los vecinos era creyente y le dio el regalo más asombroso de todos: un *Nuevo Testamento*. Como le quedaba mucho tiempo libre en sus vacaciones, leyó este libro interesante al menos tres veces durante ese verano. Esta fue la primera vez que Valy se puso en contacto con la Palabra de Dios. ¡*Lo recuerda como una experiencia increíble!*

Pasaron unos años y comenzó la preparatoria. Poco sabía él que Dios orquesta todas las cosas con gran detalle. Dios colocó a un colega cristiano en su clase. Valy sintió que este muchacho era diferente de los otros adolescentes. Se arriesgó y testificó acerca del Señor e invitó a Valy a asistir a su iglesia. Era el otoño de 1976. A la primera oportunidad, Valy fue a la iglesia y disfrutó de la predicación y la enseñanza de la Biblia. Después de un tiempo, entregó su corazón a Jesús, y fue bautizado en agua. ¡*Su experiencia de nuevo nacimiento (regeneración) fue muy poderosa!* Era febrero de 1977, varios días antes del poderoso terremoto que devastó el centro de Bucarest. Durante varias semanas después del bautismo, sintió que estaba "volando." No sentía que estaba tocando el suelo al caminar. ¡Nunca había sido tan feliz y satisfecho en toda su vida!

El amigo de Valy de la preparatoria le dio una Biblia completa. ¡Valy estaba tan emocionado! En poco tiempo se aventuró en este libro maravilloso y único, leyéndolo desde Génesis hasta Apocalipsis. Se enamoró profundamente de la Palabra de Dios. Comenzó a testificar a sus amigos y familiares, incluidos sus padres. Como resultado, sufrió mucha persecución de parte de los profesores y el personal de la escuela preparatoria, así como de sus compañeros de clase. Sin embargo, Dios lo libró, y le dio fuerzas durante esos tiempos de prueba. De hecho, esas fueron grandes experiencias con Dios. Valy percibió que Jesús estaba vivo allí todo el tiempo en su vida, en medio de la persecución.

Después de un tiempo, el pastor de Valy le pidió que enseñara la Escuela Dominical de jóvenes. Él respondió con gran alegría. Pronto se dio cuenta de que le encantaba enseñar y predicar la Palabra de Dios. Valy deseaba ir a una Universidad Bíblica, pero su padre sugirió firmemente que sería mejor para él ingresar al campo técnico. En consecuencia, asistió a la Universidad Politécnica de Bucarest y se convirtió en ingeniero mecánico. Sin embargo, su pasión por la Palabra de Dios permaneció en su corazón a través de los años.

Un par de años después de su experiencia de nacer de nuevo, a fines de la década de 1970, conoció a su futura esposa en una reunión de oración. Había un grupo de personas que oraban fervientemente. También quería ese tipo de vida de oración para sí mismo, y por eso asistió a más y más reuniones. Ayunó varios días. Su fuerte deseo era acercarse más al Señor. Un día, mientras oraba con un grupo cercano de amigos, sintió la presencia del Señor, y Dios lo tocó de manera significativa. *Él recuerda esta llenura del Espíritu Santo como una experiencia grande y muy poderosa.*

Después de que Valy se casó, él y su esposa comenzaron un pequeño grupo de estudio bíblico en su departamento. Esto duró casi una década. ¡Él disfrutó mucho de estos tiempos! A pesar de varios encuentros con la policía secreta y algunas persecuciones, fue muy gratificante ver las vidas de estas personas siendo transformadas por la Palabra de Dios.

En 1989, una revolución popular en Rumania puso fin al régimen comunista de 45 años. Durante ese tiempo le quedó claro que era el momento oportuno para emigrar con su familia a los Estados Unidos. En los Estados Unidos asistió a una iglesia Cristiana Rumana. Muy pronto se dio cuenta de la gran necesidad de estudio bíblico, discipulado y asesoramiento entre los cristianos, especialmente entre los jóvenes y las familias jóvenes. Sintió firmemente que los programas religiosos por si solos no eran suficiente para un crecimiento espiritual. Algo estaba faltando.

En 1995, Valy y su esposa escucharon un anuncio en una estación cristiana acerca de capacitación avanzada en discipulado y asesoramiento cristiano. Él y su esposa se inscribieron inmediatamente, y asistieron a estas clases. ¡El entrenamiento intensivo de *La Vida intercambiada*[141] que recibieron fue maravilloso! En ese entrenamiento aprendieron acerca del quebrantamiento y la necesidad de llegar al final de la vida de uno, para que la Vida de Cristo se manifieste en nosotros y a través de nosotros. ¡La manera en que se les explicó el concepto de co-crucifixión, de Gálatas 2:20, fue absolutamente increíble! Esa fue una revelación espiritual para Valy. Él entendió que no tenía que realizar actividades religiosas, comenzar otro estudio bíblico, u otro. Lo que más necesitaba era que *la Vida de Cristo*[142] se manifestara en su vida. Pero había un problema. necesitaba rendir su vida para recibir Su vida al máximo. ¡Por la gracia de Dios, lo hizo! *La experiencia de la vida intercambiada fue la principal de todas las experiencias hasta ese momento.* Él puede testificar que esta experiencia revolucionó su vida, su ministerio, su visión de Dios, de sí mismo y de los demás.

En 1996, el Espíritu Santo guió a Valy y a Elena a establecer el "Ministerios de Comunión del Aposento Alto" (Upper Room Fellowship Ministries -URFM), una organización cristiana sin fines de lucro y sin denominación, dedicada al discipulado cristiano y a los ministerios de crecimiento y madurez espiritual. Sin embargo, Valy continuó trabajando como ingeniero para mantener a su familia. Pero, cuanto más tiempo pasaba, más miserable y espiritualmente insatisfecho se sentía. Esta situación culminó con una experiencia inolvidable que tuvo lugar en 2002. Una serie de circunstancias resultaron en una condición muy estresante que condujo a un derrame cerebral devastador. ¡Sin embargo, Dios siempre tiene el control! Él otorgó Su misericordia a Valy, y lo rescató de esta prueba con una intervención mínima de parte del equipo médico. *¡Dios lo rehabilitó por completo sin efectos secundarios!* Más del 75 por ciento de su habla fue restaurada en menos de 6 horas. ¡Guau! Eso fue absolutamente milagroso.

Aunque la sanidad que tomó lugar fue muy importante, el enfoque no estaba solo en esa experiencia. Algo más debe ser traído al centro de la atención. Unas pocas horas después de que Valy ingresara en el hospital, el neurólogo se acercó a su cama y le preguntó: "¿Cuál es su ocupación?" A pesar de las dificultades con su habla, Valy respondió con orgullo: "Soy un predicador." Tenga en cuenta que no respondió "Soy un ingeniero," a pesar de que esta afirmación era cierta. Después de eso, agregó: "Voy a mejorar de esta condición sin efectos secundarios porque Dios me llamó a predicar el Evangelio." De hecho, esto fue exactamente lo que sucedió.

Después de unas horas más, su condición médica mejoró. Esto fue visible para todo el equipo médico responsable de su atención. Se sorprendieron de la rápida recuperación de Valy. Él y su esposa y toda su familia glorificaron a Dios por su intervención milagrosa. Aprecian a los amigos, la iglesia y los cientos de creyentes en todas partes que oraban insistentemente por él. ¡Gloria a Dios por Su sanidad divina en la vida de Valy!

Después de un período de recuperación, regresó a su trabajo de tiempo completo como ingeniero, pero su vida no era la misma. Ya no encontraba alegría en su carrera. El resto del año, y hasta 2003, fue una pesadilla viviente. Estaba severamente deprimido. Los esfuerzos de su médico para tratarlo no tuvieron éxito. Sintió que su vida fue destrozada por una batalla espiritual interna: por un lado, estaban sus responsabilidades y su rol como proveedor para su familia; por otro lado, estaba su profundo deseo de predicar el Evangelio de Jesús. Sin embargo, ni siquiera en estas circunstancias podía Valy encontrar la fortaleza para dejar su trabajo y comenzar el ministerio a tiempo completo al que Dios le había llamado desde su juventud.

Esta batalla difícil y dolorosa duró hasta mediados de 2004. A principios de Julio 2004, su jefe entró a su oficina y cerró la puerta detrás de él. Dijo: "Valy, nuestro departamento va a disminuir personal y cerraremos. Todos los ingenieros que trabajan en el departamento serán despedidos. Incluso yo tendré que encontrar algo más que hacer. La triste noticia es que usted es el primero en ser despedido. A partir de mañana, su posición será eliminada."

A pesar de que esperaba que sucediera algo así, escuchar "A partir de mañana ya no tienes trabajo" resonó como un trueno en su alma. Después de unos minutos se recuperó y salió a llamar a su esposa. "¡Hola, te llamo para decirte que soy un hombre libre!" "¿Qué quieres decir?," le preguntó a Valy. "No me digas que te han despedido" "Bueno, es verdad," respondió él, "pero lo estoy tomando como una señal de la mano del Señor. Me libró para trabajar para Él y Su Reino."

¡Finalmente, Valy lo entendió! A partir de julio de 2004, se dedicó en espíritu, alma y cuerpo al trabajo del ministerio. Gradualmente, Dios lo sanó de la depresión que duró más de dos años. Ahora, después de casi quince años de trabajar intensamente para el Reino de Dios, está muy feliz y satisfecho. Esta es un gozo santo que no viene del mundo, ni de las finanzas, ni de la recompensa terrenal o la comodidad, sino de caminar en la voluntad central de Dios.

Como muchos de ustedes saben, trabajar en el ministerio a tiempo completo requiere de mucho tiempo, esfuerzo y la fortaleza para luchar batallas espirituales. También depende en gran medida de los recursos financieros y de un equipo de personas dedicadas y talentosas. Sin embargo, una vez que decidimos hacer la voluntad de Dios, la alegría que viene del Señor es incomprensible y no se compara con nada que este mundo nos puede ofrecer. El diablo es implacable en su lucha contra nosotros, y, desafortunadamente, a veces logra engañarnos. Podemos ser engañados a encontrar la felicidad y nuestra realización en las cosas de este mundo, en lugar de caminar en obediencia al Espíritu Santo.

Desde que se consagró para el trabajo del ministerio, Valy participa activamente en viajes misioneros en los Estados Unidos y alrededor del mundo. Actualmente ofrece sesiones personalizadas de entrenamiento de la vida espiritual, clases de renovación de la mente, ministerio de oración de transformación, y enseña Entrenamiento Avanzado de Discipulado, de manera local y por Internet en idiomas inglés y rumano.

Valy, su esposa Elena, sus cuatro hijos y ocho nietos viven en el área sur de Michigan.

Notas Finales
Conozca al autor

[141] Para obtener una explicación detallada sobre esto, consulte la sección El Mayor Intercambio de Todos los Tiempos de este libro.
[142] Para obtener más información sobre la vida de Cristo o la vida de Cristo, consulte la sección *Definición de Realidades Espirituales más Profundas*, sección de este libro.

www.ingramcontent.com/pod-product-compliance
Lightning Source LLC
LaVergne TN
LVHW041314080426
835513LV00008B/458